江淮分水岭林地资源高分卫星监测研究

陈冬花　李　虎　著

中国宇航出版社
·北京·

图书在版编目（CIP）数据

江淮分水岭林地资源高分卫星监测研究 / 陈冬花，李虎著. -- 北京：中国宇航出版社，2021.3

ISBN 978-7-5159-1893-8

Ⅰ.①江… Ⅱ.①陈… ②李… Ⅲ.①林地资源－高分辨率－卫星监测－研究－安徽 Ⅳ.①F323.2

中国版本图书馆 CIP 数据核字(2021)第 040884 号

责任编辑　汪秀明

责任校对　马　喆　　**封面设计**　宇星文化

出版发行　中国宇航出版社

社　址　北京市阜成路 8 号　**邮　编**　100830

(010)60286808　(010)68768548

网　址　www.caphbook.com

经　销　新华书店

发行部　(010)60286888　(010)68371900

(010)60286887　(010)60286804(传真)

零售店　读者服务部　(010)68371105

承　印　天津画中画印刷有限公司

版　次　2021 年 3 月第 1 版

2021 年 3 月第 1 次印刷

规　格　787×1092

开　本　1/16

印　张　13

字　数　316 千字

书　号　ISBN 978-7-5159-1893-8

定　价　100.00 元

本书由以下项目资助（排序不分先后）：

安徽高校协同创新项目（GXXT－2019　047）

高分辨率对地观测系统重大专项省（自治区）域产业化应用项目（76－Y40G05－9001－15/18）

安徽省第五批“特支计划”

前　言

我国的陆地卫星自“十一五”以来，在民用航天、高分辨率对地观测系统重大专项、空间基础设施等重大工程牵引下，在规模上已稳居全球第二位，在卫星数据性能、质量、类型、服务能力等方面也紧跟美欧，取得了巨大进展，为其应用的产业化奠定了坚实基础。陆地卫星应用是基于天空地一体化数据获取、对地球系统的定量化感知、大数据运营以及多学科交叉、多领域集成，与卫星通信/导航、大数据、物联网、云服务、人工智能、地理信息等手段融合，可及时、精准地提取和反演相关重要参数（如大气/地球物化参数、植被生化参数等）并挖掘其关联性和推导时空变化规律，对政府部门信息获知精确化、辅助决策精准化和实施治理精细化，以及大众消费升级和精致生活具有重要支撑作用，是典型的高技术服务业。但是，我国的陆地卫星应用和空间信息产业发展还相对滞后于卫星系统建设，需要深入挖掘行业、地方和大众需求，聚焦具体应用场景，突破相应的关键技术。

近年来，中国经济发展和人口增长的双重压力对国家资源环境的影响程度超过了历史上的任何时期。为了保证国家资源与环境的可持续发展，如何准确及时地对自然资源进行有效监管，进而指导人们正确开发利用自然资源、保护生态环境，已成为国家决策部门和国内外科学家普遍关注的问题。江淮分水岭地区在森林地理分区属于亚热带常绿阔叶林带的安徽中部北亚热带落叶、常绿阔叶林混交林地带。该区域是长江、淮河流域的分界线，状如“脊背”，在长三角区域经济发展格局中占有重要地位。江淮分水岭地区属秦岭、大别山向东的延伸部分，因其独特的地理环境和气候条件，拥有丰富的农业资源，是安徽省乃至全国重要的粮棉基地，但同时旱涝灾害多发。扩大和保护森林资源，对于该地生态环境的恢复与保育，促进当地的脱贫致富和社会可持续发展具有重要意义。同时，江淮分水岭地区在“长江经济带”中具有重要的战略地位，具有创新活跃强劲、制造特色鲜明、生态资源良好、内陆腹地广阔等优势。在该区域开展以林地资源监测为主的国产陆地卫星应用产业化关键技术攻关和示范，对于推进省级/地市级政务信息化联动建设、探索大众空间信息应用和数字经济创新发展新模式、促进长三角区域一体化具有重要意义。

从2010年至2020年，在国家国防科技工业局、中共安徽省委军民融合发展委员会办公室（安徽省国防科学技术工业办公室）、安徽省教育厅等有关部门的大力支持下，滁州学院、安徽师范大学、安徽省高分辨率对地观测系统数据产品与软件研发中心、滁州学院安徽省院士工作站、2018安徽省省属高校国产卫星应用领军人才团队等单位和平台充分发挥多专业、多部门优势，组成研发团队，利用国产民用高分辨率对地观测系统开展江淮分水岭地区林地资源监测研究。在项目实施过程中，先后有30多位专业技术人员与工作人员参与本项工作，项目各课题承担单位克服了工作任务重、经费少、环境条件艰苦等种种困难，利用遥感及地理信息系统技术，结合现有成果、基础工作及江淮分水岭区域特点，对该区域林地资源的总体现状及动态变化情况，开展了全方位的遥感监测和系统集成，形成了大量有价值的成果。项目完成的主要工作成果包括：

一、科研任务研究成果

（1）基于高分载荷的林地变化监测软件模块与专题产品

基于高分卫星载荷数据，提出了一种基于高分二号卫星数据的林地变化监测模型，并形成自动提取软件模块，为暖温带落叶阔叶林林地变化监测提供理论依据与算法借鉴。

（2）基于高分载荷的林地树种识别软件模块与专题产品

基于高分卫星载荷数据，提出了一种基于高分五号和高分六号卫星数据的暖温带落叶阔叶林树种识别模型，并形成自动提取软件模块，为暖温带落叶阔叶林树种识别提供理论依据与算法借鉴。

（3）基于高分载荷的林分郁闭度估计软件模块与专题产品

基于高分卫星载荷数据，提出了一种基于高分一号和高分六号卫星数据的森林郁闭度估计模型，并形成自动提取软件模块，为暖温带落叶阔叶林森林郁闭度估计提供理论依据与算法借鉴。

（4）基于高分一号及高分六号卫星数据的生物量估算软件模块与专题产品

为探究高分一号和高分六号卫星遥感影像数据对生物量的估测效果，分析不同影像不同模型对生物量估测的适用性，以滁州市皇甫山自然保护区为研究区，高分一号及高分六号影像为数据源，从影像中提取光谱信息、地形、纹理特征等共386个指数因子，结合实地调查数据，根据不同树种分别筛选出合适的建模因子作为模型自变量，建立多元逐步回归模型，分析不同数据源对研究区中多树种和单一树种森林生物量估测的影响，同时引入BP神经网络和随机森林模型建立多树种生物量估测模型。结果表明，应用多元逐步回归模型进行不同树种生物量建模，联合数据优于单一数据建模；分树种建模结果马尾松和麻栎优于多树种建模，决定系数 R^2 麻栎 > R^2 马尾松 > R^2 多树种 > R^2 湿地松；多树种生物量估算中，联合数据建立随机森林模型效果最优，其次为 BP 神经网络，多元逐步回归模型效果最差。

(5) 基于高分一号及高分六号卫星数据的城市绿地信息提取软件模块与专题产品

基于高分卫星载荷数据，提出了一种基于高分一号和高分六号卫星数据的城市绿地信息提取方法，并形成自动提取软件模块，为暖温带城市绿地信息提取提供理论依据与算法借鉴。

二、建设任务研究成果

研制开发完成了以区域森林资源遥感监测为主要业务主体的三个系统：原型系统、业务化系统、移动终端系统。

(1) 原型系统："基于高分载荷的森林资源监测原型系统"

该系统是面向林业管理部门、为区域林长制遥感监测量身打造的综合业务运行系统。该系统运行于 Windows 平台，可实现对国产高分卫星遥感数据进行预处理、信息提取、产品生产，基于国产高分卫星数据的林地信息识别、林地郁闭度估计、林种识别、生物量/NPP 估算、林业资源信息统计与分析、森林资源消长动态显示与查询，以及基于互联网＋云平台的信息即时推送及同步更新、多形式用户信息接收等功能，可以满足林业部门专题产品生产需求。

(2) 业务化系统："森林资源管理与服务平台"

该系统形成"终端设备＋市级林长森林资源管理与服务平台运营＋市级林长制监测服务专题产品"模式，构建了市级林长制监测体系，实现了森林资源二三维展示、现状森林资源数据统计与分析、林地工程统计与分析、森林资源消长动态监测等功能，为市级林长、地方林业局提供资源监测、森林管护、增绿护绿督察、辅助决策等卫星监测服务。

(3) 移动终端系统："高分卫星森林资源监测移动终端系统"

该系统是以森林资源管理与服务平台为依托，结合移动终端开发技术，以林业信息化业务为目标，按照森林资源业务需求设计原则开发的森林资源监测移动端系统，实现了基于云平台＋移动终端模式的森林资源监测的业务目标。实现了"地图操作""应用工具""数据管理""数据查询""人员管理"等功能，主要服务于林业工作人员，为用户在野外实时定位、数据浏览、林业信息查询统计以及数据采集等提供有效服务支持。用户可随时随地、实时快速地获取地区遥感影像和林业信息数据，对林业信息进行查询和编辑，及时地对林业信息进行采集和反馈。

三、示范应用研究成果

（1）11 类典型专题产品

包括：示范区遥感影像专题产品 1 套、示范区基础地理信息专题产品 1 套、示范区林地光谱专题产品 1 套、示范区林地动态监测专题产品 1 套、示范区林分树种识别专题产品 1 套、示范区林分林地郁闭度提取专题产品 1 套、示范区森林生物量估测专题产品 1 套、示范区林地征占监测专题产品 1 套、示范区林长信息服务专题产品 1 套、示范区绿地信息分布专题产品 1 套、示范区植被覆盖度专题产品 1 套。

（2）3 类原型系统及业务化系统

包括：基于高分载荷的森林资源监测原型系统 1 套；森林资源管理与服务平台 1 套；高分卫星森林资源监测移动终端系统 1 套。

（3）1 套安徽森林资源监测背景数据库

包括：遥感影像数据库、基础地理信息数据库、森林资源背景数据库、林地光谱数据库。

四、科技创新

（1）突破了暖温带落叶阔叶林森林资源调查因子提取关键技术

突破了安徽江淮北部丘陵地区暖温带落叶阔叶林基于国产高分卫星光谱特征的树种识别、郁闭度提取、林地动态监测以及光学卫星遥感数据的森林生物量估测等关键技术，实现了基于高分光学和高光谱卫星载荷的森林变化监测、树种、林分郁闭度、森林生物量、城市绿地等信息遥感自动识别，为后续国产高分数据应用于森林资源调查、监测管理奠定了技术基础。

（2）构建了森林资源信息化综合服务平台

针对森林资源监测业务需求，应用多平台、多时相遥感数据载荷，融合“互联网＋天基”等新一代信息技术，构建集森林资源监测和管理于一体的森林资源信息化综合服务平台。提出一种基于“SDIKWa”信息链的森林资源监测技术，利用“数据－信息－知识－智慧－作业”闭环滚动模型优化森林资源动态监测信息链，针对不同类型的用户需求分别提供基于 B/S 的服务模式与基于移动终端的服务模式，为政府、林业部门以及广大群众提供多样化、多层次、定制化的林业专题信息，构建安徽区域空间信息服务体系，并形成长效综合服务模式。

(3) 探讨了高分卫星林业产业化服务体系

初步形成了安徽区域辐射长江经济带区域的高分卫星应用系统及增值产品的销售服务网络体系，为政府和林业部门提供国产高分卫星数据接收、数据预处理、数据加工、专题产品、数据分发、终端应用等服务，推进安徽区域高分卫星应用产业发展，为长江经济带区域战略性新兴产业发展提供典型范例。

五、研究成果的技术水平及其先进性

(1) 实现了国产高分数据的“好用”

通过林分各要素提取关键技术的实现，突破了快速协同反演与共性处理中多源卫星观测所带来的时间、空间、辐射与波谱差异性纠正和不确定性等诸多关键技术瓶颈，初步解决了在华东地区落叶阔叶林监测过程中，因国产高分数据噪声、图像清晰度、定标精度等原因造成的“数据不好用”的问题，实现了国产高分数据的“好用”。

(2) 实现了国产高分数据的“用好”

研建了具有完全自主知识产权的陆地卫星星群综合数据预处理系统，以及面向政府、科研、行业、大众等多用户多层次的卫星应用产品。通过行业与区域应用示范，为林业、国土资源等领域的业务系统建设与运行，两个省区以上的区域应用提供技术支撑和产业化示范，解决了由于国外封锁，无法从国际上引进先进的卫星数据预处理系统，定量遥感应用标准缺乏、处理复杂、规模化程度低，导致应用难度大等问题，实现了国产高分卫星数据的“用好”。

在完成上述研究工作及任务的基础上，滁州学院陈冬花教授、安徽师范大学李虎教授组织汇总编写本书，本书不仅是对高分专项区域应用示范和产业化工作的一个总结，而且是对各个研究内容成果的汇总，更是全体研究人员集体智慧的结晶。其中前言由李虎执笔编写；第 1 章总论由李虎、陈冬花执笔编写；第 2 章高分卫星载荷森林树种识别研究由陈冬花、栗旭升执笔编写；第 3 章基于高分二号卫星影像的森林郁闭度估计研究由陈冬花、刘赛赛执笔编写；第 4 章基于高分卫星载荷的森林生物量估算研究由陈冬花、刘聪芳执笔编写；第 5 章林地资源动态变化遥感监测应用由李虎、陈冬花、黄万里、赵俊鹏执笔编写；第 6 章基于高分六号卫星数据的绿地信息提取由李虎、陈冬花执笔编写；第 7 章林地资源监测高分业务化系统由陈冬花、李虎执笔编写。

在本书付梓之际，衷心感谢钱桂仑、郑超、陈剑、顾家山、吴德安、洪蔚、胡如忠、卫征、陈桂林、王燕永、张培、苏勤、陆欣等专家在本书成稿过程中的悉心指导与支持。同时，向支持过本项目的国家国防科技工业局、国家国防科技工业局重大专项工程中心、中共安徽省委军民融合发展委员会办公室（安徽省国防科学技术工业办公室）、安徽省教育厅、安徽省科技厅、滁州市政府、滁州市科技局、滁州市林业局以及有关的领导、专家表示衷心的感谢。

由于时间有限，书中疏漏之处在所难免，恳请读者批评指正。

目　录

第1章　总　论

1.1　研究区概况

1.1.1　地形地貌

安徽地处我国东南部。东邻江苏、浙江，南接江西，西接湖北、河南，北与山东为邻。南北长约 570 km，东西宽约 450 km。境内山地面积约 43 400 km^2，约占全省总面积的 31.2%，丘陵面积约 41 000 km^2，约占总面积的 29.5%，平原面积（包括沿江圩区）43 500 km^2，约占总面积的 31.3%，湖泊洼地面积 11 100 km^2，约占总面积的 8%。皖西大别山区和皖南山区，为本省森林分布的主要地区。

江淮分水岭区域位于长江和淮河之间，霍山县和金寨县以东。在大地构造上为郯庐深大断裂地带的范畴，地处安徽省南北升降之间的过渡区，由于多次升降（以升为主）运动的结果，形成了以丘陵、岗地为主的地貌，岗地起伏，丘陵断续相连，海拔高度一般在 50～100 m。丘陵的东部出现一些块状隆起的高丘，如嘉山县的老嘉山（海拔 332 m），滁州市的琅琊山（海拔 317 m），全椒县的龙王尖（海拔 393 m）等，丘陵的南部有少数岭脊较高的低山崛起，如庐江县西部的老和尚包（海拔 597 m），巢县南部的银屏山（海拔 508 m）等。

江淮丘陵为长江和淮河的分水岭，主要水系有史河、汲河等流入淮河，丰乐河、杭埠河注入巢湖，滁河直接注入长江，池河流经女山湖后注入洪泽湖，以及丘陵地区中部的巢湖，霍邱县的城西湖和城东湖，寿县的瓦埠湖，嘉山县的女山湖，其他沿江湖泊等。湖岸周围，形成了大片的湖滨平原。江淮丘陵地区在分水岭以北受冬季寒流影响，森林植被以落叶阔叶林为主，仅林下见有少量的小叶女贞、胡颓子、竹叶椒等常绿灌木。

1.1.2　气候条件

该区域气候在太阳辐射、大气环流和地理环境等因素的综合影响下，形成了暖温带向亚热带的过渡带气候型。在中国气候区划中，淮河以北属暖温带半湿润季风气候，淮河以南属亚热带湿润季风气候。这种过渡带气候型的主要气候特征：季风明显、四季分明、气候温和、雨量适中、春温多变、秋高气爽、梅雨显著、夏雨集中。与此气候条件相对应的是森林植被，在全国植被分区中，淮河以北属暖温带落叶阔叶林区域中的暖温带落叶阔叶林地带；淮河以南属亚热带常绿阔叶林区域中的北亚热带常绿、落叶阔叶混交林地带和中亚热带常绿阔叶林地带，故森林植被从北到南具有明显的过渡特征。江淮分水岭地处暖温带和亚热带季风气候区，气候温暖湿润，地形多样，山地和丘陵面积较为广阔，一般土层较深厚，森林发生发展的自然地理条件较为优越。

1.1.3 土壤与森林植被

该区域地带性土壤为普通黄棕壤及下蜀系土母质上的粘盘黄棕壤。土层厚度在10～100 cm之间，山谷坡地土层较厚，湿润肥沃，丘顶土壤较薄，相对贫瘠。枯枝落叶层厚度达到2～5 cm，总覆盖率达90%以上，一般分界良好，有机质较为丰富。江淮分水岭区域多为丘陵岗地，是大别山山系的延伸部分，为南北过渡地带。由于地形起伏不大，在气候上夏季明显受到太平洋东南季风的影响，然而冬季又直接承受北方寒潮的袭击，加之长期以来人类经济活动频繁，致使天然森林植被稀少，植物种类较贫乏。但从个别次生林保存较好的石灰岩山地（如琅琊山）植物种类成分分析，其区系组成大体上以华北、华东的区系成分为主，与本省北部南暖温带区系组成较相似，森林植被以榆科、壳斗科的栎属等落叶阔叶林为主。

1.2 林地资源遥感监测的基础条件

“十三五”以来，安徽省积极推进卫星应用，取得了不少进展和成绩：

1）完成了安徽省高分数据一站式服务平台和安徽省高分数据应用服务平台的搭建并顺利运行，在生态和环境保护、城市管理、国土资源、应急救灾、旅游、长江航运、精准扶贫等领域开展了应用，形成大量应用成果；为安徽省、市、县等各级政府部门和企业、科研院所、高校和公众等社会用户提供了综合空间信息服务。

2）基于国产卫星高分数据，搭建了大别山革命老区智慧旅游应用、农情监测卫星综合应用及产业化应用、基于高分载荷的安徽森林资源监测应用与产业化应用、环巢湖区域建设与旅游资源公共服务综合应用、国土资源监测和综合应用、精准扶贫应用、农业资源普查应用、长江航运综合服务、精准扶贫等平台，并开展高分产业化应用示范。形成的高分卫星应用产品、高分卫星应用服务在安徽省阜阳、滁州、淮南等地，形成了政府购买服务模式，以及政府用户、行业用户、大众用户等用户群。

3）安徽省已建成阜阳市、蚌埠市、芜湖市、亳州市、宿州市、六安市、滁州市、马鞍山市、淮南市、安庆市、宣城市、池州市、铜陵市、黄山市等16个高分安徽市域中心。通过直接分发数据、提供公益服务等多种方式，为安徽省、市、县等各级政府部门和企业、科研院所、高校和公众等社会用户提供综合空间信息服务，为政府提高综合治理管理能力提供信息支持，打通高分数据应用最后1公里，大幅提高数据使用率，降低了用户遥感数据购买成本以及管理应用成本，提高了用户规模和投资效益，服务经济建设和社会发展，实现了高分专项成果转化、扩大了应用规模，推动了高分应用的市场化和商业化。

1.3 研究内容和技术方案

1.3.1 研究内容

基于国产高分卫星数据，开展林地变化监测、树种识别、林分郁闭度信息提取、森林生物量估测等关键技术研究，研发林地动态监测、林分树种识别、林分郁闭度提取、森林生物量估测等专题产品。构建基于高分载荷的森林资源监测应用原型系统、业务化系统和移动终端系统。开展林地征占监测服务、林长制监测管理信息服务两类应用示范，为各类用户提供林业信息服务，形成长效综合服务模式。研究内容总体结构见图1-1。

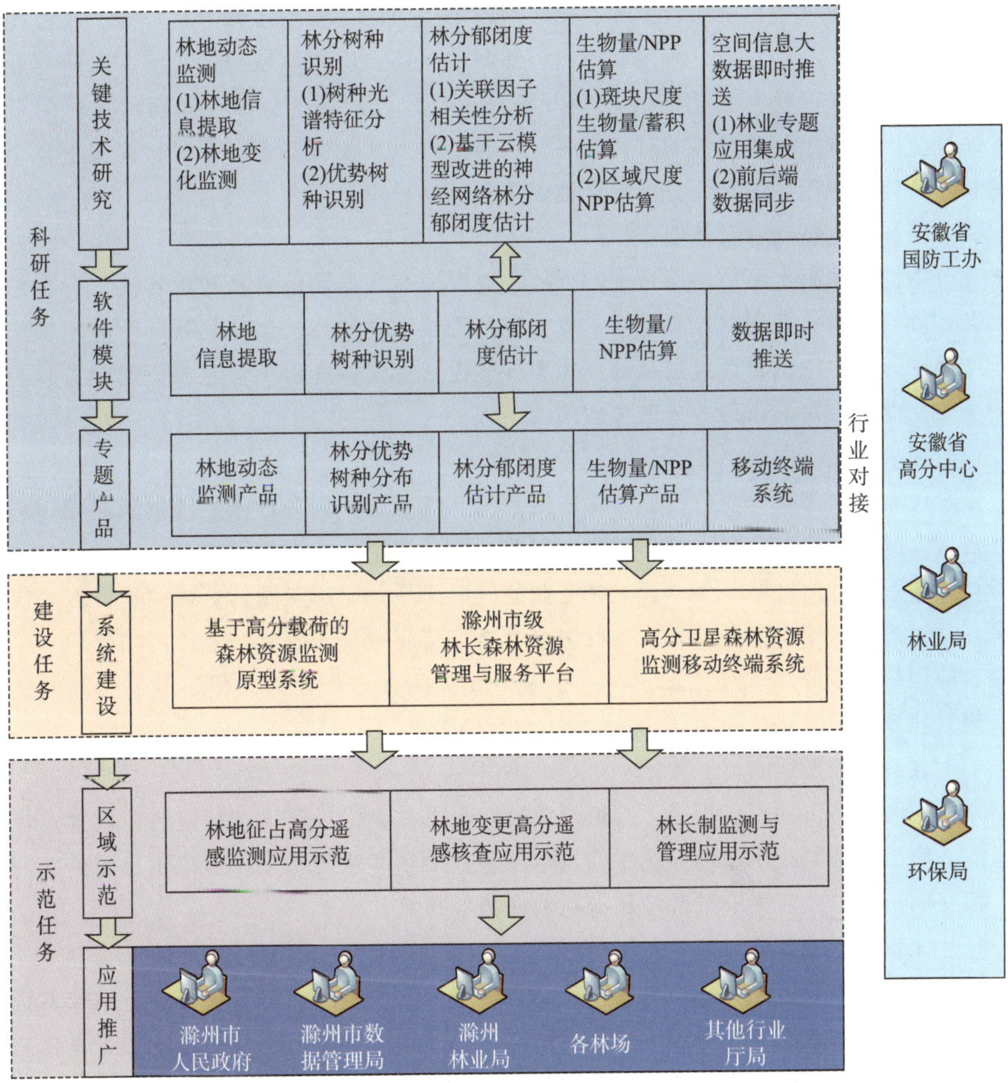

图1-1 研究内容总体结构

1.3.2 技术方案

1.3.2.1 设计思路

根据林地动态监测、郁闭度提取、树种识别、林分生物量估测、应用系统建设等专题的产业规模、分布区域及产业信息化程度，结合目前国内高分卫星遥感在林业领域的应用现状与应用技术发展趋势，形成应用系统的建设思路。

（1）一体化对接

重视天空地一体化对接、应用系统与数据中心对接、技术与应用对接以及科学目标与工程目标、产业化目标对接。形成天空地一体化系统的综合应用，使我国应用卫星与卫星应用有效对接，每种数据资源可服务不同领域，每项应用可利用多种卫星资源。在应用中强调业务应用与产品的对接、应用领域内各部分的对接、应用领域间的对接、科研与业务运行的对接。注重信息化与政府执政能力提升、与林业发展的集成，体现信息化的带动性。系统建设体现出各类任务的有机集成，按照工程方式加以实现。针对数据流程各个环节的特点，建设应用系统，充分体现天地一体化的指导思想。

（2）强调自主创新和科技引领作用

充分重视数据高水平应用所带来的挑战，克服原有数据到信息和知识转换中存在的主要问题，政府主导，开展共性关键技术攻关和基础性科学研究，生产具有广泛应用需求的专题产品。开展自主信息源应用基础支撑条件建设，克服现有自主信息源应用服务能力不强的弱点，促进民用航天向业务服务型的转型。

（3）需求牵引导向

重视国家战略需求，支持行业遥感应用系统升级改造，服务区域经济发展需求，满足森林资源监测与信息服务需求。体现应用的普及性及实用性，做好与林业应用的接口，支持行业应用系统能力升级，生产各类林业业务应用产品，提高专题信息规模化提取与应用水平。通过国家与用户共同投入，支持国家战略综合应用、对各领域业务的信息服务、区域综合应用信息服务，体现信息化对国家经济建设的促进作用，并促进政府管理效能提高，提升执政水平。

（4）促进产业发展

建立空间信息市场商业模式，打通产业链，吸引社会化投资，扶持遥感应用企业规模化发展。突破数据和技术市场应用中的技术瓶颈，建立产业化基地，形成信息服务企业集群，使空间信息产业成为安徽区域经济新的经济增长点。

（5）重视机制创新

联合国内遥感应用优势科技力量，建立产学研长效合作机制，实现遥感应用技术资源共享与信息互联互通服务；通过应用技术体系，充分利用行业、区域遥感应用业务化系统与企业商业化服务系统技术资源，推进我国遥感应用整体水平的提升。统筹科研、应用、产业，加强军民合作，确保应用系统长期稳定及可持续发展。

1.3.2.2 设计模式

开展并完成安徽区域内基于林业信息服务的空间数据信息地球综合服务平台设计与研制，建立公共基础平台、产品生产平台、业务集成平台以及共享服务平台组成的综合服务平台，通过固定终端、移动设备，有线、无线网络为区域内的党政机关、行业、科研机构、个人等提供信息服务。

综合服务平台以共同经营一个基于国产遥感数据的共享数字地球（新一版的 Google Earth）作为基本理念和目标，构建基于 SPID（Software 即软件、Platform 即平台、Infrastructure 即基础设施、Data 即数据）的数据信息服务地球，分享卫星数据资源，提供遥感影像处理的工具系统、网络共享服务平台、卫星影像数据和信息产品以及硬件环境等，形成长江经济带数字走廊，共同推动国产遥感卫星在安徽乃至长三角区域的应用推广。SPID 结构的空间信息综合服务技术模式见图 1－2，遥感即服务见图 1－3。

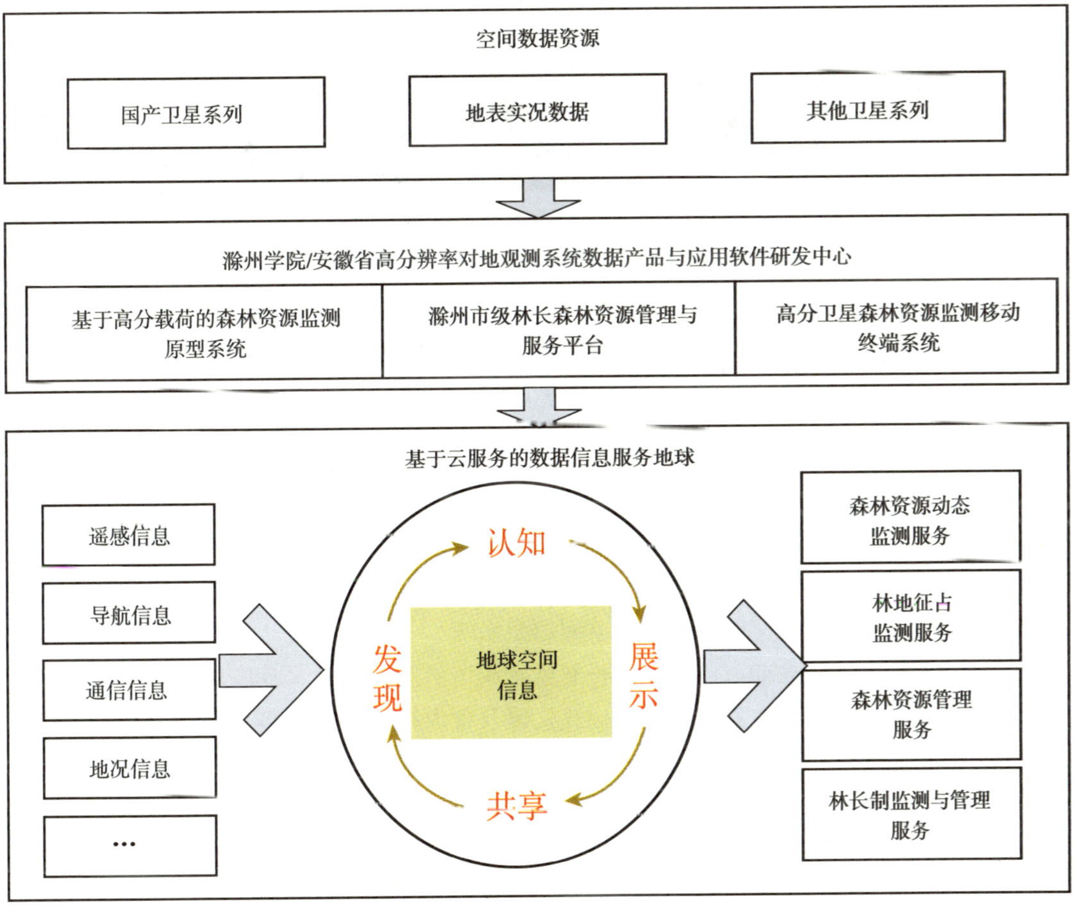

图 1－2 SPID 结构的空间信息综合服务技术模式

S(software)软件＝{S1，S2，S3，……}

P(platform)平台＝{ Qrst－DI，RSPS，OWLS，PL，RSV&P，GIAS，OFIC，OR，TV，……}

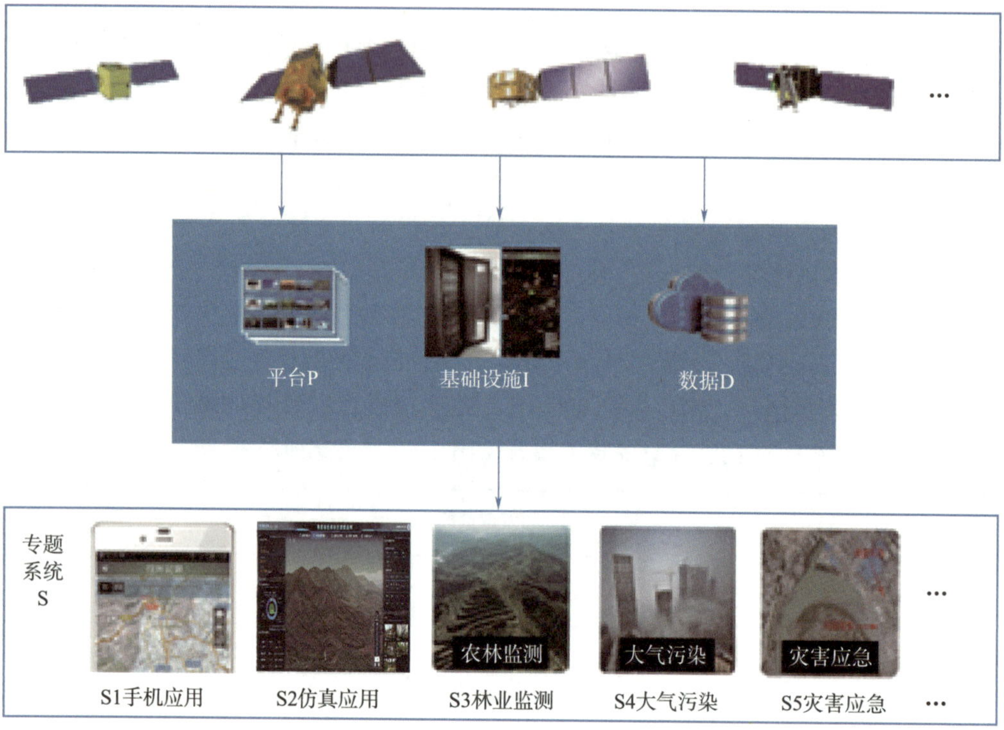

图 1-3 遥感即服务

I(infrastructure)基础设施={i1(整机柜服务器)+i2(移动设备),……}

D(data)数据={控制影像库,检验数据集,标准遥感数据,……}

1.3.3 总体功能结构与流程

为促进高分卫星及应用产业的规模化应用，支撑安徽省在林业资源监测领域对卫星遥感应用的需求，通过开展森林资源高分遥感监测关键技术研究，研制森林高分遥感系列专题产品，构建基于高分载荷的森林资源监测原型系统、业务化系统和移动终端系统，开展森林资源动态监测、林地征占监测、林长制监测应用示范，形成示范区域内政府部门、林业管理部门、林业业务单位的应用服务模式，以及省内相关行业对接。通过“数据-信息-知识-智慧-作业”闭环滚动，推动林业要素整合和林业系统集成，显著提升安徽卫星遥感技术在森林资源监测领域的应用水平和应用规模，提升高分卫星遥感应用产业的创新发展能力，切实贯彻落实党的十八大提出的生态文明建设要求，通过技术进步促进相关领域的创新发展。总体系统流程见图 1-4。

1.3.3.1 业务流程

中心节点将信息产品、标准样本数据等存储于中心综合数据库，通过遥感应用综合服务系统向各应用节点信息产品处理、验证、服务系统提供技术与信息服务；按照共享要求，通过专项门户网站为社会公众提供服务；行业、区域数据与专题产品存储于行业、区

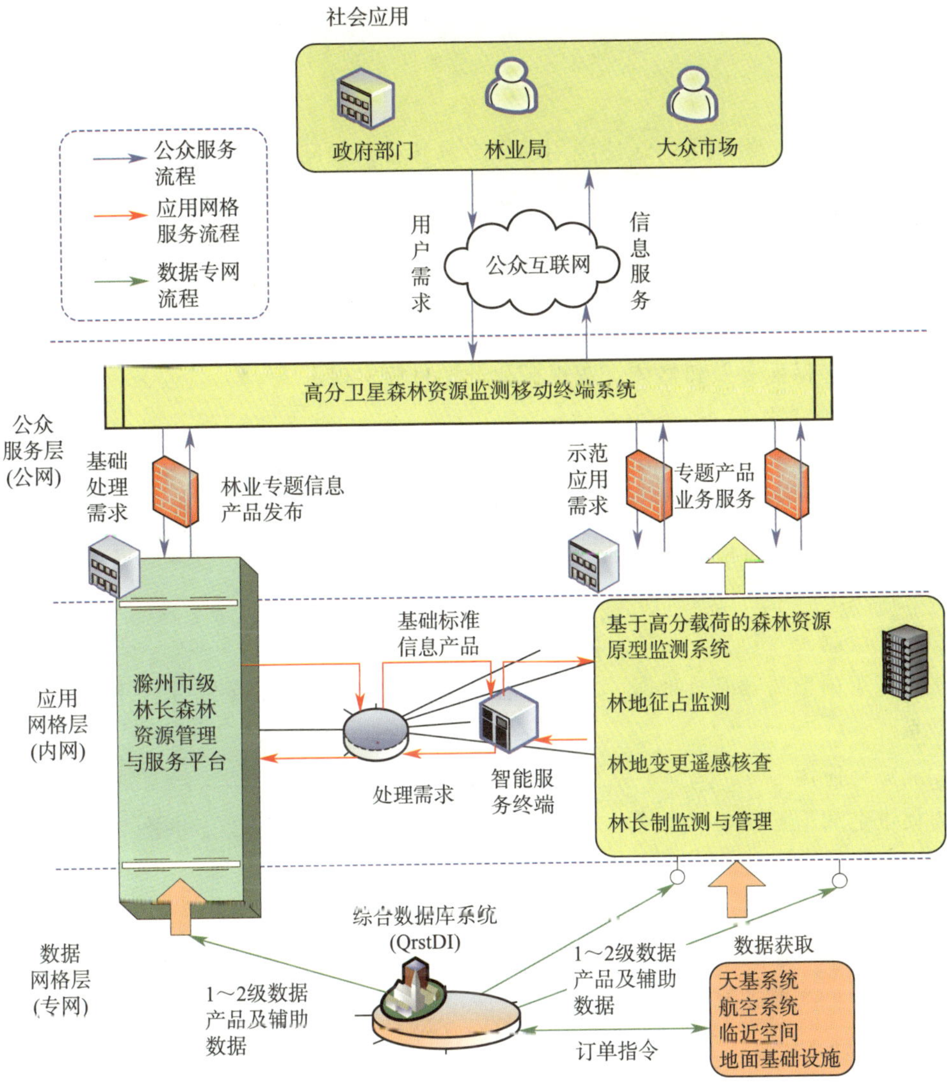

图 1－4　总体系统流程图

域系统专题数据库。综上所述，业务流程主要包括数据产品获取流程、信息产品与应用流程以及对于企业和公众的云服务流程等。

1.3.3.2　技术流程

系统通过数据中心接收 1～2 级数据产品，并通过辐射/几何精校正处理、信息提取与分类技术、定量信息反演处理生成基础信息产品，存储于综合数据库，再通过专题处理技术、专题产品模型算法处理生成专题产品，存于产品数据库。

1.3.3.3　产品流程

数据中心将 1～2 级数据产品提供给原型系统，原型系统通过共性技术研发与服务系统实现基础信息产品的处理，生成专题产品，提供给业务化系统和终端系统。

1.3.3.4　实施途径

（1）实施流程

①系统设计先行

设立系统总体，组织国内遥感应用顶级专家和咨询顾问，通过需求论证，开展应用系统顶层设计、信息产品体系设计、生产线设计，制定应用系统技术规程，以利有效组织任务分解和成果集成。

②数据源优化利用

最大限度地用好数据，同时结合我国卫星发射计划和国际对地观测体系数据，综合使用各类数据源，保证专项和整体产业规模提升的目标实现。

③关键技术攻关

组织国内优势科技力量，切实做好科技攻关，有效解决载荷应用中的海量数据处理、多类型影像融合、多星协同参数反演、高精度自动化信息提取、数值同化等关键技术问题，提升我国卫星综合应用科技水平，增强在模型算法方面的核心技术储备，提高安徽卫星综合应用水平。

④系统研制

建立基于国产高分卫星数据、北斗导航系统、卫星通信等卫星综合应用的安徽重点行业原型系统。

⑤业务化应用

为促进空间信息在区域应用、社会公众服务方面的整体能力，利用区域应用原型系统，开展区域专题应用。

⑥产业化推进

通过应用系统形成的成熟技术转换带动信息产品加工、软件产品生产、空间信息服务型企业快速增长，形成服务于国产卫星数据应用的产业化基地和企业集群，带动空间信息社会化应用服务。

（2）技术现状调研与原型系统功能需求分析

技术现状调研主要是对目前国内外有关多源异构数据关联组织技术、大数据地理空间信息承载应用技术、目标信息精细化提取等进行现状调研和分析，对已有类似系统技术实现方式和应用情况、高分遥感数据服务与林业卫星应用产业化现状等情况进行摸底，理清目前国内外技术情况、应用现状；原型系统功能需求分析主要是在现状分析的基础上，进行业务需求与功能需求差距分析，明确提出本课题技术研究方向、原型系统架构设计、系统能力需求、业务应用需求、指标体系要求等内容，为项目关键技术研究和原型系统研制提供依据。

（3）关键技术攻关

在大量现状调研的基础上，结合目前的技术水平以及应用方向，提出针对本项目的技术解决思路，通过获取高分遥感数据，结合具体业务数据及模拟仿真数据，开展基于高分卫星载荷的林地信息变化监测、基于高分卫星载荷的林分树种识别、基于高分卫星数据的林分郁闭度估计、基于高分卫星载荷的森林生物量估算、空间信息大数据即时推送技术等关键技术攻关。

（4）原型系统设计与研制

在关键技术研制的基础上，结合业务流程进行原型系统框架设计，确保设计的先进性、易用性以及可实现性。之后展开原型系统的研制，按照原型系统的功能设计、流程设计以及系统框架设计情况，开发系统实现的源代码，在开发实践中不断优化系统操作流程以及框架构成。

（5）业务化验证

开展针对典型区域的演示验证，以高分多源卫星数据、各个业务部门等相关数据资源作为输入，设计一个演示验证方案，对系统进行验证，验证关键技术的先进性以及指标完成情况，系统架构设计的合理性以及功能完成情况。

（6）应用示范与推广

面向安徽森林资源监测管理需求，构建基于高分载荷的森林资源监测业务化系统和移动终端系统，开展林地征占监测、林长制信息服务等应用示范，打造林业卫星应用产业化服务体系，探索高分卫星林业应用业务化模式和商业服务模式。

1.4　卫星数据产品指标体系

围绕以信息流为核心的航天遥感应用产品，面向不同用户的产品应用需求，同时兼顾数据获取和数据生产处理技术方法，设计具有兼容性的数据信息产品。这样，一方面满足多用户需求；另一方面从产品级别可判断其在生产过程中都经过了哪些处理流程，以便于用户根据不同的应用需求选择合适的数据产品。遥感数据产品大致可分为数据信息、观测对象信息、专题应用信息3个等级，耦合从“数据-信息-知识”的基本过程。

1）数据信息产品。数据信息产品包括遥感信息过程中的遥感数据，是指可被遥感器获得的、由电磁波等载体承载的观测对象信号信息，是对遥感信号的记录与表示形式。其以去掉遥感器噪声等不理想因素得到反映观测对象与环境综合信息的“干净”数据为目标，解决的是信息获取和部分信息传递中遥感器因素引起的偏差问题，包括了0、1、2共3个级别的产品。

2）观测对象信息产品。这类产品包括观测对象遥感信息和观测对象观测信息，反映观测对象位置、属性、理化特征状态的信息产品。因为各应用均建立在对观测对象的理解上，所以这类产品可称为共性产品。其解决的是观测对象客观信息获取中环境与遥感器引起偏差的问题，即观测对象 when&where、what、how 等方面客观信息向人的传递，包括了3、4、5共3个级别的产品。

3）专题应用信息产品。在观测对象信息产品的基础上，结合其他类型非遥感手段获得的观测对象信息对观测对象进行更加全面的描述，形成对观测对象状态与变化较完整的了解。更进一步，面向各应用领域，针对观测对象某些方面的变化规律进行特定描述并通过与其他多源信息融合获得的服务决策的专题性信息，即有关 why、who、which、how much 等多种类型信息，支持评价、判断、决策等再生性信息的形成，包括了 6 级或多个以上级别的产品。这类产品包括观测对象物质能量的认知信息，融合了非遥感信息和观测信息，重点研究认识主体所理解的地球物质能量状态与变化规律。

基于信息运动的过程，结合航天遥感信息获取和传递过程中引入的误差，按照遥感数据工程，可将上述 3 个等级进一步划分，分级体系示意如图 1-5 所示。

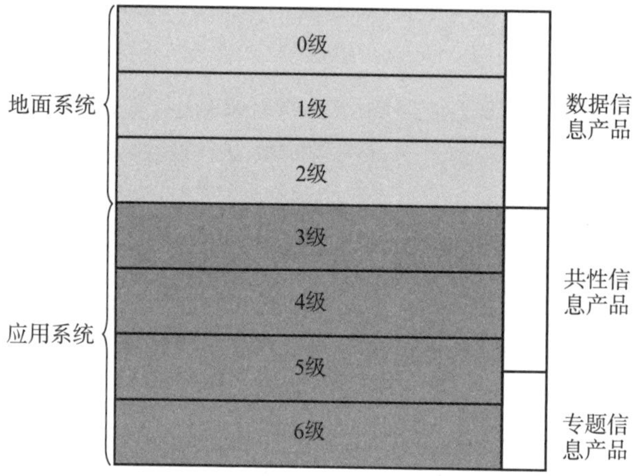

图 1-5　航天遥感信息数据产品分级体系示意图

具体产品等级定义如下：

1）0 级产品。从接收站获得的卫星下传的数据经过帧拼接、解压缩和编码入库，形成 0 级数据产品。数据记录的是信号量化数值。

2）1 级产品。对 0 级数据进行系统级辐射纠正、光谱校正等处理，形成去除了遥感器引入噪声却依然保持遥感器特性的 1 级数据产品。通过提供定标数据，可以得到观测到的物理量数值。

3）2 级产品。对 1 级数据经过系统级几何纠正、地图投影，形成带有地理坐标信息的物理量数值的 2 级数据产品。

4）3 级产品。观测场景遥感信息及观测对象几何定位产品及其几何衍生类信息产品，可提供与观测对象有关“when & where”的信息。基于数据中心 0～2 级数据产品进行几何和辐射精校正，获得遥感图像产品及其各类衍生产品，如以几何校正为表现，通过几何精校正得到的光学和 SAR 图像及其融合产品、镶嵌匀色产品、正射产品、4D 测绘类产品等。

5）4 级产品。观测对象遥感信息与基于遥感信息开展的发现、识别、变化检测和分类性应用信息产品，其提供了与观测对象有关“what”的信息。其包括以表观辐亮度值为表现形成的观测目标基础遥感辐射特性参数遥感信息产品，如地表反射率产品、植被指数（NDVI \ PVI 等）、地表亮温、后向散射系数等，以及对观测对象目标进行发现、识别、理解、确认与分类形成的观测对象属性级别产品。对于地球电磁等地球物理场，其是去掉太阳风、磁暴、电离层扰动等干扰因素的地球物理场信息数据。

6）5 级产品。其基于观测对象遥感信息和先验知识的观测对象本征描述产品，提供了观测对象“how”的信息，是对观测对象物理、化学、形状、体积等状态的描述。目标基础遥感辐射物理参数产品包括叶面积系数、温度、密度、浓度、质量等。目标几何信息产品包括长宽高、体积、形状等。在对观测对象表征状态理解基础上形成有关规律变化的记录。对于电磁等地球物理场，是按照标准规格通过重采样构建的地球物理场信息，如电离层演化模式、全球地磁场、电离层三维时变等。

7）6 级产品。面向专题应用的信息融合级产品，通过与其他类型信息融合形成观测对象较完整的描述，并结合应用需求构建专题信息产品，是有关对世界认识与改造的信息。在通过 3、4、5 级产品回答了观测对象“when&where”“what”“how”的基础上，支持开展与人的需求更加紧密的应用问题的回答，如“why”“which”“who”“how much”等。这类产品与各类行业、区域应用关联得更加紧密，是直接服务应用的信息产品，如旱情分布、大气污染程度、违章建筑专题图等。对于地球物理场观测，其则是电离层扰动程度图等。

遥感共性产品（3～5 级产品）是用遥感可直接获得的观测对象状态和变化信息，耦合非遥感观测信息可对观测状态与变化规律进行理解，并结合其他信息形成专题应用产品（6 级产品）。专题产品是人们对于观测对象物质能量信息的认知上的判断与预测，从而实现从第一认识论信息向第二认识论信息的转化。航天遥感信息数据产品分级见图 1-6。

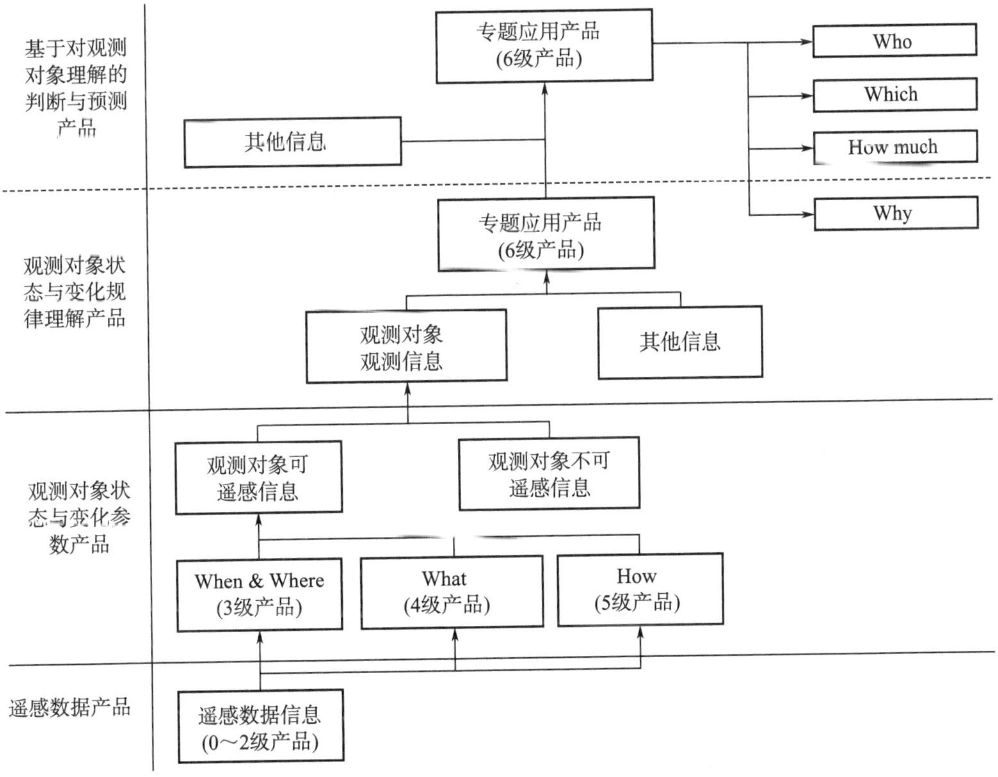

图 1-6　航天遥感信息数据产品分级示意图

航天遥感信息数据产品体系分级定义见表 1-1。

表 1-1 遥感产品体系分级定义表

分级	名称	定义	示例
	原始数据信号	地面站接收到的，未经任何处理的卫星遥感数据信号	
0	原始影像数据产品	卫星载荷原始数据及辅助信息。经过数据解包、元数据检核、分景分幅，但未做任何纠正	
1	影像系统辐射校正产品	经过系统辐射校正、波谱复原处理，未进行几何校正的影像编码产品。包括数据解析、均一化辐射校正、去噪、MTFC、CCD 拼接、波段配准处理等	基于原始数据的经辐射校正（光谱定标、辐射定标、暗电流校正）的数据
2A	影像系统几何校正产品	在 1 级产品的基础上，进行了系统几何校正（一般通过 RPC 或严密几何成像模型纠正）的影像编码产品，或映射到指定的地图投影坐标下的产品数据，校正后的图像映射到指定的地图投影坐标下的产品数据	以景为单位的数据产品
2B	影像几何校正产品	1 级数据加通过传感器高精度纠正 RPC，RPC 按照辅助数据进行提供	加高精度 RPC 文件的以景为单位的 1 级数据
3A	影像几何精校正产品	经过系统辐射校正，同时采用地面控制点和相应的改正模型，以提高产品几何精度的地理编码产品	高精度定位图
3B	影像正射校正产品	经过系统辐射校正，同时采用数字高程模型（DEM）、控制点纠正了地势起伏造成的视差的正射校正地理编码产品	正射图
3C	影像融合产品	光学全色与多光谱数据融合后的产品	突出纹理特征的图，一般从 3A 数据经融合处理后生成
3D	影像匀色镶嵌产品	匀色校正的地理编码产品	大区域影像图。一般从 3B 数据经拼接形成
3E	影像数字正射校正产品	专业 DOM、DEM、DLG、DSM 产品等	
4A	目标表观辐射产品	经过定标处理，得到入瞳处辐亮度场，形成的表观辐亮度数据产品	表观辐亮度产品
4B	目标辐射产品	观测目标基础遥感辐射特性参数产品	NDVI 产品，地表反射率产品，地表亮温产品，大气光程产品，水色、透明度、光谱吸收峰产品等
4C	云目标掩膜产品	经过云检测处理，检测出的厚云分布掩膜产品	
4D	目标变化检测产品	发现、识别性的变化监测处理产品	变化监测
4E	目标分类产品	确认、分类监测处理产品	土地覆盖分类
5A	目标理化类产品	固、液、气物理化学类状态参数	温度、生物量、PM10 浓度、化学需氧量（COD）、质量等

续表

分级	名称	定义	示例
5B	目标轮廓产品	固、液、气几何形状产品	长宽高、叶面积系数、体积、形状等
5C	目标规律知识性专题级产品	开展多源数据同化或结合社会经济数据、行业专家知识综合分析产生的、反映观测对象变化规律的专题信息产品	洪涝灾害风险评估报告、粮食估产报告、天气预报、污染监测报告
6	面向应用的专题产品	按照应用需求的融合性产品。行业编码参见6级产品行业编码	

1.5　数据采集与预处理

1.5.1　卫星影像数据

卫星影像数据主要依托“国产高分辨率对地观测系统重大科技专项”的高分系列卫星数据。其中包括高分一号（GF-1）卫星数据、高分二号（GF-2）卫星数据、高分三号（GF-3）卫星数据、高分五号（GF-5）卫星数据和高分六号（GF-6）卫星数据。实现了光学遥感、微波遥感和高光谱遥感的结合应用。

高分一号卫星2013年4月发射升空，搭载了两台2 m分辨率全色/8 m分辨率多光谱相机，四台16 m分辨率多光谱相机。卫星工程突破了高空间分辨率、多光谱与高时间分辨率结合的光学遥感技术，多载荷图像拼接融合技术，高精度高稳定度姿态控制技术，5年至8年寿命高可靠卫星技术，高分辨率数据处理与应用等关键技术。并已广泛应用到了灾害应急、国土资源、交通、水利、林业、农业等行业。高分一号卫星相关技术参数如表1-2所示。

表1-2　高分一号卫星有效载荷参数

有效载荷	谱段号	谱段范围/μm	空间分辨率/m	幅宽/km	侧摆能力	重访时间/天
全色/多光谱相机	1	0.45～0.90	2	60（2台相机组合）	±35°	4
	2	0.45～0.52	8			
	3	0.52～0.59				
	4	0.63～0.69				
	5	0.77～0.89				
多光谱相机	6	0.45～0.52	16	800（4台相机组合）		2
	7	0.52～0.59				
	8	0.63～0.69				
	9	0.77～0.89				

高分二号卫星于2014年8月发射升空，是我国自主研制的首颗空间分辨率优于1 m的民用光学遥感卫星，搭载两台高分辨率1 m全色、4 m多光谱相机，具有亚米级空间分辨率、高定位精度和快速姿态机动能力等特点，有效地提升了卫星综合观测效能，达到了国际先进水平。它是我国目前分辨率最高的民用陆地观测卫星，空间分辨率可达0.8 m，标志着我国遥感卫星进入了亚米级“高分时代”。高分二号卫星相关技术参数如表1-3所示。

表1-3 高分二号卫星有效载荷参数

有效载荷	谱段号	谱段范围/μm	空间分辨率/m	幅宽/km	侧摆能力	重访时间/天
全色/多光谱相机	1	0.45～0.90	1	45（2台相机组合）	±35°	5
	2	0.45～0.52	4			
	3	0.52～0.59				
	4	0.63～0.69				
	5	0.77～0.89				

2016年8月10日6时55分，高分三号卫星在太原卫星发射中心用长征四号丙运载火箭成功发射升空。高分三号卫星是中国高分专项工程的一颗遥感卫星，为1m分辨率雷达遥感卫星，也是中国首颗分辨率达到1m的C频段多极化合成孔径雷达（SAR）成像卫星，由中国航天科技集团公司研制。高分三号卫星共有12种成像模式，每种成像模式分辨率、成像带宽和极化方式要求见表1-4。

表1-4 高分三号卫星成像模式和能力

序号	工作模式	入射角/(°)	视数 A×E	分辨率/m			成像带宽/km		极化方式
				标称	方位向	距离向	标称	范围	
1	聚束	20～50	1×1	1	1.0～1.5	0.9～2.5	10×10	10×10	可选单极化
2	超精细条带	20～50	1×1	3	3	2.5～5	30	30	可选单极化
3	精细条带1	19～50	1×1	5	5	4～6	50	50	可选双极化
4	精细条带2	19～50	1×2	10	10	8～12	100	95～110	可选双极化
5	标准条带	17～50	3×2	25	25	15～30	130	95～150	可选双极化
6	窄幅扫描	17～50	1×6	50	50～60	30～60	300	300	可选双极化
7	宽幅扫描	17～50	1×8	100	100	50～110	500	500	可选双极化
8	全球观测模式	17～53	2×(2～4)	500	500	350～700	650	650	可选双极化
9	全极化条带1	20～41	1×1	8	8	6～9	30	20～35	全极化
10	全极化条带2	20～38	3×2	25	25	15～30	40	35～50	全极化
11	波模式	20～41	1×2	10	10	8～12	5×5	5×5	全极化
12	扩展 低入射角	10～20	3×2	25	25	15～30	130	120～150	可选双极化
	扩展 高入射角	50～60	3×2	25	25	20～30	80	70～90	可选双极化

2018年5月9日2时28分，高分五号卫星在太原卫星发射中心成功发射，能够有效探测区域大气污染气体，填补了国产卫星该领域的空白，可满足环境综合监测等方面的迫切需求，是中国实现高光谱分辨率对地观测能力的重要标志。高分五号卫星载荷参数见表1-5。

表1-5　高分五号卫星载荷参数

大气痕量气体差分吸收光谱仪	光谱范围	240～315 nm 311～403 nm 401～550 nm 545～710 nm
	光谱分辨率	0.3～0.5 nm
	空间分辨率	48 km(穿轨方向)×13(沿轨方向)
大气多角度偏振探测仪	波谱范围	433～453 nm 480～500 nm(P) 555～575 nm 660～680 nm(P) 758～768 nm 745～785 nm 845～885 nm(P) 900～920 nm
	空间分辨率	优于3.5 km
大气主要温室气体监测仪	中心波长	0.765 μm 1.575 μm 1.65 μm 2.05 μm
	光谱范围	0.759～0.769 μm 1.568～1.583 μm 1.642～1.658 μm 2.043～2.058 μm
	光谱分辨率	15 px 6.75 px
大气环境红外甚高分辨率探测仪	光谱范围	750～102 500 px (2.4～13.3 μm)
	光谱分辨率	0.75 px
可见短波红外高光谱相机	光谱范围	0.4～2.5 μm
	空间分辨率	30 m
	幅宽	60 km
	光谱分辨率	VNIR:5 nm SWIR:10 nm

续表

全谱段光谱成像仪	光谱范围	0.45～0.52 μm 0.52～0.60 μm 0.62～0.68 μm 0.76～0.86 μm 1.55～1.75 μm 2.08～2.35 μm 3.50～3.90 μm 4.85～5.05 μm 8.01～8.39 μm 8.42～8.83 μm 10.3～11.3 μm 11.4～12.5 μm 共 12 个通道
	空间分辨率	20 m(0.45～2.35 μm) 40 m(3.5～12.5 μm)
	幅宽	60 km

高分六号卫星于 2018 年 6 月 2 日发射升空。2019 年 3 月 21 日，中国高分辨率对地观测系统的高分六号卫星正式投入使用。高分六号是一颗低轨光学遥感卫星，也是我国首颗精准农业观测的高分卫星。高分六号卫星具有高分辨率、宽覆盖、高质量成像、高效能成像、国产化率高等特点，设计寿命 8 年。高分六号卫星是国家高分辨率对地观测系统重大专项的重要组成部分，高分六号卫星与已发射的高分一号卫星组成“2 m/8 m 光学成像卫星系统”，其图像数据主要应用于农业、林业和减灾业务领域，兼顾环保、国安和住建等应用需求。高分六号卫星有效载荷参数见表 1－6。

表 1－6　高分六号卫星有效载荷参数

参数	高分相机		宽幅相机	
光谱范围	全色	0.45～0.90 μm	全色	—
	蓝	0.45～0.52 μm	B1	0.45～0.52 μm
	绿	0.52～0.60 μm	B2	0.52～0.56 μm
	红	0.63～0.69 μm	B3	0.63～0.69 μm
	近红外	0.76～0.90 μm	B4	0.77～0.89 μm
	—		B5	0.69～0.73 μm(红边Ⅰ)
	—		B6	0.73～0.77 μm(红边Ⅱ)
	—		B7	0.40～0.45 μm
	—		B8	0.59～0.63 μm
空间分辨率	全色	2 m	全色	—
	多光谱	8 m	多光谱	≤16 m(不侧摆视场中心)
幅宽	≥90 km		≥800 km	

项目区高分数据信息如表1-7所示。

表1-7 项目区高分数据信息表

年度	卫星型号	分辨率/m	数量(景)	覆盖情况
2017年度	高分二号	0.8	14	无法全覆盖，且质量较差
	高分一号	2	29	无法全覆盖，且质量较差
		16	22	每期均可全覆盖，质量好
2018年度	高分二号	0.8	10	无法全覆盖，质量差
	高分一号	2	2	无法全覆盖，质量差
		16	40	每期均可全覆盖，质量好
2019年度	高分六号	2	5	无法全覆盖，且月份不理想

1.5.2 高分卫星数据预处理

基于IDL语言，通过调用ENVI相应的功能模块，实现对国产高分卫星遥感数据的批量预处理，主要分为“辐射校正”和“几何校正”两部分，其中，辐射校正包括：对从中国资源卫星应用中心获取的原始高分遥感数据（1A级别）进行数据解压、辐射定标、大气校正以及格式转换等内容。几何校正包括：对从中国资源卫星应用中心获取的原始高分遥感数据（1A级别）进行数据解压、数据识别、正射校正、图像融合、信息获取等内容。

1.5.2.1 数据读取

基于高分系列卫星遥感数据独特的数据命名方式对高分数据进行过滤与识别，在此基础上获取高分数据头文件中基本参数。通过调用IDL函数和ENVI接口，在系统内实现高分数据的自动识别和参数更新。

高分数据命名格式如下：

卫星_相机_中心经纬_时相_产品级别_波段信息

高分数据xml文件组织形式见表1-8。

表1-8 高分数据xml文件（部分）

行数	含义
第3行	卫星
第4行	相机
第5行	接收日期
第15行	波段
第24行	拍摄日期(中心)
第53行	左上角纬度
第54行	左上角经度
第55行	右上角纬度
第56行	右上角经度

续表

行数	含义
第 57 行	右下角纬度
第 58 行	右下角经度
第 59 行	左下角纬度
第 60 行	左下角经度

1.5.2.2　辐射校正

对国产高分卫星遥感数据的辐射校正处理是采用 6S 模型获取大气顶层反射率（或辐照度）转化为地表反射率的参数，再根据转换参数逐像元计算每幅影像的地表反射率，国产高分卫星系列数据的 1 级数据、元数据及传感器公开参数为输入数据，主要由辐射定标、表观反射率计算、运行参数设置、大气校正等部分构成。基于 6S 模型的高分一号影像大气校正技术路线见图 1-7。

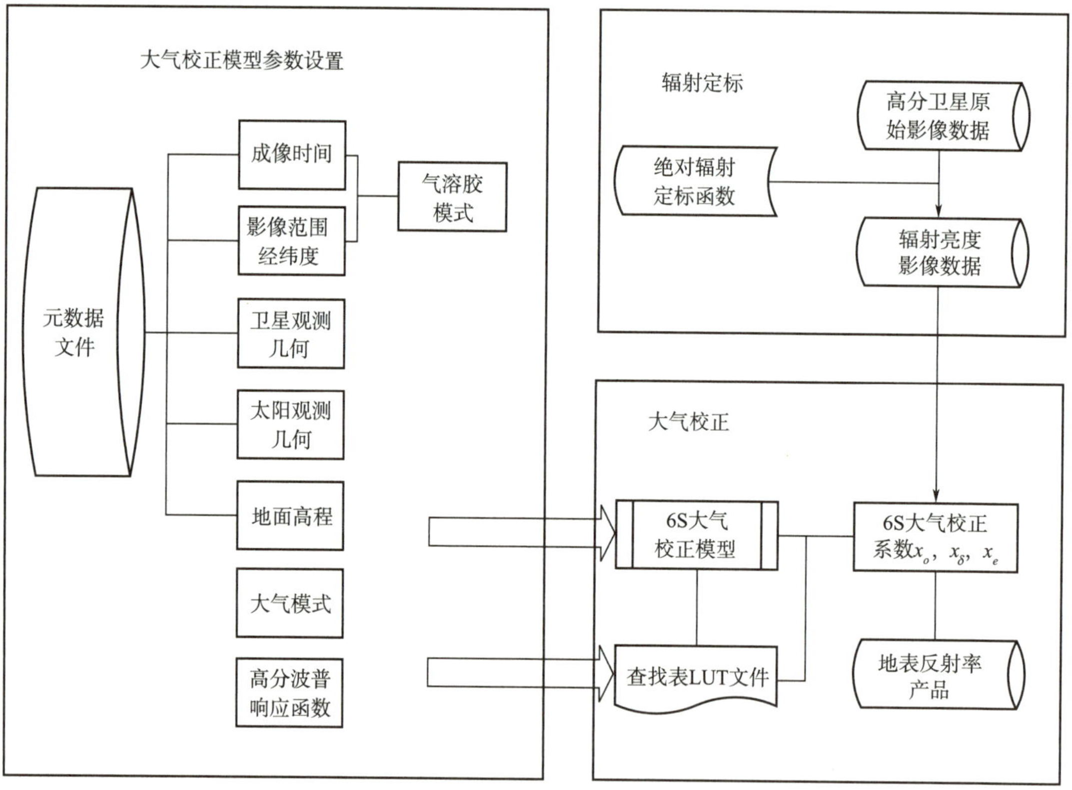

图 1-7　基于 6S 模型的高分一号影像大气校正技术路线

（1）辐射定标

辐射定标是将国产高分卫星遥感影像数据的原始 *DN* 值转化为各传感器入瞳处等效表观辐亮度，进而就可以结合大气顶层辐射亮度计算表观反射率，大气顶层辐射亮度或表观反射率可作为 6S 模型的输入量，进一步作大气校正处理。

由于各个传感器辐射定标系数均不相同（见表1-9）且拍摄时间改变定标系数随之改变，因此系统设计通过自动读取传感器的类型与拍摄时间，根据读取参数与定标系数的匹配，利用公式将高分一号卫星和高分二号卫星各传感器的通道观测值 *DN* 转换为卫星各传感器入瞳处等效表观辐亮度值，辐射定标公式如下

$$L_e = Gain \cdot DN + Bias \tag{1-1}$$

式中　*Gain* ——定标增益量，$W \cdot m^{-2} \cdot sr^{-1} \cdot \mu m^{-1}$；

DN ——卫星载荷观测值；

Bias ——定标偏移量，$W \cdot m^{-2} \cdot sr^{-1} \cdot \mu m^{-1}$。

表1-9　高分一号、二号 PMS 传感器定标系数

卫星载荷	波段号	*Gain*	*Bias*
GF-1 PMS1	PAN	0.122 8	0
	BAND1	0.142 4	0
	BAND2	0.117 7	0
	BAND3	0.119 4	0
	BAND4	0.113 5	0
GF-1 PMS2	PAN	0.136 5	0
	BAND1	0.146 0	0
	BAND2	0.124 8	0
	BAND3	0.127 4	0
	BAND4	0.125 5	0
GF-1 WFV1	BAND1	0.216 5	0
	BAND2	0.168 5	0
	BAND3	0.135 4	0
	BAND4	0.150 7	0
GF-1 WFV2	BAND1	0.209 7	0
	BAND2	0.163 0	0
	BAND3	0.133 9	0
	BAND4	0.152 1	0
GF-1 WFV3	BAND1	0.187 0	0
	BAND2	0.161 9	0
	BAND3	0.129 5	0
	BAND4	0.138 3	0
GF-1 WFV4	BAND1	0.177 0	0
	BAND2	0.152 1	0
	BAND3	0.132 2	0
	BAND4	0.134 9	0

续表

卫星载荷	波段号	*Gain*	*Bias*
GF-2 PMS A	Pan	0.150 3	0
	BAND1	0.119 3	0
	BAND2	0.153 0	0
	BAND3	0.142 4	0
	BAND4	0.156 9	0
GF-2 PMS B	Pan	0.167 9	0
	BAND1	0.143 4	0
	BAND2	0.159 5	0
	BAND3	0.151 1	0
	BAND4	0.168 5	0

（2）表观反射率计算

表观反射率即卫星传感器接受的光谱幅亮度与大气顶层太阳辐亮度的比值，也叫大气顶层反射率，其计算公式如下

$$\rho_{\mathrm{TOA}}=\frac{\pi\cdot L_{\lambda}\cdot d^{2}}{ESUN_{\lambda}\cdot\cos\theta_{s}} \tag{1-2}$$

式中　ρ_{TOA}——表观反射率；

d——日地相对距离，取日地平均距离为1，具体值随日期略微变动；

$ESUN_{\lambda}$——波段平均太阳辐射值，表示大气顶层卫星传感器某一波段获得的平均太阳辐射值，目前尚无高分一号卫星各传感器 $ESUN_{\lambda}$ 值的公开资料。

为进行高分卫星遥感影像表观反射率计算，需要根据卫星各传感器的光谱响应函数和对应区间的太阳光谱函数来计算 $ESUN_{\lambda}$，计算公式如下

$$ESUN_{\lambda}=\frac{\int_{\lambda_1}^{\lambda_2}E(\lambda)\cdot S(\lambda)\cdot \mathrm{d}\lambda}{\int_{\lambda_1}^{\lambda_2}S(\lambda)\cdot \mathrm{d}\lambda} \tag{1-3}$$

式中　λ_1，λ_2——传感器某一波段起始波长和终止波长，单位为 μm；

$E(\lambda)$——大气层外太阳光谱辐射能量，单位为 W/（m^2 · μm），该值需要由太阳光谱函数计算获取，本研究采用 WRC 提供的太阳光谱函数曲线—（见图1-8）；

$S(\lambda)$——卫星传感器某一波段的光谱响应函数，可从中国资源卫星应用中心网站获取。

利用中国资源卫星应用中心提供的高分一号卫星各传感器光谱响应函数及 WRC 太阳光谱函数值，计算得到各波段平均太阳辐射值，即可计算高分一号卫星影像的表观反射率。

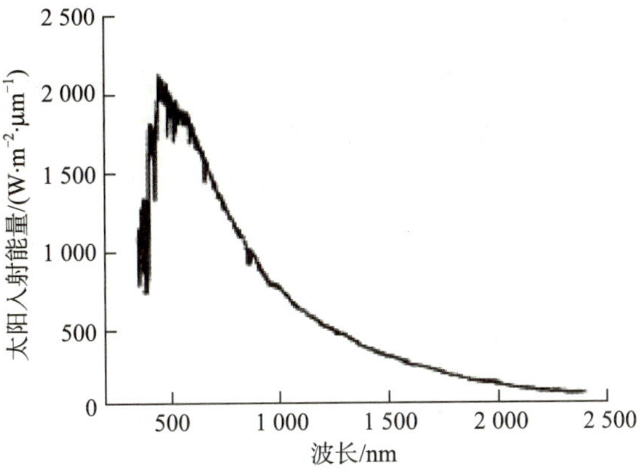

图 1-8 太阳光谱曲线

(3) 运行参数设置

需要确定的模型参数包括卫星观测几何、太阳观测几何、大气模式、气溶胶模式、气溶胶厚度、地面高度、卫星波谱响应函数等。其中，卫星观测几何、太阳观测几何、地面高度等参数从高分一号影像对应的元数据文件中获取；大气模式包括热带（Tropical，T）、中纬度夏季（Midlatitude Summer，MLS）、中纬度冬季（Midlatitude Winter，MLW）、近极地冬季（Subarctic Winter，SAW）、近极地夏季（Subarctic Summer，SAS）等，根据影像的成像时间及维度确定（见表 1-10）；气溶胶模式包括大陆型气溶胶模式、海洋型气溶胶模式、都市型气溶胶模式、沙漠型气溶胶模式、生物燃烟型气溶胶模式等，根据经验，默认为大陆型，对于特殊地区如典型沙漠、海洋等地区则选择相应气溶胶模式。气溶胶厚度使用能见度模式，默认为 40 km，如有实测资料，也可使用 550 nm 处的气溶胶厚度值来代替。由于 6S 模型自身并未附带高分一号卫星的光谱响应函数，因此，需要将高分卫星光谱响应函数，重采样为分辨率为 2.5 nm 的光谱响应曲线，输入到 6S 模型中。

表 1-10 大气模式选择表

北纬	一月	三月	五月	七月	九月	十一月
80° SAW		SAW	SAW	MLW	MLW	SAW
70° SAW		SAW	MLW	MLW	MLW	SAW
60°MLW		MLW	MLW	SAS	SAS	MLW
50° MLW		MLW	SAS	SAS	SAS	SAS
40° SAS		SAS	SAS	MLS	MLS	SAS
30° MLS		MLS	MLS	T	T	MLS
20° T		T	T	T	T	T
10° T		T	T	T	T	T
0° T		T	T	T	T	T

（4）具体实现

利用 IDL 语言编写软件主体框架，实现辐射定标、大气参数设置、地表反射率计算等步骤，并可实现批量处理。程序输入的是高分系列卫星原始影像及其元数据，只需确定各影像的能见度（用于确定气溶胶厚度）及气溶胶模式，即可进行地表反射率的批处理计算。

1.5.2.3 正射校正

正射校正是对影像空间位置和因地形等因素引起的几何畸变进行校正的过程。将传感器模型和相应地面控制点结合起来，能够建立正确的校正公式，产生相对精准的、经几何纠正的具备地图精度级的正射影像。根据成像几何所反映的数学关系，通常将校正模型分为严格成像模型和通用校正模型两大类。通用校正模型通常不考虑传感器成像的物理意义，而是直接采用数学函数的形式描述地物点和相应像点间的几何关系，严格几何模型则是以共线条件为基础，通过严密的成像关系建立的模型。本研究采用的是有理多项式模型（RFM），即有理函数纠正模型，是一种能获得与严格成像模型近似一致精度的、形式简单的概括模型。有理函数模型利用有理函数来描述传感器模型，并将像点坐标和物点坐标关系描述为两个多项式的比值。

有理函数模型其实质是用纯数学来对严格几何处理模型进行拟合，或者是对成像地区实际地形的一种数学逼近。有理函数数学模型使用两个多项式的比值计算图像的行，使用两个多项式的相似比计算图像的列。所有四个多项式都是地面坐标（经度、纬度和高度）的函数。有理函数模型的数学表达式为

$$\begin{cases} u = \dfrac{P_1(X,Y,Z)}{P_2(X,Y,Z)} \\ v = \dfrac{P_3(X,Y,Z)}{P_4(X,Y,Z)} \end{cases} \tag{1-4}$$

式中 X，Y，Z ——描述目标点的地面坐标；

u，v ——表示像元的行列数。

有理函数模型是一种抽象的表达各种传感器几何模型的方式。它的优点是适用于最新的航空和航天传感器，因为 DEM 数据参与了模型解算，可以解决地形高差引起的投影变形，完成影像的正射校正，缺点是控制点的采集显得至关重要，因而本研究期望通过试验分析能够得到正射校正精度与控制点合理分布数目之间的关联关系。

卫星遥感影像的 RPC 模型一般采用与地面无关的模式，即采用卫星遥感影像的严格成像模型获得，故存在较大的系统性误差，反映到像点坐标上，可表示为

$$\begin{cases} \Delta C = \theta_0 + \theta_C \cdot C + \theta_R \cdot R + \theta_{CR} \cdot C \cdot R + \theta_{C2} \cdot C^e + \theta_{R2} \cdot R^e + \cdots \\ \Delta R = f_0 + f_C \cdot C + f_R \cdot R + f_{CR} \cdot C \cdot R + f_{C2} \cdot C^e + f_{R2} \cdot R^e + \cdots \end{cases} \tag{1-5}$$

式中 ΔC，ΔR —— C，R 的改正量；

θ_0，θ_C，θ_R，…和 f_0，f_C，f_R，…——像点坐标的改正系数。

用 (S, L) 表示经系统误差改正后的像点坐标，当改正量 ΔC，ΔR 的表达式取至一

次项时，(S, L) 与 (C, R) 之间的关系为

$$\begin{cases} S = C + \Delta C = \theta_0 + \theta_1 \cdot C + \theta_2 \cdot R \\ L = R + \Delta R = f_0 + f_1 \cdot C + f_2 \cdot R \end{cases} \tag{1-6}$$

即存在着仿射变换关系，其中 θ_0，θ_1，θ_2 和 f_0，f_1，f_2 为各影像的仿射变换参数。式(1-6) 即为 RPC 模型区域网平差的数学模型。

算法流程包括平差模型构建、平差参数求解 2 个部分。基于 RPC 参数像点与地面点关系，构建影像间的区域网平差模型；确定连接点的初始值，结合少量地面控制点，解算各影像的仿射变换系数，进行影像区域网平差，进行整体平差计算消除系统误差来提高定位精度。

1.5.2.4　影像融合

影像融合是综合来自空间分辨率和光谱分辨率的信息，生成具有新的空间和波谱特征的合成影像的过程。本系统基于 ENVI 进行二次开发与集成，综合考虑 ENVI 所提供的四种可调用融合方法（HSV 变换、GS 变换、PC 变换、CN 变换）优劣和高分影像特点后，选择 GS（Gram - Schmidt）变换融合作为批量融合算法。GS 光谱锐化图像融合的关键步骤如下：

首先，使用多光谱低空间分辨率影像对高分辨率波段影像进行模拟。然后，利用模拟的高分辨率波段影像作为 GS 变换的第一个分量来对模拟的高分辨率波段影像和低分辨率波段影像进行 GS 变换。该算法在运用到图像处理时，对 GS 变换进行了修改，将第 T 个 GS 分量由前 $T-1$ 个 GS 分量构造，具体修改公式如下

$$GS_T(i,j) = B_T(i,j) - u_T - \sum_{i=1}^{T-1} \varphi(B_T, GS_l) \times GS_l(i,j) \tag{1-7}$$

再通过调整高分辨率波段影像的统计值来匹配 GS 变换后的第一个分量 GS_1，产生经过修改的高分辨率波段影像。将经过修改的高分辨率波段影像替换 GS 变换后的第一个分量，产生一个新的数据集。最后将新的数据集进行反 GS 变换，即可产生空间分辨率增强的多光谱影像。GS 反变换的公式如下

$$B_T(i,j) = GS_T(i,j) + u_T + \sum_{i=1}^{T-1} \varphi(B_T, GS_l) \times GS_l(i,j) \tag{1-8}$$

式中　GS_T ——GS 变换后产生的第 T 个分量；

B_T ——原始多光谱影像的第 T 个波段影像；

u_T ——第 T 个原始多光谱波段影像灰度值的均值。

1.5.2.5　图像拼接

基于多源遥感数据的自动拼接技术需要有效地解决不同时相、不同传感器获取的不同分辨率遥感影像之间的配准问题。同名点对的准确度和正确率，决定了遥感图像的匹配精度。针对中高空间分辨率遥感图像的特点，改进纹理特征提取的处理方法，能够在保证较高质量的前提下提高运行速度。通过构建三维高斯差分尺度空间，避免了由于图像分块而引起差分尺度空间上的特征信息损失，实现了大数据量遥感图像的特征提取。在单层遥感

图像上，利用前一层给出的粗同名点索引，加速同名点的搜索。在高斯差分尺度空间上，使用非线性算法或线性算法，增加方向描述的差异性，能够更好地处理 DN 值相对集中的遥感图像。

当前高分辨率遥感图像几何配准的自动化程度，主要由遥感图像不同于一般图像的以下几个特点决定：1）遥感图像由于其 DN 值分布集中，在单个波段内，像素间灰度值的差异小，对于特征信息的表达不充分。2）遥感图像尺寸大，而且存储方式不局限于单字节，常用双字节表达，甚至有些图像以浮点表达。同时，如果单纯地切分图像，容易造成图像有效信息的割裂，降低特征信息的表达能力。3）遥感图像波段多，通常除了可见光波段外，还有红外波段等，能够提供更多的特征信息用以表达地物；卫星遥感图像间的时间分辨率差异较大，不同季节的地物特征呈现不同的状态；同时，在几何配准中，不同分辨率传感器平台间的遥感图像空间分辨率差异较大，加大了同名点提取的难度。针对遥感图像的这些特点，通过改进并行的 SIFT 算法，使得其能够很好地适用于遥感图像的自动匹配，获得较好的效果。对于两张独立的遥感图像，分析说明如下：

首先，根据地理坐标信息，搜索出同一个区域，获取两张遥感图像的处理范围。如果没有地理坐标，则以原始的遥感图像作为处理范围，作为各自的初始图像。然后，对各个对应波段进行独立的同名点提取，分别用以下方法获取各对应波段的同名点对，再合并所有同名点对。在单个波段内，对初始遥感图像进行直接双线性插值，建立出图像金字塔。从最低层到最高的初始层，对各层图像金字塔上的图像分别进行特征点提取。设定的降采样最低层次约束，是使得图像经过降采样后的最小宽高小于某个阈值（如：100 像素）。根据初始图像和最低层图像之间的分辨率差异，取出 3～5 层，作为遥感图像金字塔的图像层次，实现三维高斯差分尺度空间的第一维构造。图像层次从低到高，分层提取特征点，在同一层图像间进行同名点匹配。高层图像特征点的提取范围都来自低层图像的特征点提取结果，同时匹配过程也相应地缩小，由此加速特征点的搜索。在最低层图像上，按照原始 SIFT 的基本思想，进行高斯金字塔（Gaussian Pyramid）的构建，获得该层的多组高斯金字塔，实现三维高斯差分尺度空间的第二维构造。利用不同尺度的高斯差分核与图像卷积，快速生成该层各组金字塔对应的高斯差分尺度空间（Difference of Gaussian Scale - space），实现三维高斯差分尺度空间的第三维构造。在 DOG 的构建上，引入非线性权重参数 μ 和线性权重参数 ω，对各级 DOG 进行空间增强处理，使得遥感图像中微小的 DN 值差异放大到可以作为特征信息而被检测到，从而获取最佳的高斯差分图像 $D(x, y, \rho, \sigma, \tau)$。$(x, y)$ 为图像坐标；ρ 为双线性插值出的图像采样层次；σ 为该层图像的高斯金字塔组别；τ 为该层图像该组高斯金字塔的差分图像级别。通过各级金字塔的原始输入图像 $I(x, y, \rho, \sigma)$ 的直方图规定化，非线性拉伸获得 $I(x, y, \rho, \sigma, \mu)$；也可以直接通过给定基于各传感器定标系数的经验权重参数 ω，进行灰度的线性拉伸，更加快速的处理，同样获得较好的改进效果。

1.5.2.6 批量化处理

国产高分卫星遥感影像的批处理实现的难点在于对国产高分数据的识别与读取。很多商业软件不直接支持高分系列数据作为特定格式数据打开。本系统通过增加第三方插件的方式，实现了高分数据通过 xml 文件打开，保证 RPC 参数不丢失的情况下结合辅助数据完成各类预处理。针对数据的查找，使用 file _ search 函数对特定文件进行查询，这就要求文件名称和存放路径的统一。在对文件进行批量解压、大气校正、正射校正和影像融合时，需对文件进行统一的后缀名添加，方便后期查询选取。然后通过函数实现循环，调用 ENVI 函数对数据进行批量处理。图 1－9 为批量化正射校正的批量化处理流程。

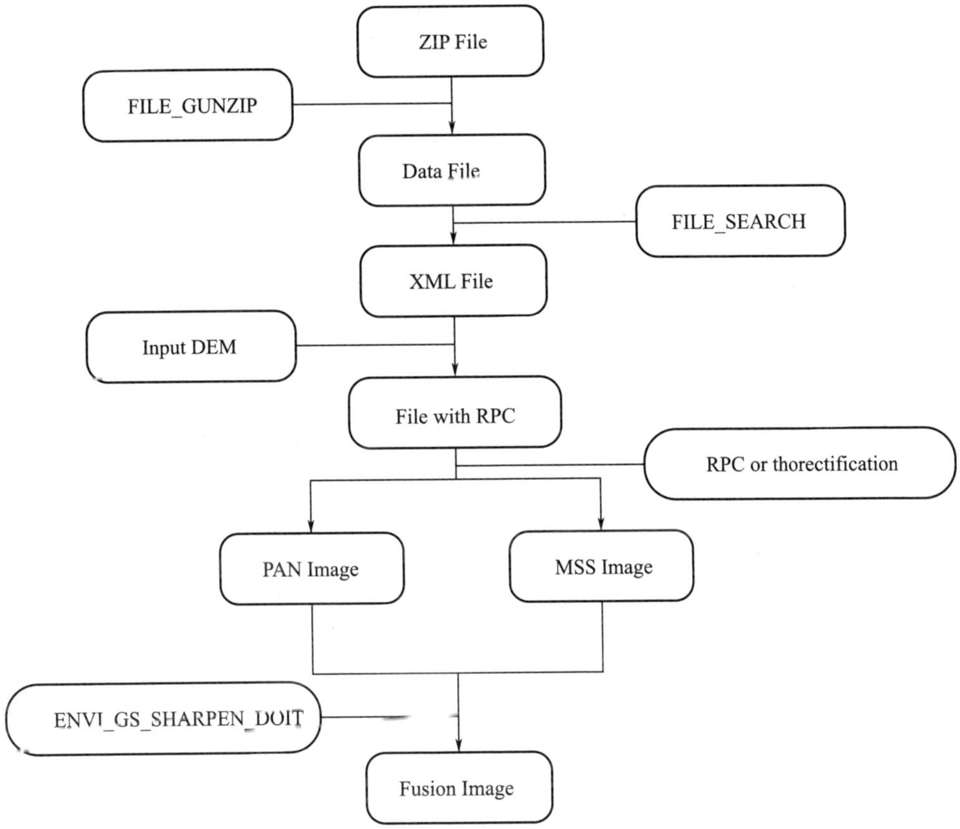

图 1－9　正射校正流程

1.5.3　森林资源数据库

主要包括：地面光谱数据、森林资源数据。

1.5.3.1　地面光谱数据

（1）光谱数据采集

测量时选择晴朗无云的天气进行，风力不超过 5 级，为确保所测光谱数据尽量反映目标本身的光谱特性，减少太阳光散射影响，测定时间选在当日北京时间 11:30—13:30 之间。使用 ASD 地物光谱仪采集光谱，需要外接笔记本电脑，作为数据存储设备，在连接电脑前，应先打开光谱仪点源并预热 15～20 min 后进行下一步操作。在对目标测量前，应先将光谱仪垂直向下对准水平放置的参照白板进行光谱仪优化、采集暗电流、白板校正等操作。进行白板校正时，人应面向阳光，使日光从前方照射，以保证白板上不会产生任何阴影，并控制光谱仪与白板的距离不宜过大，以保证参照白板能够充满光谱仪探头的整个视场。测量过程中，测量人员应身着深色服装，记录员等应站在测量人员身后，避免在测量区两侧走动。光谱仪方位须和进行参照白板矫正时的光谱仪方位一致且使其位置保持固定不变，待测量完成发出蜂鸣提示为止，每个样本记录 10 条光谱数据，更换样本时，需重新优化和进行白板校正操作。

（2）数据预处理

光谱数据的均值处理：每个样本记录 10 条光谱数据，取测得的 10 条光谱曲线的均值作为该目标地物当次测量的光谱值，以降低噪声和随机性。该操作运用光谱数据处理软件 ViewSpecPro 来完成。不同树种光谱曲线见图 1 - 10。

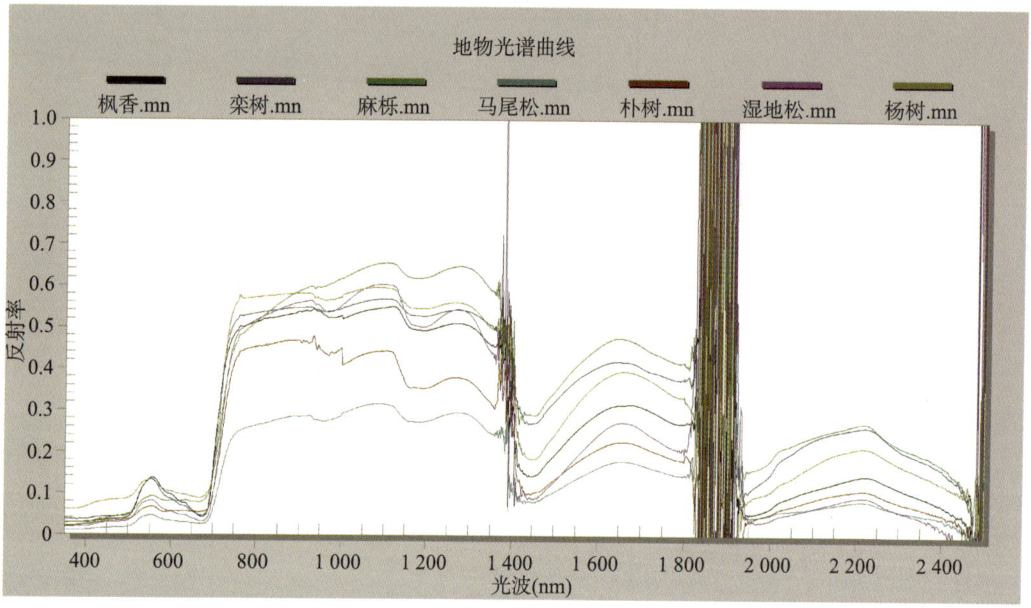

图 1 - 10　不同树种光谱曲线

光谱数据转换：光谱仪测得的初始数据为目标地物计数值 *DN*，或成灰度值。得到目标地物的 *DN* 数据之后，运用 ViewSpecPro 将目标地物 *DN* 数据转换为其光谱反射率，进而得到所测地物光谱反射率曲线。

（3）光谱特征分析

利用 ViewSpecPro 将光谱曲线输出为 . dat 文件，导入 Excel 中制作折线图（见图 1 - 11、图 1 - 12）进行比较。

可以看出，各个树种的光谱反射率随波长的变化趋势基本相同，在蓝波段反射率较低，这是因为蓝波段 0. 45 μm 附近有一个蓝光的吸收带，而在绿波段反射率升高，达到一个峰值，这是因为绿波段 0. 55 μm 附近有一个绿光的反射峰，之后便逐渐降低，在红波段

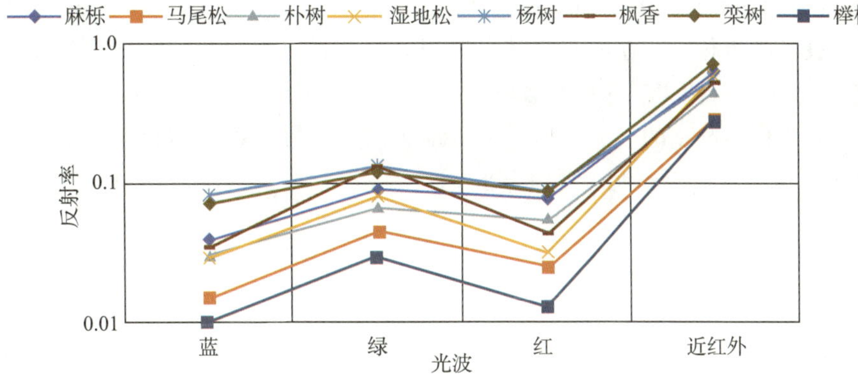

图 1-11 不同树种在可见光和近红外波段的光谱曲线

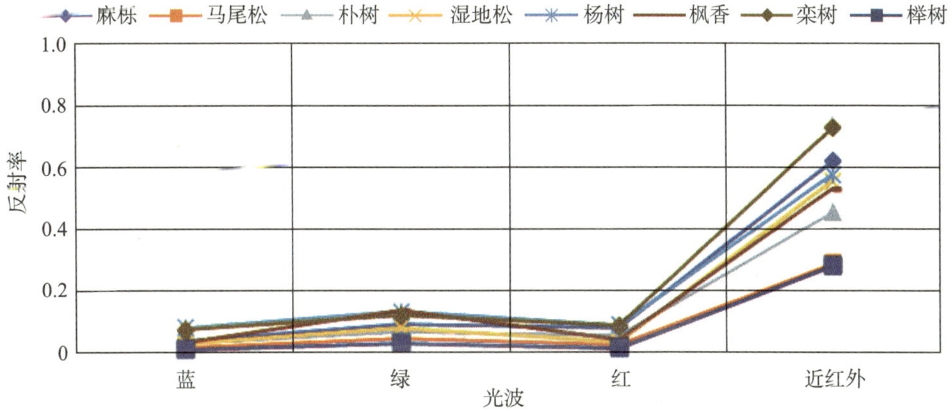

图 1-12 不同数种在可见光和近红外波段的光谱曲线（对反射率取对数）

出现一个波谷，这是因为在红波段 0.67 μm 附近有一个红光的吸收带，这表明，叶绿素对蓝光和红光的吸收作用强，而对绿色的反射作用强。在近红外波段的 0.8～1.0 μm 之间有一个反射的陡坡，达到另一个峰值，形成植被的独有特征，这是由于植被叶子的细胞结构的影响，除了吸收和透射的部分以外而形成的高反射率。

分析这 8 个树种的光谱曲线可以看出：杨树在可见光波段的反射率变化幅度很小，近红外波段反射率较高，整体看来，杨树的反射率在可见光和近红外波段分辨率较高，与栾树相似；麻栎和朴树在蓝绿波段反射率增加明显，绿红波段变化较小，在近红外波段达到波峰，整体变化趋势相似，但麻栎在可见光和近红外波段的反射率均较高；马尾松和湿地松在蓝绿红波段的变化趋势相似，湿地松在各个波段的反射率整体较马尾松高。

1.5.3.2 森林资源数据

收集的森林资源相关数据主要包含各级森林资源区划（林班与小班）界线、小班矢量图层、小班属性数据库及相关的地形要素等。每个小班的森林二类调查因子数据与小班图斑关联，形成小班矢量数据库。其属性数据涵盖调查因子，如所属林业局、营林区、林班号、小班号、面积、地类、林种、起源、树种组成、郁闭度等因子。

对森林资源相关数据主要做如下预处理：

1）统一投影和坐标系。使所有森林资源相关数据具有相同的空间地理信息，以便模型运算和叠加分析。将搜集到的所有数据，统一使用2000国家大地坐标系。

2）森林资源栅格数据的生成。因本书所用的高分六号影像遥感数据的空间分辨率为2 m，所以将各类森林资源数据也采样为2 m。

第 2 章　高分卫星载荷森林树种识别研究

2.1　研究区概况及数据准备

2.1.1　研究区概况

2.1.1.1　地理位置

研究区位于安徽省江淮丘陵东部滁州市西郊 45 km 处，系淮阳山脉向东延伸的余脉，南北长约 10.5 km，东西宽约 8 km，总面积为 35.864 km²，核心保护区 17.51 km²。地理坐标为 32°17′—32°23′N、117°58′—118°03′E。东临琅琊山风景区，南靠神山国家森林公园，西近令狐山风景区，北眺著名的中国农村改革发源地凤阳县小岗村，具有江淮地区保存最完整、面积最大的原始次生森林次生景观带。研究区见图 2-1。

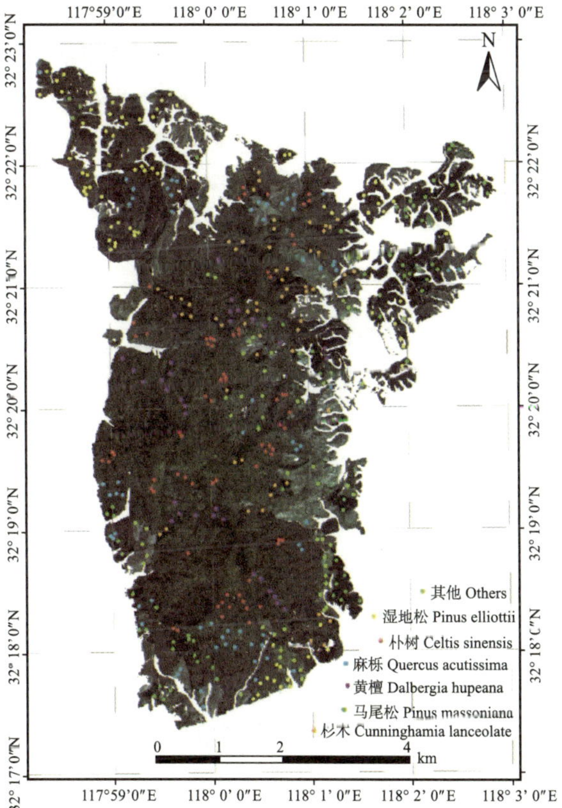

图 2-1 研究区示意图

2.1.1.2 自然概况

（1）地貌与土壤

皇甫山国家森林公园地处江淮丘陵区，属大别山余脉，境内多低山和丘陵。其中，皇甫山北将军峰海拔 399.2 m，为皖东最高峰。其地带性土壤为普通黄棕壤及下蜀系土母质上的粘盘黄棕壤。土层厚度在 10～100 cm 之间，山谷坡地土层较厚，湿润肥沃，丘顶土壤较薄，相对贫瘠。枯枝落叶层厚度达到 2～5 cm，总覆盖率达 90%以上，一般分界良好，有机质较为丰富。

（2）水文气候

皇甫山地处北亚热带湿润性季风气候区北缘，气候温和，四季分明，日照充足。表现为春寒多雨，秋高气爽，夏雨集中，梅雨明显，无霜期 210～230 天，年均降水 1 018.6 mm，年均气温 15.2 ℃，一月份平均气温 1.6～1.9 ℃，七月份平均气温 28.2～28.5 ℃，极端最低气温为－10 ℃，极端最高气温为 41.2 ℃。

皇甫山国家森林公园地处江淮分水岭，境内多塘坝和溪流。襄河发源于皇甫山南麓；瓦店河南源出自北将军岭与黄峰岭交界处九板桥附近，出山后东南流，经曲亭门坎岭与源自北将军岭皇甫山国家森林公园南部支流汇合，最后东流入清流河。

（3）植被情况

地带性植被为常绿-落叶阔叶混交天然次生林、落叶阔叶林及常绿针叶林，森林植被覆盖率高达 91.6%，生态环境多样，植被资源丰富，从优势树种看，阔叶林以朴树、麻栎和黄檀为主，还有榉树、榆树、乌桕等。针叶林以马尾松、湿地松和杉木为主，还有黑松、云杉等[2]。

2.1.2 数据源概况

2.1.2.1 遥感影像数据

使用的遥感影像数据为高分五号和高分六号卫星数据。高分五号卫星是世界首颗发射的实现对大气和陆地综合观测的全谱段高光谱卫星。卫星搭载 6 台载荷，可对空气质量、水华水质、植被覆盖、热岛效应等多个环境要素进行监测。本次使用的数据为可见光近红外光谱数据，即 GF－5 AHIS 数据，数据幅宽 60 km，空间分辨率 30 m，在可见光至短波红外（400～2 500 nm）光谱范围里有 330 个谱段，其中可见光及近红外短波谱段 150 个波段，光谱分辨率 10 nm，近红外长波谱段有 180 个波段，光谱分辨率 10 nm。

高分六号卫星是“高分专项”发射的中国首颗精准农业观测的高分卫星，卫星于 2018 年 6 月 2 日发射，并于 2019 年 3 月 21 日投入使用，与已发射的高分一号卫星组成“2 m/8 m 光学成像卫星系统”，主要应用于农业、林业和防灾减灾业务领域，兼顾环保、国安和住建等应用需求。高分六号卫星是低轨光学遥感卫星，设计寿命 8 年，配置 2 m 全色/8 m 多光谱高分辨率相机、16 m 多光谱中分辨率宽幅相机，2 m 全色/8 m 多光谱相机观测幅宽 90 km，16 m 多光谱相机观测幅宽 800 km。

GF－5 AHIS 和 GF－6 PMS 传感器的相关载荷指标如表 2－1、表 2－2 所示。

表 2－1　GF－5 AHIS 载荷指标

谱段	波段号	谱段范围/μm	空间分辨率/m	光谱分辨率/nm	幅宽/km
可见光及近红外短波	1～149	0.45～1.03	30	5	60×60
近红外长波	1～129	1.03～2.50	30	10	

表 2－2　GF－6 PMS 载荷指标

谱段	波段号	谱段范围/μm	空间分辨率/m	幅宽/km	侧摆能力	重访时间/d
全色	1	0.45～0.90	2	90×90	±35°	4
多光谱	1	0.45～0.52	8			
	2	0.52～0.60				
	3	0.63～0.69				
	4	0.76～0.90				

GF－5 AHIS 数据成像时间是 2019 年 5 月 22 日，GF－6 PMS 数据成像时间是 2019 年 5 月 1 日，亚热带次生林生长期变化快，物候特征明显，将成像时间统一在一个月之内以保证时相的一致性和数据的可比性。所选影像均质量较好，云量保持在 5%以下（见表 2－3）。

表 2－3　遥感影像数据基本信息

传感器	产品号	中心经纬度	成像时间	云量
GF－5 AHIS	45157	118.02°E，32.30°N	2019－05－22	<5%
GF－6 PMS	1119873930	117.90°E，32.10°N	2019－05－01	

2.1.2.2　森林资源数据

本书使用的森林资源数据有两种，森林资源连续清查数据（简称一类清查数据）和森林资源规划设计调查数据（简称二类调查数据）。一类清查数据是皇甫山林场管护人员在 2016 年第 8 次清查数据的基础上，根据每年的森林更新清查情况制作的 2019 年森林自查数据；二类调查数据是林场工作人员以 2014 年二类调查数据为基础制作的调查数据，数据更新日期截止到 2017 年。

为保证数据时相一致性和结果准确性，将一类清查数据作为变化比较快的森林树种分布情况的参考数据，将二类调查数据作为变化较少的道路、建筑等地类空间分布的参考数据。

2.1.2.3　地形数据

本书使用的数字高程模型数据（DEM）来自地理空间数据云所提供的共享数据集——ASTER GDEM，数据分辨率为 30 m，幅宽 1°×1°，覆盖研究区 DEM 所在纬度为北纬 32°，经度为东经 117°。

2.1.2.4　外业调查数据

外业调查数据主要是指对森林树种空间位置、光谱和属性的实地调查数据，用于训练和检验样本的选择。2019 年 8 月 15 日至 20 日，结合森林清查数据，进行树种分布情况实地调查，重点对朴树、麻栎、黄檀、马尾松、湿地松和杉木 6 类树种样本进行测定。选取面积大于 900 m×900 m 的纯林进行定位和调查记录。携带 GPS 在样地中心进行定位，对样地内的树种、平均龄组和郁闭度等因子进行记录，并进行拍照存档。本次调查共获取样本 479 个，其中朴树样本 72 个，麻栎样本 64 个、黄檀样本 66 个、马尾松样本 70 个、湿地松样本 77 个、杉木样本 78 个、其他树种样本 52 个。样本选取在排除可及性差、GPS 信号强度不足的区域后，尽可能地做到均匀分布，具有良好的代表性和典型性（详见图 2 - 1）。

2.1.3 数据预处理

2.1.3.1 遥感影像数据预处理

2.1.3.1.1 坏波段剔除和降噪

由于大气散射和水汽吸收的影响，GF - 5 AHIS 数据一些波段信噪比过低，需在处理前对其进行去除以提高数据处理效率。最终剔除的波段为 193～200 nm、246～262 nm、327～330 nm。由于数据的生产和处理过程中或多或少存在各类噪声，为了让数据波谱能够更好地反映实际地物波谱，需要对数据进行降噪。对可见光和短波红外分别进行最小噪声分离（Minimum Noise Fraction，MNF）变换，然后再利用合成波段进行逆变换以达到降除噪声、平滑光谱曲线的目的。波段去除和降噪前后光谱曲线对比见图 2 - 2。

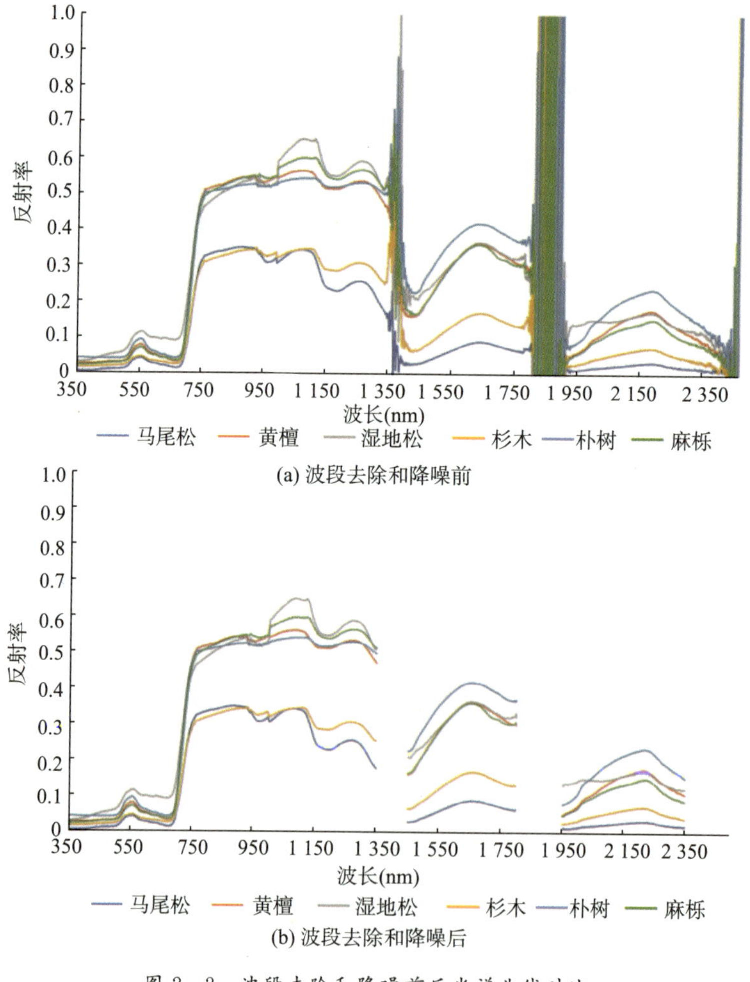

(a) 波段去除和降噪前

(b) 波段去除和降噪后

图 2 - 2 波段去除和降噪前后光谱曲线对比

2.1.3.1.2　辐射定标和大气校正

GF－5 及 GF－6 数据均需进行此处理。原始数据 *DN* 值（Digital Number）是一种无量纲的值，需经过辐射定标来将无量纲 *DN* 值转换为有量纲的表观辐亮度。表观辐亮度是大气层顶的辐射亮度，即地表真实辐亮度加上大气自身散射的辐射亮度，为了获取实际地表地物反射率，需对辐射定标结果进行大气校正。本书使用 6S 模型进行大气校正，模型所需气溶胶厚度等参数均由 NASA 公开的 10 年气溶胶参数计算得到。图 2－3 为植被在 GF－5 AHIS 数据上的光谱曲线在辐射定标和大气校正前后的对比，图 2－4 为 GF－6 PMS 数据大气校正前后影像对比示意图。

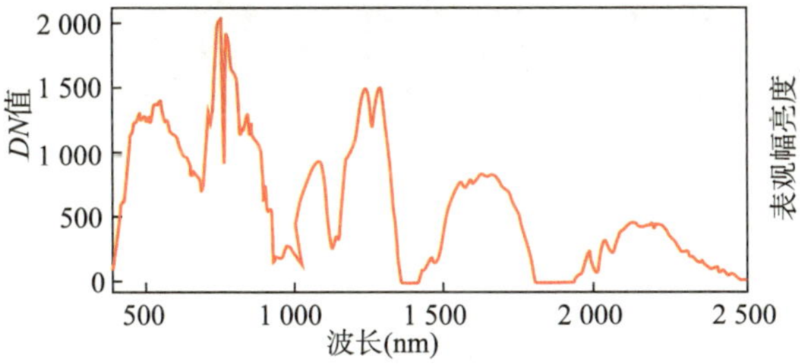

(a) 原始数据

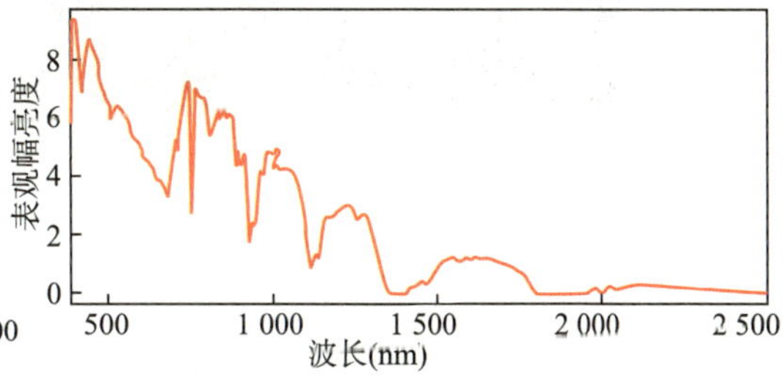

(b) 辐射定标

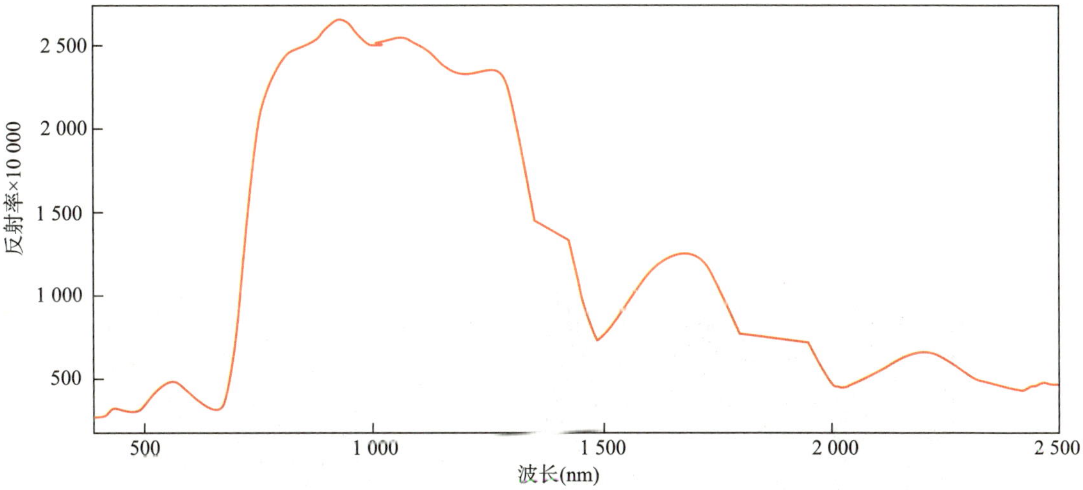

(c) 大气校正

图 2－3　GF－5 AHIS 数据辐射定标和大气校正前后光谱曲线对比

2.1.3.1.3　正射校正

GF－5 及 GF－6 数据均需进行此处理。在成像过程中，由于受到传感器自身姿态、地球曲率、地形起伏等多重因素的影响，成像结果会产生几何畸变，几何校正即通过地面控制点、影像自带的几何参数和 DEM 与影像建立对应的关系模型，消除影像的几何畸变，使影像具有真实的地理坐标的过程。在校正过程中使用的几何参数从数据自带的 RPC 文件中自动获取，DEM 空间分辨率为 30 m，影像校正精度控制在 1 个像元以内。

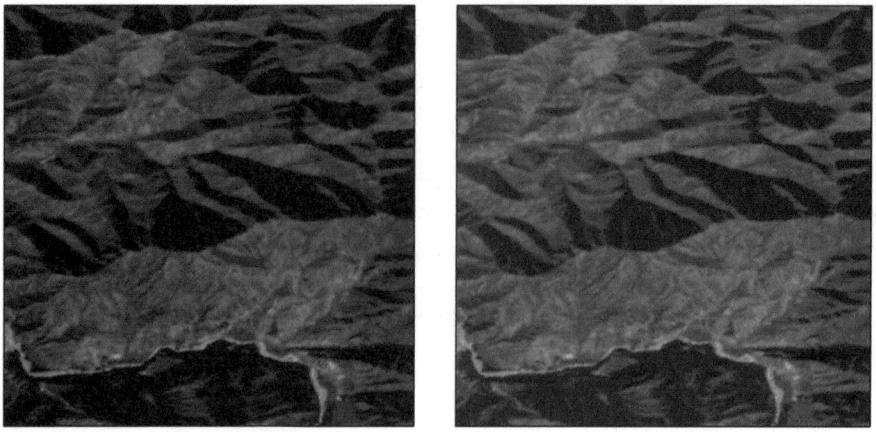

(a) 大气校正前　　(b) 大气校正后

图 2-4　GF-6 PMS 数据大气校正前后多光谱影像对比

2.1.3.1.4　影像融合和裁切

影像融合是综合来自空间分辨率和光谱分辨率的信息，生成具有新的空间和波谱特征的合成影像的过程。影像融合可以在保留低空间分辨率波段影像光谱信息的同时提高影像的空间分辨率，发挥光谱和高空间分辨率的优势。GF-6 2 m 空间分辨率为全色影像，8 m 空间分辨率为多光谱数据，通过影像融合得到空间分辨率为 2 m 的多光谱数据，并对融合后的 GF-6 数据和校正后的 GF-5 数据进行裁切，减少数据处理量，以便后续面向对象分割及纹理特征提取。图 2-5 为 GF-6 PMS 数据影像融合前后对比，可以看出影像融合能够明显改善质量。

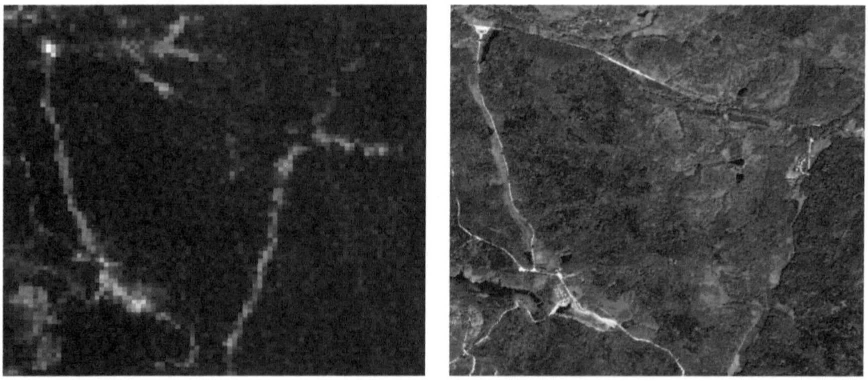

(a) 融合前　　(b) 融合后

图 2-5　GF-6 PMS 数据影像融合前后对比

2.1.3.1.5　面向对象多尺度分割

传统基于像元的分类计算效率较低且易出现“椒盐现象”，特别是在综合不同空间分辨率的特征因子进行分类时，需要进行重采样以统一特征因子分辨率，这就难免造成信息丢失或计算力的浪费。基于对象层面的分类能够消除“椒盐现象”，避免不同分辨率特征融合时重采样造成的影响。用 GC 算法对预处理后的 GF－6 数据进行面向对象的多尺度分割，用于特征对象尺度的融合，可以有效地消除“椒盐现象”。该算法根据光谱、纹理和形状特征计算相邻区域间的异质性，在此基础上构建区域邻接图并采用逐步迭代优化算法，以光谱、纹理和形状间的异质性为准则进行区域合并以获取最终分类结果。为保证分割对象内像元纯净度，本书使用过分割的方式，以实测数据和一类清查数据为参考，在保证单一分割对象内不存在多种树种的基础上，将分割尺度再调小 5，形状因子增加 0.1，最终确定分割尺度为 45，形状因子为 0.5，紧致度为 0.3。如图 2－6 所示，使用过分割的方式，让分割结果能够较好地表征数据的纹理和颜色的差异。

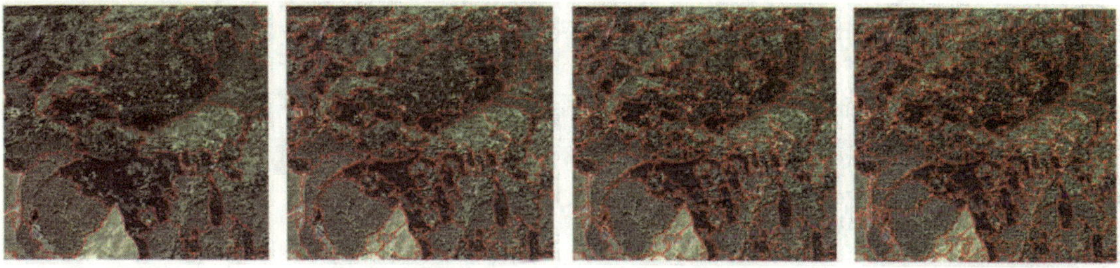

(a) 分割尺度：75　(b) 分割尺度：65　(c) 分割尺度：55　(d) 分割尺度：45

图 2－6　多尺度分割结果图

2.1.3.2　森林资源数据处理

2.1.3.2.1　数据清洗和分类系统的确定

首先将收集到的森林一类清查和二类调查数据进行投影坐标统一，保证投影坐标系与影像数据的一致性和数据间的空间可比性。然后对数据进行整理，参考《国家森林资源连续清查技术规定》和《森林资源规划设计调查主要技术规定》对数据进行整理，包括剔除空值、删除同名和属性为空的字段，得到本研究区完整属性，没有冗余一类清查和二类调查数据。最后利用 ArcGis 属性选择工具将对本研究比较重要的波段进行提取，包括地类、优势树种、林分等属性字段，参考相应规范对这些重要字段进行整理，对异常值进行修正或删除，保证重要属性字段的准确性。对清洗后的森林数据进行统计分析，以确定分类系统。

基于遥感和外业调查数据的特点和树种精细识别能力，结合研究区内树种的分布和面积占比情况，综合考虑分类系统的层次性和科学性，建立三级分类系统。将林地划分为可识别林地和其他林地，其他林地是指在整个研究区分布较少且不集中，或树高过低，受其他树种冠层遮盖，无法精细识别树种的乌桕、黑松、榉树和一些低矮的半乔木等。可识别的树种为朴树、麻栎、黄檀、马尾松、湿地松和杉木 6 类，分类系统如表 2－4 所示。

表 2 - 4 分类系统

<table>
<tr><th>1 级类型</th><th>2 级类型</th><th>3 级类型</th></tr>
<tr><td rowspan="7">林地</td><td rowspan="6">可识别林地</td><td>麻栎</td></tr>
<tr><td>朴树</td></tr>
<tr><td>黄檀</td></tr>
<tr><td>马尾松</td></tr>
<tr><td>湿地松</td></tr>
<tr><td>杉木</td></tr>
<tr><td>其他林地</td><td></td></tr>
<tr><td rowspan="4">非林地</td><td>耕地</td><td></td></tr>
<tr><td>水域</td><td></td></tr>
<tr><td>建筑用地</td><td></td></tr>
<tr><td>未利用地</td><td></td></tr>
</table>

2.1.3.2.2 对象样本制作

结合数据清洗结果和 GF - 6 PMS 融合数据，面向对象分割结果进行对象特征选择。为了保证识别结果的准确性和可靠性，设计了三级分类系统并基于分类系统进行样本选择。首先根据对象分割的结果和二类调查数据选择耕地、水域、建筑用地、未利用地和林地样本各 200 个，用于一级分类，进行林地信息提取。然后在林地提取的基础上进行再一次的纯林地的面向对象分割，结合分割结果和外业采集的样方数据，参考一类清查数据进行麻栎、朴树、杉木、湿地松、马尾松、黄檀和其他林地的样本选择，提取朴树样本 53 个、麻栎样本 42 个、黄檀样本 60 个、马尾松样本 49 个、湿地松样本 71 个、杉木样本 69 个、其他树种样本 47 个，以用于精细森林树种识别（见图 2 - 7）。

2.1.3.3 地形数据预处理

首先将 DEM 投影坐标转换为影像数据的投影坐标，以保证数据空间上的一致性。然后利用研究区范围对数据进行裁切，以减少后续运算量，提高效率。最后借助 ArcGis 使用空间可视化分析工具对 DEM 异常值进行检测，将异常值进行去除并利用空间插值工具生成新值，得到最终研究区 DEM 数据。

2.1.3.4 外业采集数据处理

外业采集数据将用于训练样本，先将 GPS 内的采样点转换为 shp 格式，根据外业设计的样方大小对点数据进行缓冲，生产样方数据。将样方数据的投影重新定义，以达到和影像数据相一致。对投影后的样方数据进行检验，去除因信号或操作原因造成的与影像数据误差较大的样方和过于靠近导致不具有代表性的样方，得到最后的实测样本，样本空间分布见图 2 - 7。

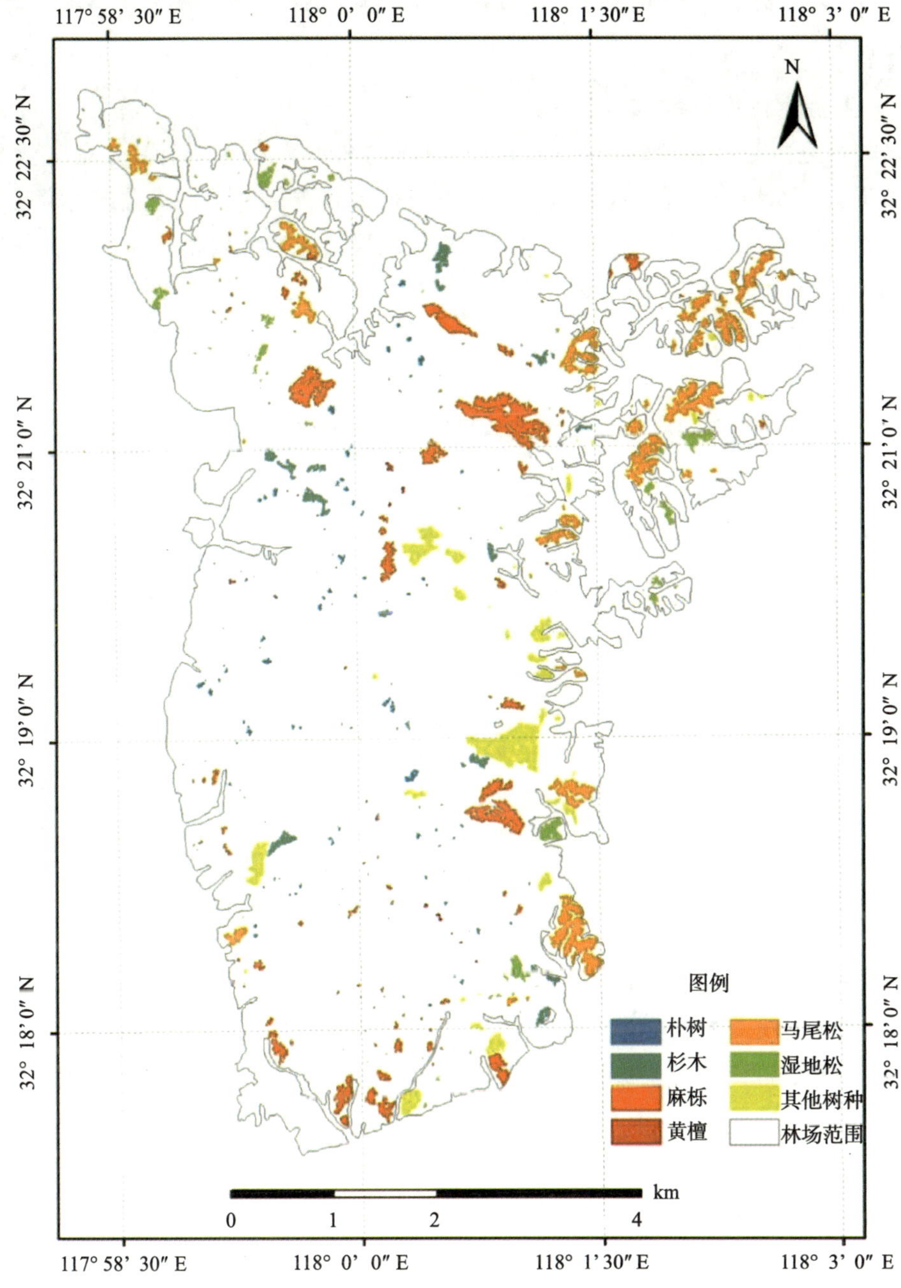

图 2-7　对象样本分布图

2.2 特征因子集构建与分析

2.2.1 特征因子集构建

对树木光谱特征、植被指数特征、纹理特征和地形特征概念和算法进行综合分析。基于 GF－5 AHIS、GF－6 PMS 和 DEM 数据对各类特征进行提取，为最终树种识别特征集的构建做准备。

2.2.1.1　光谱特征集构建

光谱特征分析是森林树种识别的前提。树木的典型光谱特征由其反射光谱特性决定，主要受其组织结构、生物化学成分和形态特征等影响。主要表现为：色素吸收决定可见光波段的光谱反射率，细胞结构决定近红外波段的光谱反射率，而水汽吸收决定短波红外的光谱反射率。一般情况下，林木在 350～2 500 nm 范围内具有典型反射光谱特征，见表 2－5。

表 2－5　植被反射特征

谱段范围/nm	平均反射率	波谱曲线形态及响应因素
350～490	＜10％	形状较平缓：425～490 nm 为类胡萝卜素强吸收带，380 nm 波长附近还有大气的弱吸收带
490～600	8％～28％	波峰形态、反射率中等：550 nm 波长附近为叶绿素强反射峰区
600～700	＜10％	波谷形态、反射率很低：650～700 nm 谱段为叶绿素的强吸收带，610 nm 及 660 nm 谱段为藻蓝蛋白主要吸收带
700～750	/	陡而近于直线的形态：斜率与单位叶绿素总含量有关
750～1 300	25％～65％	反射强烈且波状起伏：760、850、910、960、1 120 nm 等波长附近有水或氧的窄吸收带
1 300～1 600	12％～18％	波谷形态、反射率较低：1 360～1 470 nm 谱段为水与二氧化碳强吸收带
1 600～1 830	20％～39％	波峰形态、反射率较高：与植被含水波谱特性相关
1 830～2 080	6％～10％	波谷形态、反射率较低：植物内水分和二氧化碳的强吸收带
2 080～2 350	10％～23％	波峰形态、反射率中等：与植物及其所含水分的波谱特性有关
2 350～2 500	8％～12％	波谷形态、反射率较低：植物内水分和二氧化碳的强吸收带

根据上述林木光谱特征分析，利用 ENVI5.3 软件，对预处理后的 GF－5 AHIS 影像数据分别提取树种在 304 个波长的反射率作为光谱特征，构建光谱特征集，提取结果如图 2－8 所示。

2.2.1.2　植被指数特征集构建

2.2.1.2.1　植被指数特征算法

植被指数（VI）是两个或多个波长范围内的地物反射率组合运算，以增强植被某一特性或者细节。高光谱数据的光谱信息可用来计算各类植被指数，可以有效降低“同物异谱”和“同谱异物”带来的精度误差，为更精确的树种分类提供了可能。基于 GF－5 AHIS 提取 7 大类 26 种对树种有识别意义的植被指数作为植被指数特征。其中宽带绿度指数、窄带绿度指数和光利用率指数作为衡量植被密度和生长状况的宏观指数常被应用于辅助树种分类研究。冠层氮指数能够反映出树木冠层结构的差异，以实现树种的识别。碳衰减指数用于表征树木枝叶干碳分子含量且与叶绿素浓度高度相关，很好地反映树木的衰老、休眠和果实成熟情况，在一定程度上反映出树木品种和年龄的差异。叶色素可以度量

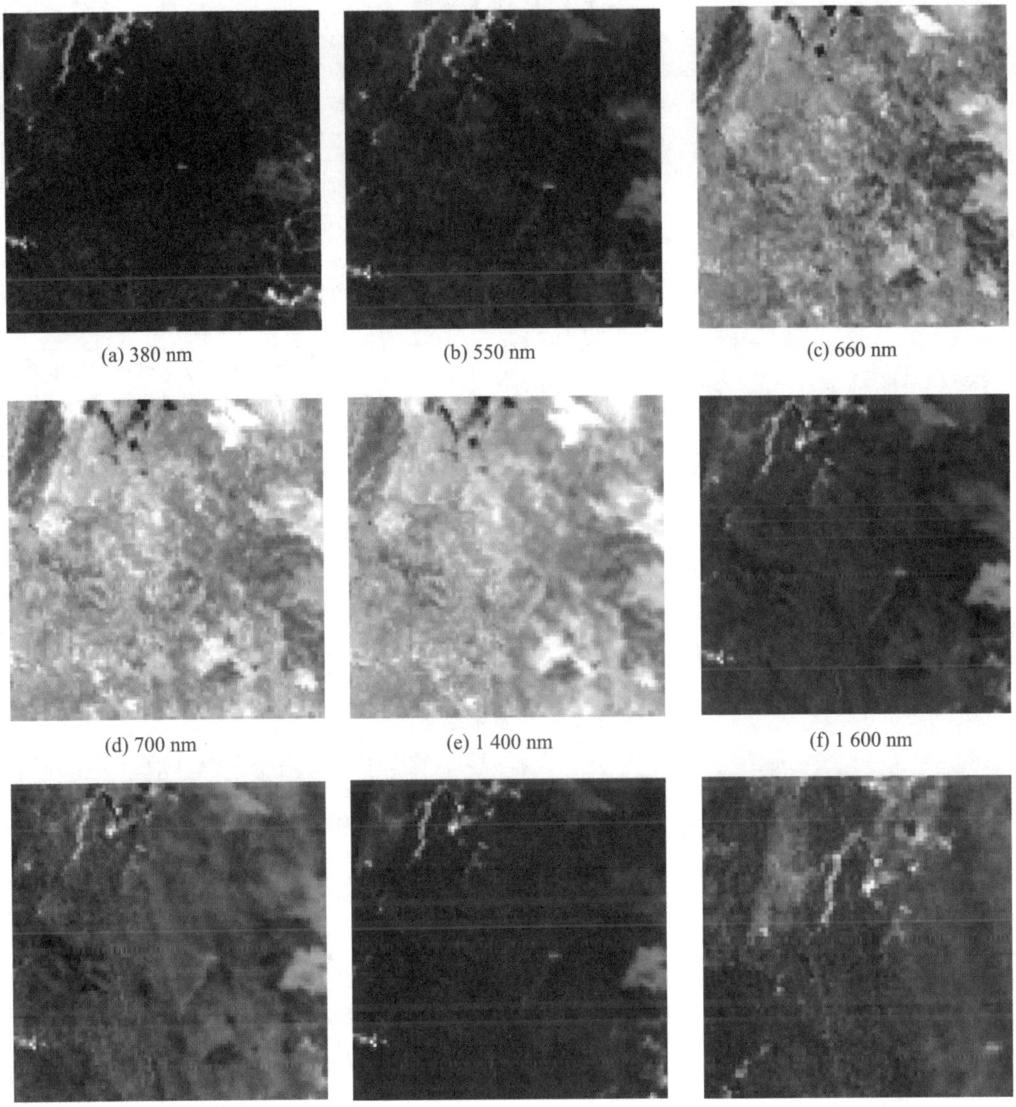

(a) 380 nm　(b) 550 nm　(c) 660 nm

(d) 700 nm　(e) 1 400 nm　(f) 1 600 nm

(g) 1 950 nm　(h) 2 300 nm　(i) 2 450 nm

图 2-8　影像光谱特征（部分）

树木类胡萝卜素和花青素含量，直接反映树木叶片颜色差异，从而区分不同树种。不同树种的叶片组织含水量不同，冠层水分含量指数能够很好地表征树种含水量。各植被指数表征理化特性和计算公式如下：

（1）宽带绿度指数

宽带绿度指数可用来简单度量树木的生长情况和密度，对各类树种的冠层结构、叶绿素含量比较敏感，常用于辅助植被分类、反演植被物候发育、植被生产力建模等。近红外、红、蓝波段的中心波长：$\rho_{NIR}=800$ nm，$\rho_{RED}=680$ nm，$\rho_{BLUE}=450$ nm。各类宽带绿度指数表征含义及公式见表 2-6。

表 2-6 宽带绿度

指数名称	计算公式	特性及值的范围
归一化植被指数（*NDVI*）	$\frac{\rho_{NIR}-\rho_{RED}}{\rho_{NIR}+\rho_{RED}}$	植被茂密时其灵敏度会降低；取值范围是－1～1，一般植被范围是 0.2～0.8
比值植被指数（*SR*）	$\frac{\rho_{NIR}}{\rho_{RED}}$	植被茂密时其灵敏度会降低；取值范围是 0～30＋，一般植被范围是 2～8
增强植被指数（*EVI*）	$2.5\times\left(\frac{\rho_{NIR}-\rho_{RED}}{\rho_{NIR}+6\times\rho_{RED}-7.5\times\rho_{BLUE}+1}\right)$	加入蓝色波段矫正土壤背景和气溶胶散射的影响，可用于植被茂密区；取值范围是－1～1，一般植被范围是 0.2～0.8
大气阻抗植被指数（*ARVI*）	$\frac{\rho_{NIR}-(2\times\rho_{RED}-\rho_{BLUE})}{\rho_{NIR}+(2\times\rho_{RED}-\rho_{BLUE})}$	使用蓝色波段矫正大气散射的影响，可用于气溶胶浓度很高的区域；取值范围是－1～1，一般植被范围是 0.2～0.8
绿度综合指数（*SG*）	*SG* 指数是 500～600 nm 范围内平均波谱反射率	对稀疏植被的小变化非常敏感；取值范围是 0～50，一般植被范围是 10～25

（2）窄带绿度指数

窄带绿度指数使用了红色与红边部分（690～740 nm），对宽带绿度进行优化，比宽带绿度指数更加灵敏，特别适用于茂密植被。各类窄带绿度指数表征意义及公式见表 2-7。

表 2-7 窄带绿度

指数名称	计算公式	特性及值的范围
红边归一化植被指数（*NDVI*705）	$\frac{\rho_{750}-\rho_{705}}{\rho_{750}+\rho_{705}}$	对冠层的微小变化和衰老灵敏；取值范围是－1～1，一般植被范围是 0.2～0.9
改进红边比值植被指数（*mSR*705）	$\frac{\rho_{750}-\rho_{445}}{\rho_{750}+\rho_{445}}$	改正了叶片的镜面反射效应；取值范围是 0～30，一般植被范围是 2～8
改进红边归一化植被指数（*mNDVI*705）	$\frac{\rho_{750}-\rho_{705}}{\rho_{750}+\rho_{705}-2\times\rho_{445}}$	对植被冠层结构和衰老敏感；取值范围是－1～1，一般植被范围是 0.2～0.7
Vogelmann 红边指数（*VOG*1、*VOG*3）	$\frac{\rho_{740}}{\rho_{720}}$、$\frac{\rho_{734}-\rho_{747}}{\rho_{715}+\rho_{720}}$	对叶绿素浓度、叶冠层和水分含量综合灵敏；取值范围是 0～20，一般植被范围是 4～8
红边位置指数（*REP*）	*REP* 的结果输出是在 0.69～0.74 μm 光谱范围内，植被红边区域内的反射率的最大导数的波长	对植被叶绿素浓度变化及红移现象非常敏感，红边位置在 690～740 nm 范围内急剧倾斜波长范围，一般植被在 700～730 nm

（3）光利用率指数

光利用率指数可以度量林木对入射光的利用效率，从而表征不同树种的碳吸收效率、生长效率等特性。光利用率各指数公式及表征意义见表 2-8。

表 2-8 光利用率

指数名称	计算公式	特性及值的范围
光化学植被指数（*PRI*）	$\frac{\rho_{531}-\rho_{570}}{\rho_{531}+\rho_{570}}$	对活林木的类胡萝卜素变化反应灵敏；取值范围是－1～1，一般植被范围是－0.2～0.2

续表

指数名称	计算公式	特性及值的范围
结构不敏感色素指数 (*SIPI*)	$\frac{\rho_{500}-\rho_{445}}{\rho_{500}+\rho_{680}}$	对叶面积指数等冠层结构指标较少敏感；取值范围是 0～2，一般植被范围是 0.8～1.8
红绿比值指数 (*RG*)	*RG* 结果输出是红色范围内所有波段均值除以绿色范围内所有波段均值	对花青素增加敏感，可识别叶片变红和开花的林木；取值范围是 0.1～8，一般植被范围是 0.7～3

(4) 冠层氮指数

氮是叶绿素的重要组成部分，具有高浓度氮的树木生长速度较快，归一化氮指数(*NDNI*)用于估算植被冠层中氮的相对含量。树木在 1 510 nm 的反射率主要取决于叶片氮的含量，以及冠层总体叶生物量。*NDNI* 在树木还是绿色以及覆盖浓密时，对氮含量的变化非常敏感，它用于生态系统分析和森林管理，值的范围是－3～4，一般植被的范围是－2～4。其计算公式为

$$NDNI-\frac{\log(1/\rho_{1510})-\log(1/\rho_{1680})}{\log(1/\rho_{1510})+\log(1/\rho_{1680})}$$

(5) 碳衰减指数

碳衰减指数是用来估算纤维素和木质素干燥状态的碳含量，可检测森林树木冠层枯死枝叶数量。碳衰减指数基于纤维素和木质素在短波红外波段吸收特性而计算。碳衰减指数公式及表征意义见表 2-9。

表 2-9　干旱或碳衰减

指数名称	计算公式	特性及值的范围
归一化木质素指数 (*NDLI*)	$\frac{\log(1/\rho_{1754})-\log(1/\rho_{1680})}{\log(1/\rho_{1754})+\log(1/\rho_{1680})}$	用来估算植被冠层木质素的相对含量，取值范围是 0～1，一般植被范围是 0.005～0.05
纤维素吸收指数 (*CAI*)	$0.5\times(\rho_{2000}+\rho_{2200})-\rho_{2100}$	在 2 000～2 200 nm 范围内吸收特征非常敏感；取值范围是－3～4，一般植被范围是－2～4
植被衰减指数 (*PSRI*)	$\frac{\rho_{680}-\rho_{500}}{\rho_{750}}$	可以表征植被的衰老和植物果实的成熟；取值范围是－1～1，一般植被范围是－0.1～0.2

(6) 叶色素指数

叶色素指数用于度量树木中类胡萝卜素和花青素等色素的含量。各类叶色素指数公式及表征意义见表 2-10。

表 2-10　叶色素

指数名称	计算公式	特性及值的范围
类胡萝卜素反射指数 1 (*CRI*1)	$\frac{1}{\rho_{510}}-\frac{1}{\rho_{550}}$	对叶片中的类胡萝卜素非常敏感，高的 *CRI*1 值表征类胡萝卜素含量高于叶绿素含量；取值范围是 0～15＋，一般植被范围是 1～12

续表

指数名称	计算公式	特性及值的范围
类胡萝卜素反射指数 2 (*CRI*2)	$\frac{1}{\rho_{510}}-\frac{1}{\rho_{700}}$	*CRI*2 是 *CRI*1 的改进型，在高类胡萝卜素时更加有效；取值范围是 0～15，一般植被范围是 1～11
花青素反射指数 1 (*ARI*1)	$\frac{1}{\rho_{550}}-\frac{1}{\rho_{700}}$	对叶片中的花青素非常敏感；取值范围是 0～0.2+，一般植被范围是 0.001～0.1
花青素反射指数 2 (*ARI*2)	$\rho_{800}\times\left(\frac{1}{\rho_{550}}-\frac{1}{\rho_{700}}\right)$	*ARI*2 是 *ARI*1 的改进，在高花青素浓度时更加有效；取值范围是 0～0.2，一般植被范围是 0.001～0.1

(7) 冠层水分含量指数

冠层水分含量指数可以表征树木冠层中水分含量。水分含量是一个重要的指标，较高的水含量表明植被健康及生长快。冠层水分含量指数基于水在近红外和短波红外范围内的吸收特征，以及光在近红外范围的穿透性进行度量。各类冠层水分含量指数公式及其表征意义见表 2-11。

表 2-11　冠层水分含量

指数名称	计算公式	特性及值的范围
水波段指数 (*WBI*)	$\frac{\rho_{900}}{\rho_{970}}$	对树木冠层水分状态的变化敏感；一般绿色植被区范围是 0.8～1.2
归一化水指数 (*NDWI*)	$\frac{\rho_{857}-\rho_{1241}}{\rho_{857}+\rho_{1241}}$	对树木冠层水分含量的变化非常敏感；取值范围是 -1～1，一般植被范围是 -0.1～0.4
水分胁迫指数 (*MSI*)	$\frac{\rho_{1599}}{\rho_{819}}$	对树木叶片水分含量的增加非常敏感；取值范围是 0～3，一般植被范围是 0.4～2
归一化红外指数 (*NDII*)	$\frac{\rho_{819}-\rho_{1649}}{\rho_{819}+\rho_{1649}}$	对稀疏冠层水分含量变化非常敏感；取值范围是 -1～1，一般植被范围是 0.02～0.6

2.2.1.2.2　植被指数特征提取

利用 ENVI 5.4.1 的波段计算工具，基于 GF-5 AHIS 数据，按照各类植被指数计算公式进行特征提取；利用 IDL 编程实现无法直接波段计算的 *SG*、*REP* 和 *RG* 的计算；参照各类植被指数取值范围对获取指数进行逐像元统计，去除超出取值范围的异常值。这里需要说明的是，本书对植被指数特征异常值的修正未使用空间插值的方式，而是利用 ENVI 波段计算工具将超出取值范围的异常值划归为最大或最小取值，以降低处理成本。经过上述处理构建出备选植被指数特征集，如图 2-9 所示。

2.2.1.3　纹理特征集构建

纹理特征是影像的一种固有特征，反映图像灰度的性质及其空间关系。遥感数据中包含着大量的光谱信息，同时也隐藏着丰富的纹理和空间信息，特别是在高空间分辨率影像中。纹理是真实地物结构反映在影像上色调变化的频率，不同树种存在的冠层结构差异是树种识别的重要分类特征。

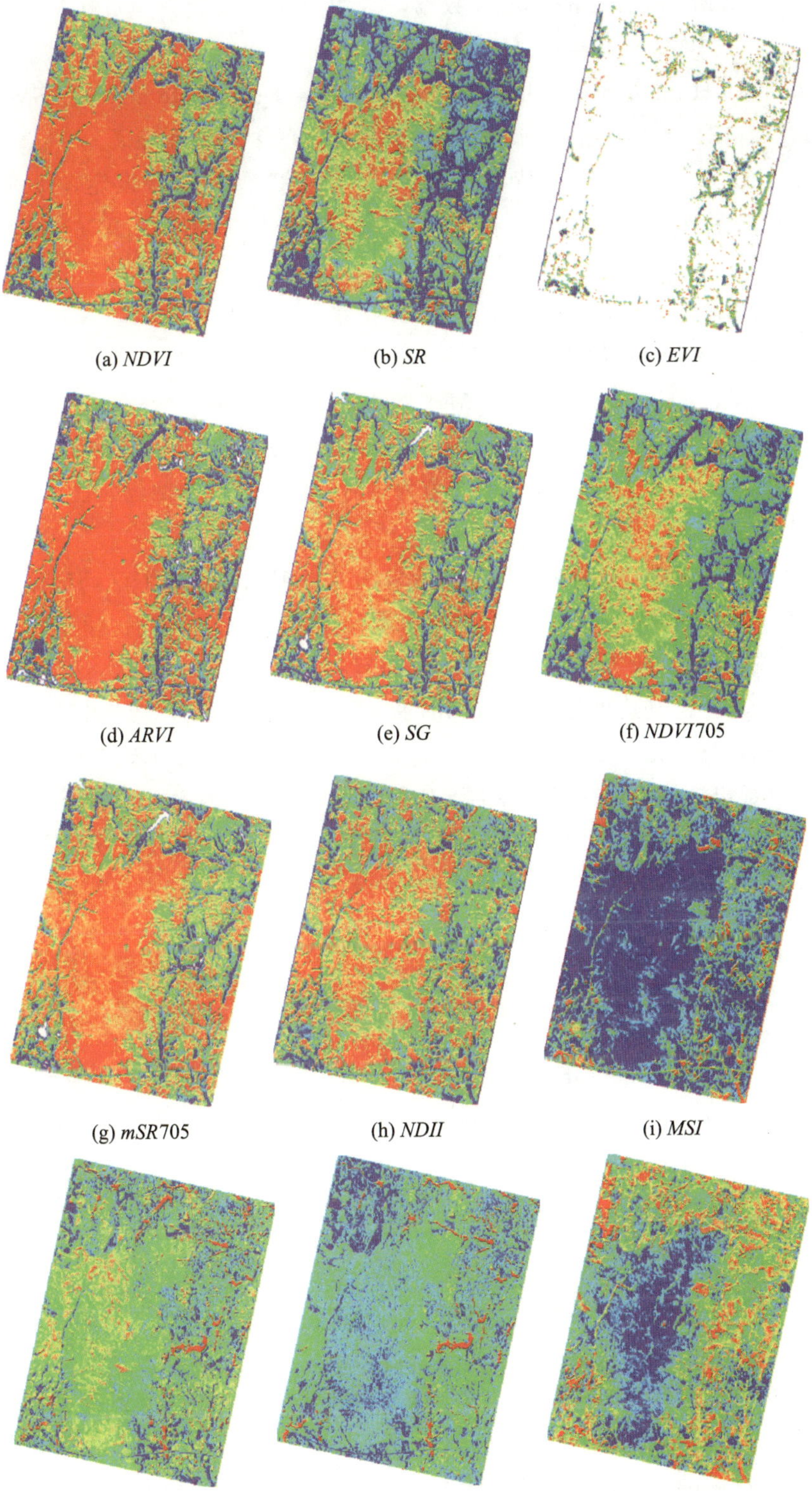

(a) *NDVI*　(b) *SR*　(c) *EVI*

(d) *ARVI*　(e) *SG*　(f) *NDVI*705

(g) *mSR*705　(h) *NDII*　(i) *MSI*

(j) *NDWI*　(k) *WBI*　(l) *ARI*2

图 2-9　植被指数特征（部分）

基于 GF-6 PMS 融合后的 4 波段数据，采用灰度共生矩阵（GLCM）提取包括熵（Entropy，ENT）、均值（Mean，MEA）、方差（Variance，VAR）、对比度（Contrast，CON）、均匀性（Homogeneity，HOM）、二阶矩（Second Moment，ASM）、相关性（Correlation，COR）和相异性（Dissimilarity，DIS）的 8 种纹理特征。

基于 GLCM 提取纹理信息特征需要对两个关键参数进行设定，一是像元方向（Direction）及滞后距离（Lag Distance），二是计算时的窗口大小（Moving Window Size）。

假设一幅影像的某一波段为 $f(x, y)$，其行数和列数为 $M \times N$，N_K 表示灰度级别，在一定空间关系条件下该影像的 GLCM 为

$$m_{hk} = \{(x_1, y_1), (x_2, y_2) \in M \times N \mid f(x_1, y_1) = h, f(x_2, y_2) = k\}$$

式中，(m) 代表影像像元集合 m 中的像元总数，m_{hk} 即为 $N_h \times N_k$ 的矩阵，而当两像元间的距离为 d，像元间连线与坐标横轴的夹角为 θ 时，则可以获得两像元任意夹角和距离的灰度共生矩阵。

在纹理计算时，将纹理检测的方向参数设为 0°、45°、90°和 135°，窗口大小设置为 9×9，对影像的 8 个纹理特征进行提取，共获取 4 个波段、4 个方向、8 种测度 128 个纹理特征。需要说明的是 9×9 的纹理特征提取窗口，是对比 3×3 至 15×15 窗口提取的纹理特征对各树种样本的平均可分离性后得出的。各树种在特征窗口从 3×3 至 15×15 时取得的平均可分离性分别是 1.827、1.889、1.962、1.987、1.974、1.917 和 1.899，可以看出 9×9 的窗口提出的纹理特征对树种的可分离性最好。这是因为 9×9 的窗口对 2 m 分辨率的数据进行纹理特征提取，能够在兼顾特征精度的同时有效避免林分冠层和阴影影响。提取结果如图 2-10 所示。

2.2.1.4 地形特征集构建

森林在地域分布上多位于山区，因此，森林的生长、发育和繁衍受到其所在生长环境的地形、环境和气候因子的强烈制约。

基于研究区 30 m 分辨率 DEM 数据，利用 ArcGIS Desktop 10.2 软件空间分析功能，提取海拔（Alititude）、坡度（Slope）和坡向（Aspect）三种地形因子构建地形特征集，地形特征如图 2-11 所示。

2.2.2 特征因子集分析

2.2.2.1 特征因子树种可分性分析

为从特征因子中筛选出对树种识别贡献更大的特征因子，提高树种识别模型精度，对各特征集进行树种可分性分析。基于上节选取的对象样本对各树种光谱特征、植被指数特征和第 1 波段 0°方向上的纹理特征进行提取，并绘制成图。由图 2-12 可以看出各类特征因子能够表征树种间的差异，在光谱特征中，可见光的红光谱段和近红外短波谱段能够很好地区分各类树种，在植被指数特征中，比值植被指数能够有效地区分黄檀和湿地松，而类胡萝卜素指数则可对马尾松和湿地松进行识别，在纹理特征中，均值和熵对各类树种都

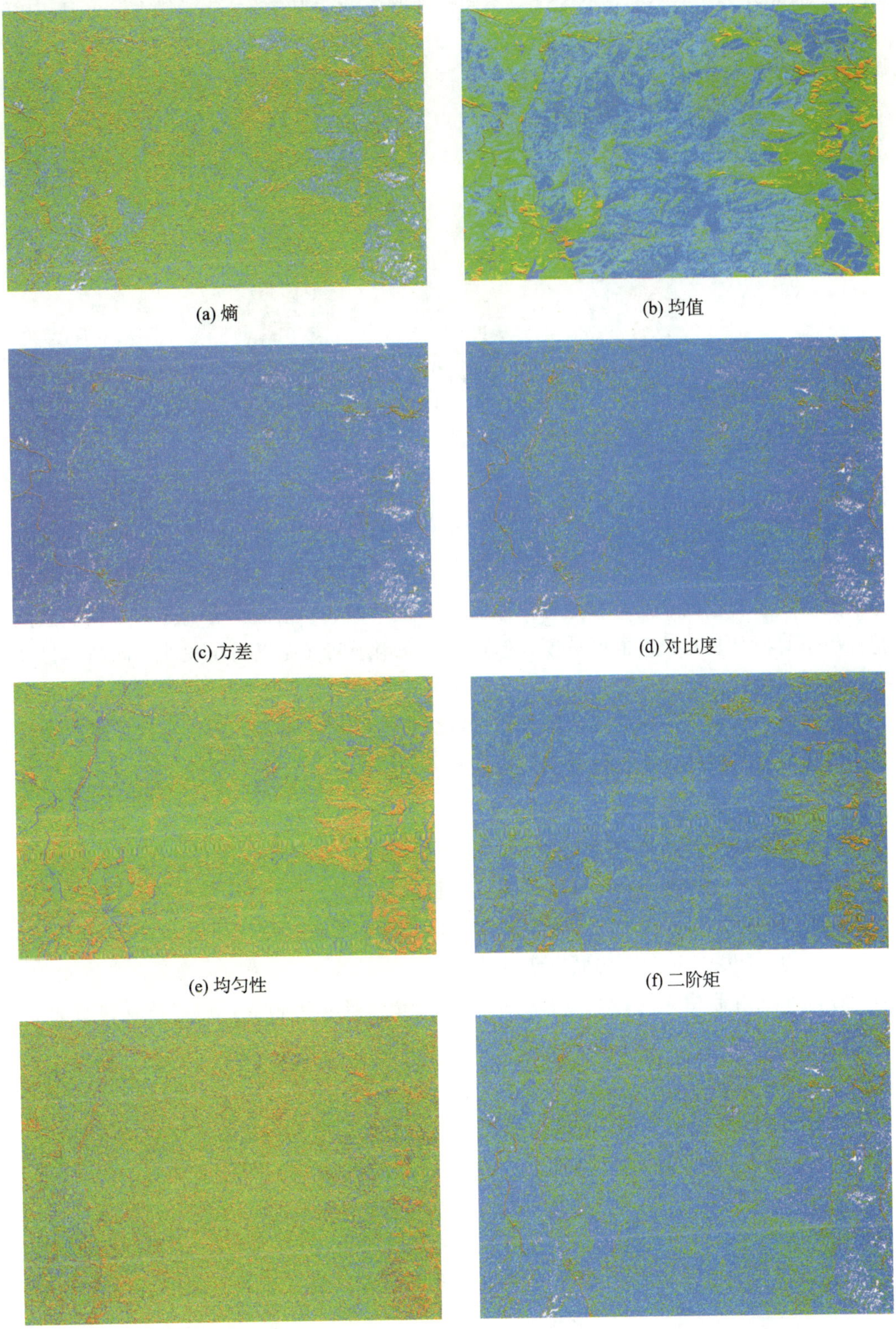

(a) 熵　(b) 均值

(c) 方差　(d) 对比度

(e) 均匀性　(f) 二阶矩

(g) 相关性　(h) 相异性

图 2-10　0°方向上第 1 波段纹理特征

具有一定的区分力。但不同特征因子对不同树种的区分能力存在差异，如图 2-12 中红圈部分特征因子的树种可分性较低，而蓝圈部分特征因子与之相反，能够实现不同树种的区分。分析表明：各类特征因子能够对树种进行区分，但特征集内存在无效特征和高相关冗余特征。

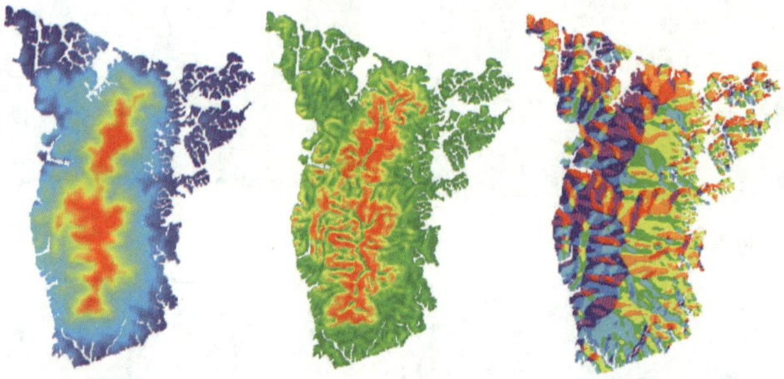

(a) 海拔　　(b) 坡度　　(c) 坡向

图 2-11　地形因子结果图

但基于可视化的树种可分性分析存在一些问题：首先是各类特征因子未进行归一化处理，取值范围差异较大，直观上的树种类间可分性和实际情况可能存在一定差异。其次是该方法无法度量特征因子间存在的相关性，如图 2-12（a）蓝圈部分的光谱特征，虽然该类特征因子对树种具有较高的区分度，但这些特征因子间存在很高相关性。此类大量光谱特征对树种识别研究而言是冗余信息，会提高特征集的维度，影响树种识别精度。综上所述，为构建树种识别特征因子集，需对备选特征集进行相关矩阵分析，定量寻找存在高相关性的特征集；需对特征集进行基于树种类间可分性选择和去相关处理。

2.2.2.2　特征因子间相关矩阵分析

为了解特征集之间是否存在相关性，有选择地对特征集进行特征选择和线性判别分析，对光谱特征、纹理特征和植被指数特征分别进行相关矩阵分析，构建相关矩阵（见图 2-13）。通过分析发现：在光谱特征集、纹理特征集和植被指数特征集中，相关系数绝对值大于 0.5 的强相关特征分别占特征集的 84.1%、42.7%和 32.0%，均存在高度相关性。为降低各特征集内部相关性，减少冗余信息，提高树种识别精度，需对特征集进行特征选择。

2.2.2.3　基于类间可分性的特征分析

为降低特征因子间的冗余，提高特征因子对树种的区分度，对特征因子进行降维。降维可以分为特征提取和特征选择两种方法，特征提取主要是利用线性或非线性的变换改变数据特征空间，从而达到信号表达上的最优。但此类方法改变了特征原有的物理意义，且信号表达角度上的最优并不代表类间可分性上的最优。

JM 距离是一种基于距离的波段选择评价准则，可以很好地对类别可分性进行度量，其公式如下

$$J_{ij}=\left\{\int_{x}\left[\sqrt{p(X/w_i)}-\sqrt{p(X/w_j)}\right]^2\mathrm{d}X\right\}^{1/2}$$

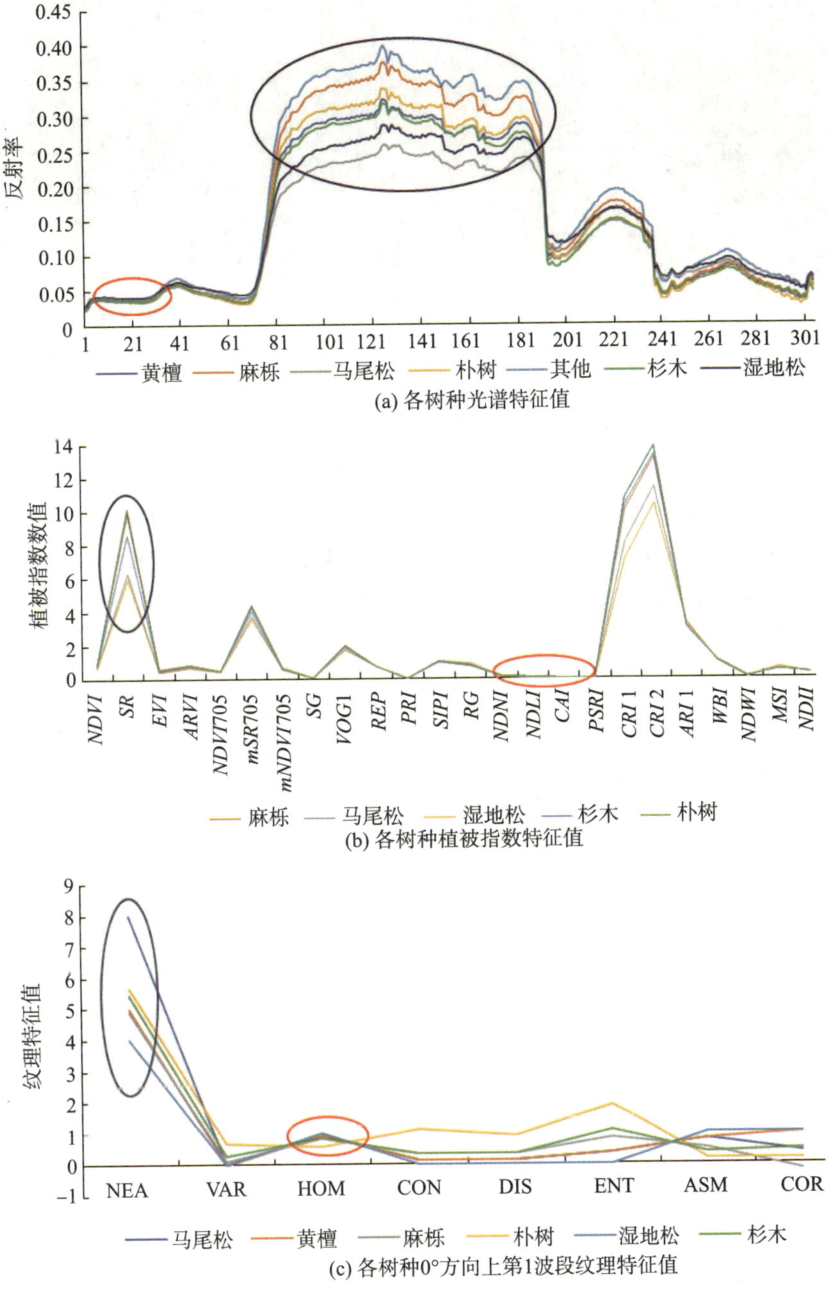

(a) 各树种光谱特征值

(b) 各树种植被指数特征值

(c) 各树种0°方向上第1波段纹理特征值

图 2－12　各特征因子树种可分性分析

式中，$p(X/w_i)$ 为第 i 像元第 w_i 的概率，J_{ij} 在 0～2 之间，取值在 0.0～1.0 表示样本无可分性，1.0～1.9 之间表示存在一定可分性，1.9～2.0 之间表示样本可分性很好。

以实测树种样本为监督样本，以 JM 距离作为评价准则，对光谱特征因子、纹理特征因子和植被指数特征因子定量地进行树种类间可分性的测定和分析。JM 距离可以表征类别可分性，基于各树种平均 JM 距离进行特征因子树种可分性排序。因特征因子数量较大

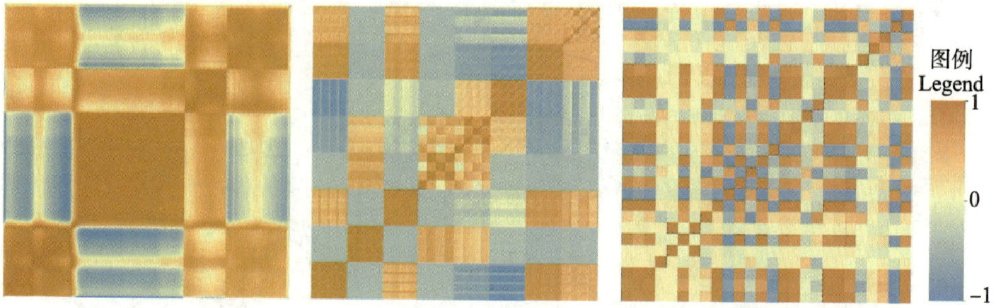

(a) 光谱特征相关矩阵　(b) 纹理特征相关矩阵　(c) 植被指数相关矩阵

图 2-13　特征因子相关矩阵

不便罗列，仅取各特征因子集内 JM 距离前 20 的特征因子展示（见表 2-12）。由表可知，光谱特征、纹理特征和植被指数特征树种类间可分性前 20 的特征因子的树种平均 JM 距离为大于 1.88，说明特征对树种均具有一定的可分性；光谱特征的前 20 个特征因子、纹理特征和植被指数特征的前 4 个特征因子的树种平均 JM 距离大于 1.9，对树种具有很好的可分性；从各类特征因子总体 JM 距离看，光谱特征的树种可分性最好，其次是植被指数特征和纹理特征。

表 2-12　特征因子树种可分性排序表（前 20）

序号	光谱	JM 距离	序号	纹理	JM 距离	序号	植被指数	JM 距离
01	$VNIR_{122}$	1.978 4	01	MEA_{2-0}	1.924 12	01	ARI2	1.903 24
02	$VNIR_{125}$	1.978 0	02	MEA_{3-0}	1.920 25	02	mSR705	1.903 12
03	$SWIR_{67}$	1.975 9	03	MEA_{4-0}	1.911 21	03	NDII	1.901 02
04	$VNIR_{121}$	1.975 9	04	MEA_{1-45}	1.900 47	04	CAI	1.899 60
05	$SWIR_{95}$	1.970 9	05	ASM_{1-90}	1.899 26	05	WBI	1.899 46
06	$SWIR_{51}$	1.969 3	06	ENT_{2-90}	1.898 78	06	RG	1.899 24
07	$VNIR_{48}$	1.966 6	07	HOM_{2-0}	1.898 51	07	CRI1	1.898 55
08	$SWIR_{179}$	1.966 0	08	COR_{1-90}	1.897 69	08	VOG3	1.898 43
09	$SWIR_{42}$	1.965 8	09	ENT_{3-45}	1.895 74	09	NDWI	1.893 82
10	$VNIR_{88}$	1.964 6	10	ENT_{1-90}	1.891 01	10	CRI2	1.888 02
11	$VNIR_{17}$	1.962 4	11	ASM_{1-45}	1.884 20	11	EVI	1.887 97
12	$SWIR_{122}$	1.961 7	12	ENT_{1-135}	1.883 35	12	VOG1	1.886 17
13	$SWIR_{116}$	1.959 2	13	DIS_{1-0}	1.883 12	13	NDVI	1.884 57
14	$VNIR_{33}$	1.955 3	14	ASM_{2-90}	1.882 01	14	mNDVI705	1.884 07
15	$SWIR_{90}$	1.953 7	15	ENT_{4-0}	1.881 91	15	SIPI	1.883 14
16	$SWIR_{114}$	1.949 5	16	HOM_{4-90}	1.879 29	16	PSRI	1.881 76
17	$SWIR_{124}$	1.944 8	17	ENT_{4-45}	1.879 16	17	MSI	1.881 08

续表

序号	光谱	JM 距离	序号	纹理	JM 距离	序号	植被指数	JM 距离
18	$SWIR_{131}$	1. 943 4	18	DIS_{4-0}	1.878 64	18	NDVI705	1.876 47
19	$SWIR_{169}$	1. 922 7	19	DIS_{3-90}	1.878 55	19	PRI	1.874 09
20	$VNIR_{5}$	1.876 7	20	VAR_{4-90}	1.871 01	20	NDLI	1.867 07

2.2.2.4　基于线性判别分析的特征选择

JM 距离具备衡量树种类别可分性能力，但未考虑特征因子间相关性。高相关性特征因子会造成信息冗余，不利于树种识别精度的提升。将特征因子按 JM 距离从大到小排序，依次增加特征因子构建线性判别分析（Linear stepwise discriminant analysis，LDA）模型。通过线性判别精度，基于两个原则对特征因子进行选择：1）剔除对模型精度提升无作用的特征因子，此类特征属于树种区分度不足或对已投入模型的特征集而言属于冗余信息。2）当判别模型精度增长率小于 0.9%时，表明继续投入的特征对模型精度的提升基本毫无贡献，模型内已有特征信息量以达到饱和，后续特征均为冗余信息，停止增加特征，此时模型内的特征为最终选择构建特征集。

如图 2－14 所示，在线性判别分析模型中，3 类特征因子的数量对分类精度影响大致相同，随着特征因子数量的增加，判别精度先快速增加，随后增加速度放缓，最后稳定在一个数值上下起伏。这表明特征因子的增加可提高分类精度，但随着因子数量不断增加，特征信息开始出现冗余，影响分类精度，甚至拉低分类精度。在 304 个光谱因子中提取 26 个构建光谱特征集，光谱特征集主要在红光和近红外波段，分别是：$VNIR_{5}$、$VNIR_{17}$、$VNIR_{20}$、$VNIR_{33}$、$VNIR_{48}$、$VNIR_{88}$、$VNIR_{121}$、$VNIR_{122}$、$VNIR_{125}$、$VNIR_{129}$、$VNIR_{136}$、$VNIR_{140}$、$VNIR_{144}$、$SWIR_{12}$、$SWIR_{21}$、$SWIR_{28}$、$SWIR_{37}$、$SWIR_{41}$、$SWIR_{60}$、$SWIR_{65}$、$SWIR_{84}$、$SWIR_{86}$、$SWIR_{92}$、$SWIR_{94}$、$SWIR_{139}$和 $SWIR_{149}$。其中 $VNIR_{N}$表示可见光第 N 个波段，同理 $SWIR_{M}$表示近红外第 M 个波段。在 128 个纹理特征中提取 12 个构建纹理特征集，其中均值、熵值和角二阶矩对树种识别的贡献较大，分别是：MEA_{2-0}、MEA_{3-0}、MEA_{4-0}、MEA_{1-45}、ASM_{1-90}、ASM_{2-90}、ASM_{1-45}、ENT_{3-45}、ENT_{1-90}、ENT_{1-135}、HOM_{2-0}和 COR_{1-90}。其中下标 N－M 表示 N 波段 M 度方向上的纹理特征。在 26 个植被指数特征中提取 10 个组成植被指数特征集，分别是 mSR705、VOG3、RG、CAI、CRI1、CRI2、ARI2、WBI、NDWI 和 NDII。

2.2.3　特征因子集组合方案

根据光谱特征集、纹理特征集、植被指数特征集和地形特征集的不同组合构建 10 种因子集组合方案，如表 2－13 所示。单特征因子参与分类（方案 8、9 和 10）以寻找树种分类精度最高的单特征因子；多特征组合探究多源数据下树种识别最佳特征组合方案；将光谱特征分别与纹理特征、植被指数特征进行结合（方案 5、6 和 2）来研究多特征因子组合对树种识别精度的贡献；地形数据参与组合（方案 1、3、4 和 7）用来探究地形因素对

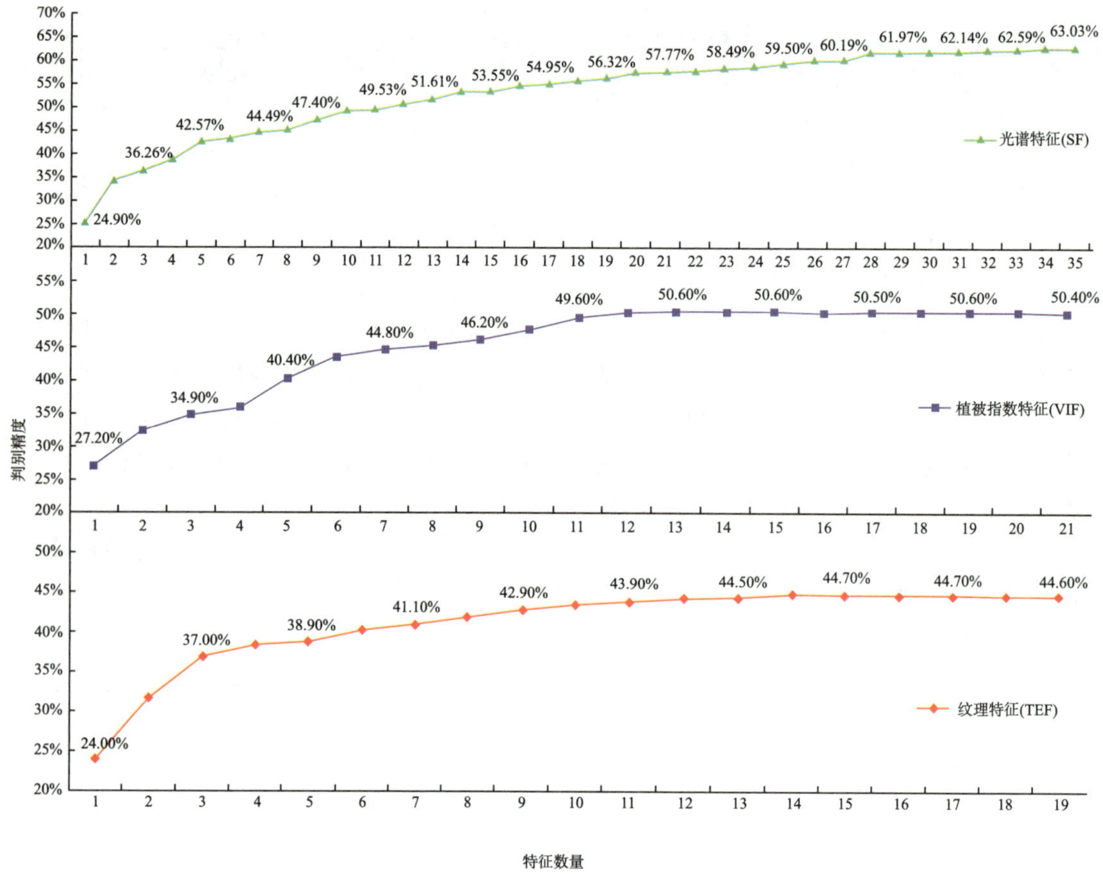

图 2－14　线性判别分析结果

研究区内树种识别的影响。通过对比不同分类特征因子集组合分类精度，探究树种识别最佳特征因子组合方案。

表 2－13　特征组合方案

特征组合方案	属性类型
方案 1	光谱特征＋纹理特征＋植被指数特征＋地形特征(SF＋TEF＋VIF＋TRF)
方案 2	光谱特征＋纹理特征＋植被指数特征(SF＋TEF＋VIF)
方案 3	光谱特征＋纹理特征＋地形特征(SF＋TEF＋TRF)
方案 4	光谱特征＋植被指数特征＋地形特征(SF＋VIF＋TRF)
方案 5	光谱特征＋纹理特征(SF＋TEF)
方案 6	光谱特征＋植被指数特征(SF＋VIF)
方案 7	光谱特征＋地形特征(SF＋TRF)
方案 8	光谱特征(SF)
方案 9	纹理特征(TEF)
方案 10	植被指数特征(VIF)

2.3　森林树种识别模型构建

2.3.1　模型原理

2.3.1.1　三维卷积神经网络（3D－CNN）

3D－CNN 最初提出和应用主要在视频分类和动作识别等领域，和传统二维卷积神经网络（2D－CNN）相比，3D－CNN 除了能在二维进行卷积特征提取，还能够提取第三维度的特征信息。对应到视频分类和动作识别领域就是在空间维度上增加时间维度，逐帧提取动态特征，而在高光谱识别领域就是在空间维度的基础上增加光谱维度，同时提取光谱影像的空间和光谱特征[32]。2D－CNN 和 3D－CNN 公式

$$v_{ij}^{xy}=g\left(b_{ij}+\sum\sum_{P=0}^{P_i-1}\sum_{q=0}^{Q_i-1}w_{ijm}^{pq}v_{(i-1)m}^{(x+p)(y+q)}+b_{ij}\right)$$

$$v_{ij}^{xyz}=g\left(b_{ij}+\sum\sum_{P=0}^{P_i-1}\sum_{q=0}^{Q_i-1}\sum_{r=0}^{R_i-1}w_{ijm}^{pqr}v_{(i-1)m}^{(x+p)(y+q)(z+r)}+b_{ij}\right)$$

式中　i ——神经网络序数；

j ——特征样本序数；

P_i，Q_i ——二维空间上卷积核的长和宽；

R_i ——卷积核在第三维度上的高；

m ——与上一次网络的连接特征数；

g ——神经元的激活函数，在本章中为 ReLU 函数；

v_{ij}^{xyz} ——神经元在（x，y，z）处的值；

w_{ijm}^{pqr} ——和第 m 个特征的第（p，q，r）个神经元的传递权重；

b_{ij} ——第 i 层第 j 个特征偏移量。

将两种卷积神经网络算法对应到高光谱影像识别中，如图 2－15 所示，2D－CNN 只是一个提取空间特征的二维滤波器，同一时刻只能以 P 和 Q 为卷积窗口提取一个波段的空间特征。3D－CNN 则是将卷积核从二维增至三维，能够同时以 P 和 Q 为卷积窗口对 R 个波段进行卷积特征提取（图中 3D－CNN 的 R 就是 3，卷积核为 $P\times Q\times 3$），可以很好地解决 2D－CNN 无法解决的空谱结合的问题。

2.3.1.2　三维残差卷积神经网络（3D－RCNN）

3D－CNN 算法本质上是通过不断修正多层次非线性参数拟合真实属性的过程，理论上说，网络越深，层数越多，提取特征越丰富，拟合精度越高[33]。但随着网络深度的增加，出现了训练精度下降的现象，这就是退化问题，这种退化不是过拟合，而是额外网络层数带来的训练误差。3D－CNN 算法虽然能够有效地对高光谱数据进行特征提取，但对卷积维度的增加不可避免地带来整个神经网络的参数量大幅增加，致使整个算法时间复杂度激增。如著名的 C3D 网络只有 11 层，模型却有 321MB，甚至大于 152 层

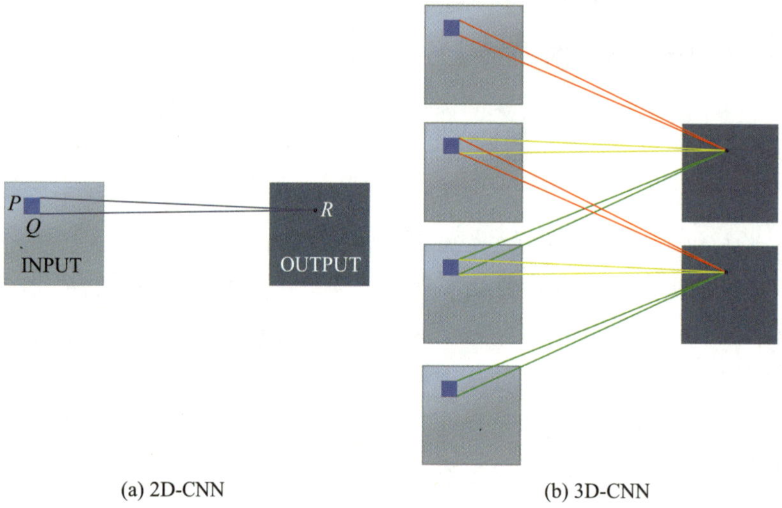

图 2-15　2D-CNN 和 3D-CNN 原理对比图

ResNet 模型。为解决 3D-CNN 算法这一问题，引入残差网络（ResNets）对 3D-CNN 模型进行改进。

ResNets 和常规网络模型结构如图 2-16 所示，常规模型数据输入均是通过上一层的计算输出得到，我们称之为平网络，而残差网络会有一个“短路”的结构，将经过多层网络处理后的数据和经过网络层处理的数据共同作为输入传入下一层网络内。在一个结构单元内，要学习的期望映射是 $H(x)$，也就是说图 2-16 目标函数 $H(x)$ 和 $F(x)+x$ 是等价的。推导出 $F(x)=H(x)-x$，称之为残差。这样 ResNets 的学习目标转换为求解 $H(x)$ 和 x 间的差值，从而消去映射前后相同的部分，突出了微小的变化，使深层网络结构在保证结构性能的同时不至于发生退化现象。残差神经元是残差神经网络的基本结构单元和运算核心，残差神经元的设计对发挥残差神经网络的性能起着关键性的作用。最常见的残差神经元叫二层恒等残差块，结构如图 2-17 所示，下方为主体部分，称之为 main path，该部分与传统卷积神经网络类似，包含两次卷积和一次激活函数，上方部分就是“短路”部分，称之为 shortcut path。为了提高神经元性能常在通过激活函数之前进行批正则化处理。

基于 ResNets 的 shortcut 思想对 3D-CNN 进行改进，提出 3D 残差神经网络模型（3D-RCNN）。模型基本结构如图 2-18 所示，为降低网络层数，减少非线性转换运算，同时提高网络特征提取能力，设计双 3D 卷积层，在两卷积层之间不进行池化计算。在每次卷积后进行批正则化计算，激活函数使用 ReLU 函数，降低梯度消失或梯度爆炸的风险。在双卷积结构上添加 ResNets 结构，以降低参数计算的复杂度和模型退化的风险。在双卷积结构后设置 2×2×2 的 3D 最大池化层减少参数量和卷积层参数误差造成估计均值的偏移。

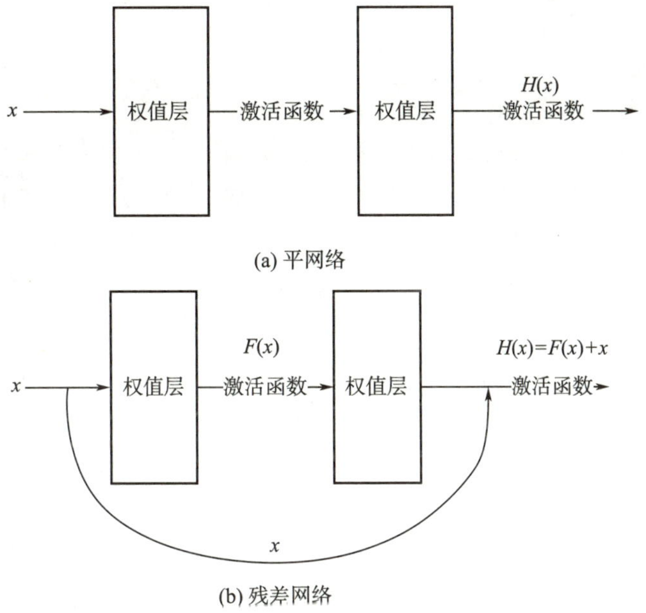

图 2-16　平网络与残差网络结构图

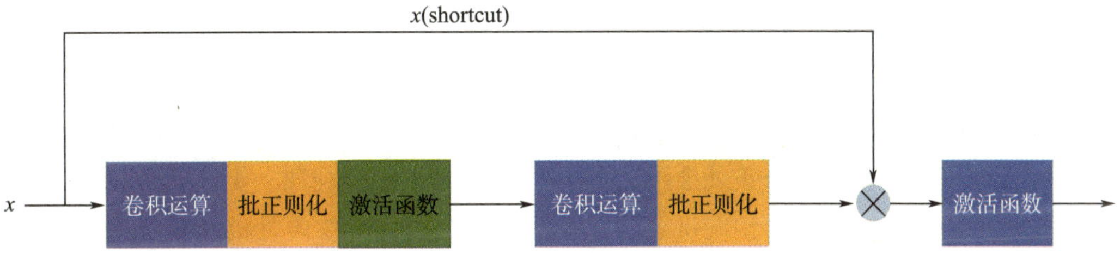

图 2-17　二层恒等残差块

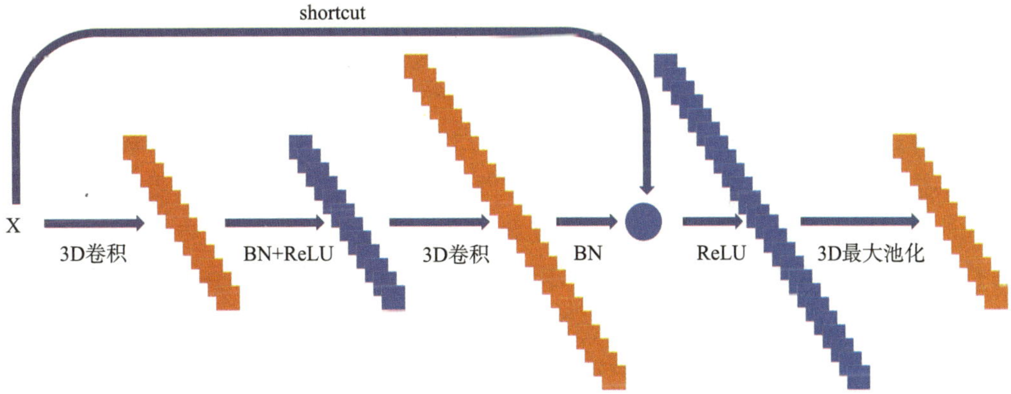

图 2-18　3D 残差卷积单元结构

2.3.2 样本标记及扩充

2.3.2.1 规则样本制作

本章研究对象有麻栎、朴树、杉木、黄檀、马尾松、湿地松六类树木和因面积与分布无法识别的其他树种七类对象。基于面向对象分割结果、外业实地样点和目视解译进行树种样本的选择，提取朴树样本 53 个，麻栎样本 42 个、黄檀样本 60 个、马尾松样本 49 个、湿地松样本 71 个、杉木样本 69 个、其他树种样本 47 个，这些样本称之为对象样本。为提高分类精度，扩展对象样本数量，利用已有对象样本提取特征曲线与未确定树种的分割对象进行相似性匹配。采用光谱特征拟合、二进制编码和光谱角分类 3 种方式进行匹配精度评价，将三种方法评分均大于 0.8 的对象拓展为样点。将 6 类树种的样本都拓展至 100 个，其他树种样本扩展至 60 个，这些样本我们称之为拓展样本。

在进行卷积神经网络训练时，需要输入规整样本作为训练集，所以利用 100×100 窗口，以 100 为步长对上一章所构建特征集进行规则化裁切，结合扩展样本对裁切的规则瓦片逐像元进行统计，如规则样本内单一树木占比超过 80%，则认为该规则瓦片合格，将其标记为该树种的规则样本。通过规则瓦片的统计得到 1 403 个规则样本，其中 231 个麻栎样本、197 个朴树样本、147 个黄檀样本、292 个马尾松样本、206 个湿地松样本、175 个杉木样本、155 个其他样本。

2.3.2.2 样本扩充

3D 卷积神经网络模型随着网络层数的增加，参数也会急剧增加。在训练时如样本不足，利用反馈网络对参数的修正就会不充分，从而引起过拟合现象。上节获取的 1 403 个规则样本能够满足参数较少的传统机器学习算法的训练，如支持向量机和随机森林，但无法满足 3D 卷积神经网络模型的训练。为满足神经网络模型的学习训练，需再次对基于特征集构建的规则样本进行扩充。以规则样本中心为原点，分别旋转 90°、180°和 270°，并对旋转后的样本和原始样本进行沿对角线镜像变化，这样规则样本的数量变为原来的 8 倍(见图 2－19)。

卷积神经网络模型训练样本一般要求为规则正方形影像，且要求输入时形状保持固定，所以在进行翻转扩充样本时只能翻转 90°、180°和 270°以保持样本形状格式不变。为了进一步扩充样本，将样本按距中心距离进行圆环划分，将各环中的数据当作向量进行对应角度的弧度旋转，旋转后样本仍保持正方形，如图 2－20 所示。通过内环旋转的方法可以将样本旋转 45°、135°、225°和 315°，并对旋转后的样本沿对角线镜像变化，通过这种方式可以将原样本的数量再增加 8 倍。通过旋转、内环旋转和镜像的方式，将样本数量从 1 403 增加 22 448，增加了 16 倍，各树种样本数量见表 2－14。

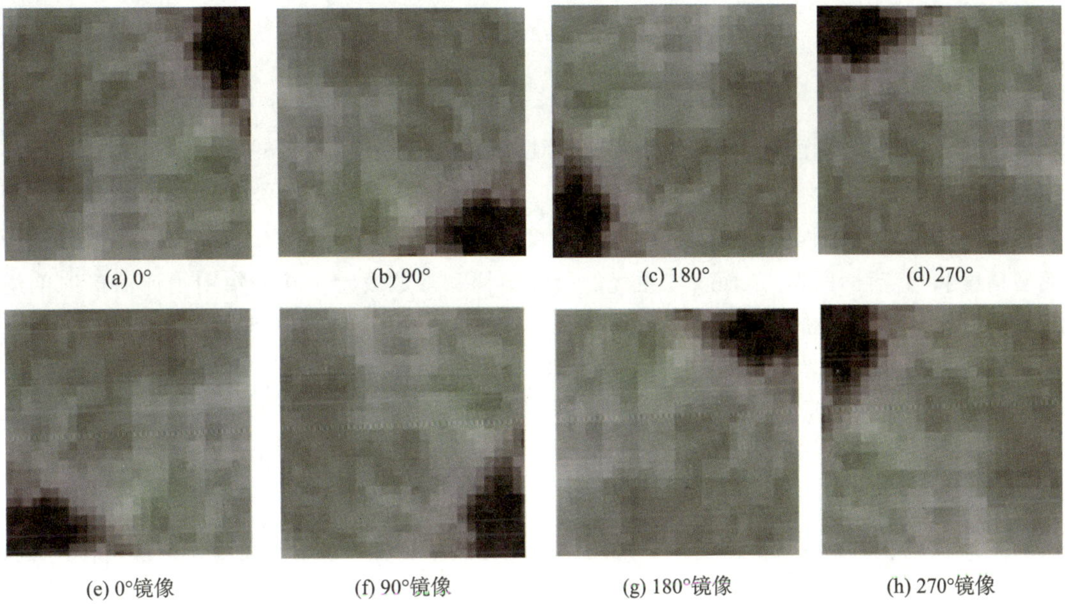

图 2－19　翻转扩充样本

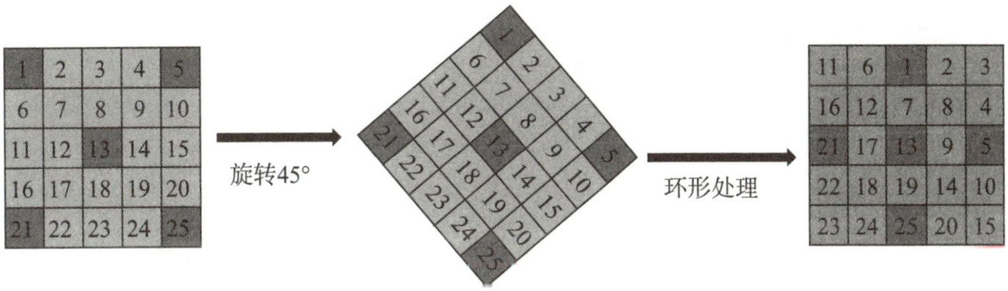

图 2－20　内环旋转扩充样本

表 2－14　样本情况表

树种	实地样本	对象样本	扩展样本	规则样本	扩充样本
麻栎	64	42	100	231	3 696
朴树	72	53	100	197	3 152
黄檀	66	60	100	147	2 352
马尾松	70	49	100	292	4 672
湿地松	77	71	100	206	3 296
杉木	78	69	100	175	2 800
其他	52	42	60	155	2 480

2.3.3 模型构建

2.3.3.1 参数配置

将基于特征集制作和扩充的规则样本构建成样本集，按比例将样本集随机分为训练集（60%）、测试集（20%）和验证集（20%）三部分。训练集用于分类模型的训练学习；测试集用于测试训练过程中临时模型的训练精度，使用总体精度（OA）和 Kappa 系数进行模型精度和稳定性评价，从而获取最优的网络结构和参数设置；验证集用于评估最终网络模型的分类性能，评价系统为混淆矩阵。

参考经典三维双卷积神经网络模型将 3D-RCNN 树种识别模型初始化：输入层输入像元块大小为 $P\times P\times L$、N 个 3D 残差卷积单元（包含两个 3D 卷积层、一个最大池化层和一个残差网络结构）、一个全连接层和一个 softmax 分类器。其中，卷积核大小为 $Q\times Q\times Q$，标准步长为 M，卷积核数量随 3D 残差单元数量变化依次为 16、32、64、……、$16\times N$ 个，卷积核使用 L2 正则，最大池化的池化尺寸为 $2\times2\times2$。在全连接层后使用 BN 和 Dropout 策略，其中 Dropout 系数设置为 0.4。使用反向传播算法，batch-size 设置为 128，利用 RMSprop 优化器对损失函数进行优化，学习率为 S。设置初始参数 $P=5$、$L=50$、$M=1$、$N=1$、$Q=3$、$S=0.0001$，按照控制变量的思想对影响模型精度的卷积步长 M、3D-RCNN 结构数量 N、卷积核大小 Q、输入像元大小 P 和学习率 S 五个因素进行实验分析，逐步寻找最优参数，构建最优识别模型。

2.3.3.2 参数分析

（1）输入像元大小对模型的影响

将选取的 28 个光谱特征、12 个纹理特征和 10 个植被指数特征作为训练样本输入，样本为 $100\times100\times50$ 的规则瓦片影像，100×100 是瓦片长宽像元数，48 为光谱维度。在进行模型训练时，输入层会在规则样本上依次选取 $X\times Y\times L$ 的像元块进行卷积特征提取。$X\times Y$ 就是空间采样大小，一般为正方形 $X=Y$，即输入像元大小 P；L 为全维度光谱，在本章中为 48。在进行卷积运算时，如果输入像元 P 过大会导致局部特征在全局上被平均，占用内存上升，运算速度降低；如果输入像元 P 过小会导致特征提取不充分，在局部效果差。所以在卷积神经网络模型构建时，输入像元大小 P 是一个重要的超参数。

在卷积运算时，卷积核 Q 最小为 3，所以输入像元 P 最小为 5。将输入像元大小分别设置为 5、7、9、11、13、15、17、19、21、23，在其他参数默认的情况下进行训练和测试，结果如表 2-15 所示。可以看出随着输入像元变大，测试和训练所需的时间也随之加长，同时测试的总体精度增加速度也越来越慢，甚至出现下降的现象。可以看出当 P 超过 17 后，测试和运算时间迅速增加且精度增加基本稳定在 85%左右，所以模型输入像元 P 设定为 17。

表 2 - 15　输入像元大小对运算时间及总体精度影响表

输入像元(*P*)	训练时间(s)	测试时间(s)	总体精度(%)
5	479.22	5.01	79.51
7	554.28	5.96	80.74
9	688.83	6.99	81.57
11	757.41	7.43	82.12
13	879.22	9.12	83.22
15	1020.55	11.22	83.95
17	1159.53	14.71	84.87
19	1362.99	33.53	84.90
21	1505.88	52.12	84.73
23	1817.58	88.60	84.85

（2）3D 残差卷积单元数量对模型的影响

每个 3D 残差卷积单元包含两个卷积层和 1 个最大池化层，3D 残差卷积单元的数量 *N* 控制着整个网络隐藏层的数量和卷积层卷积核的数量。神经网络模型的训练过程就是对参数修正拟合的过程。如果 *N* 过小会导致模型参数不足，最终拟合函数无法准确描述树种间的差异；如果 *N* 过大的话会导致提取参数过多，样本量无法达到训练要求出现过拟合，且模型训练和测试耗时过长。模型输入像元大小设置为 17。其他参数保持默认设置，按照控制变量的思想将 *N* 依次设置为 1、2、3、4、5、6、7 进行模型训练和测试，结果如图 2 - 21 所示。可以看出随着 *N* 的增加，模型参数迅速增加，测试时间呈现出近乎指数式的增加，而总体精度则在 $N=5$ 时达到最大 90.27%，随后因过拟合总体精度出现下降。所以将本模型 3D 残差卷积单元数 *N* 设置为 5。

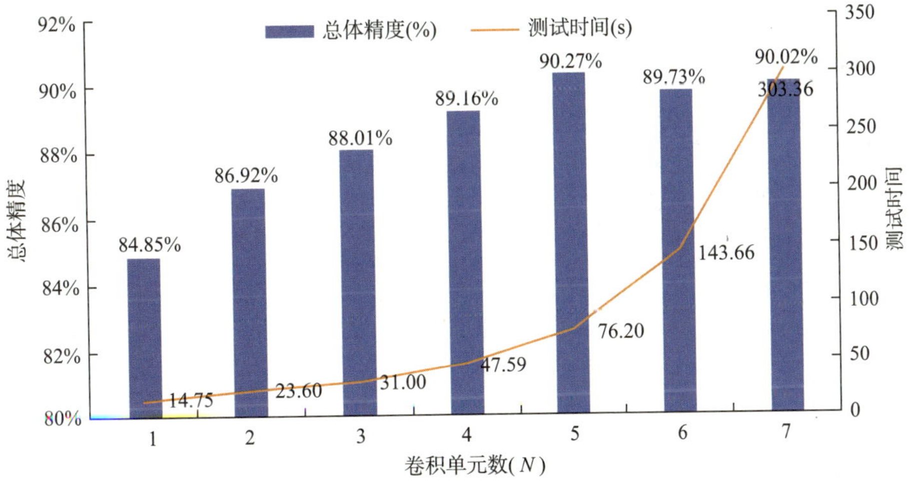

图 2 - 21　卷积单元数对测试时间和总体精度的影响图

（3）卷积核大小对模型的影响

为充分利用样本边缘信息，避免边际效应和特征采样的不对称性，卷积核一般使用奇数设计。在传统神经网络模型中，卷积核越大模型参数和计算量就越多，对局部特征的提取也越模糊，所以传统神经网络模型常使用最小的 3×3 卷积核。3D 卷积神经网络的卷积核除空间维度上的卷积计算，在光谱维度也进行光谱特征的卷积计算，较大的卷积核更有利于光谱特征提取。3D 残差卷积神经网络模型的卷积核大小不能直接按照最小 3×3×3 进行设置。将输入像元设置为 17，3D 残差卷积单元数量设置为 5，其他参数保持默认设置，卷积核依次设置为 3×3×3、5×5×5、7×7×7 和 9×9×9 进行模型训练和测试，结果如表 2－16 所示。随着卷积核的变大测试所需时间在逐渐增加，但总体精度在卷积核增加到 5×5×5 时达到最大值 90.79%，随后总体精度出现下降和波动。卷积核尺寸 Q 由 3 增加到 5，总体精度增加 0.52%，测试时间增加 3.9 s，对模型整体优化而言值得接受，模型卷积核尺寸设置为 5×5×5。

表 2－16　卷积核尺寸对运算时间及总体精度的影响

卷积核(Q)	测试时间(s)	总体精度(%)
3×3×3	76.20	90.27
5×5×5	80.10	90.79
7×7×7	88.01	90.28
9×9×9	105.61	90.52

（4）卷积步长对模型的影响

特征因子间存在一定的冗余，在前文中基于 JM 距离和线性判别分析对特征因子进行选择，降低特征间的相关性。步长是卷积核两次相邻卷积计算间相隔的距离，选取较小的步长能够尽可能地保证卷积核滑过每一个像元，充分提取特征，但会极大地增加参数量和计算量，选取较大的步长可以对数据进行稀疏降维，降低特征因子间的相关性、减少模型参数量和计算量，但是会在一定程度上造成信息的丢失。设置输入像元大小 $P=17$、3D 残差卷积单元数 $N=5$、卷积核 $Q=5$，其他参数默认设置，将步长依次设置为 1、2、3、4 和 5，并对模型进行验证分析，结果如图 2－22 所示。可以看出步长设置为 2 时虽然总体精度稍有下降，但是模型参数迅速减少，训练时间显著降低，这在实际生产应用中具有很大的意义，所以将模型的步长设置为 2。

（5）学习率对模型的影响

学习率用于限制模型权重参数的修正幅度，能够控制模型梯度下降的速率。学习率设置过小会导致模型梯度下降过慢，无法收敛，影响模型最终性能；如果学习率设置过大会导致算法错过最优解，发生震荡现象，影响算法收敛。在针对高光谱数据的卷积神经网络模型中，学习率基本上控制在 0.001～0.000 1 之间。设置输入像元大小 $P=17$、3D 残差卷积单元数 $N=5$、卷积核 $Q=5$、步长 $M=2$，其他参数保持默认，学习率取 0.000 1～0.001 进行模型训练和测试，结果如表 2－17 所示。由表可知，当学习率由 0.000 1 增加到 0.000 4 时，训练迭代次数显著减少，收敛速度和总体精度都有提高，当学习率超过

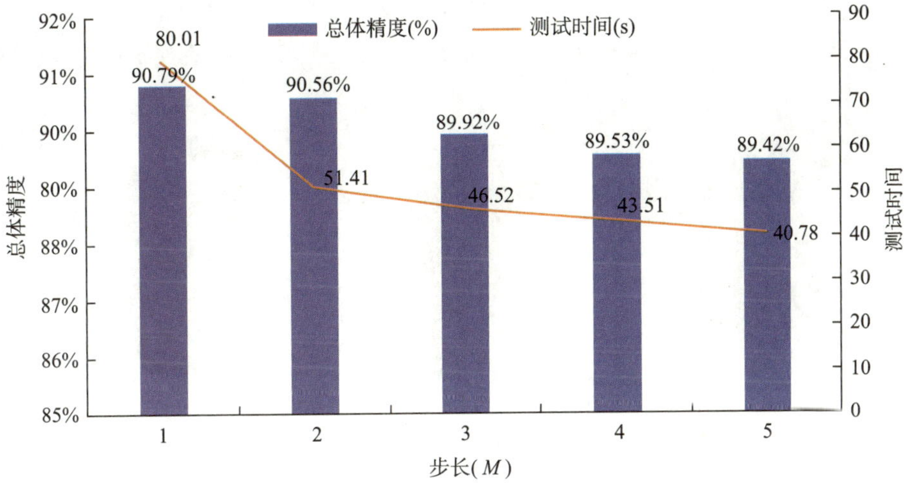

图 2-22　步长对测试时间和总体精度的影响图

0.000 4 以后，算法收敛速度开始降低且出现震荡现象，总体精度也开始出现降低，故将学习率 S 设置为 0.000 4。

表 2-17　学习率对收敛速度及总体精度的影响

学习率(S)	迭代次数	总体精度(%)
0.000 1	986	90.56
0.000 2	776	90.92
0.000 3	602	91.47
0.000 4	474	91.69
0.000 5	522	91.22
0.000 6	439	90.03
0.000 7	659	89.87
0.000 8	755	90.21
0.000 9	710	90.42
0.001	928	89.15

2.3.3.3　树种识别

将 3D-RCNN 模型设置如下：输入层像元块大小为 17×17×L（L 为输入样本光谱维度）、5 个 3D 残差卷积单元、一个全连接层和一个 softmax 分类器。其中，卷积核大小为 5×5×5，标准步长为 2，卷积核数量随 3D 残差单元数量变化依次为 16、32、64、128、256、512，卷积核使用 L2 正则，最大池化的池化尺寸为 2×2×2。在全连接层后使用 BN 和 Dropout 策略，其中 Dropout 系数设置为 0.4。使用反向传播算法，batch-size 设置为 128，利用 RMSprop 优化器对损失函数进行优化，学习率为 0.000 4。基于上章构建的特征因子组合方案开展树种识别，并利用验证集对识别结果进行混淆矩阵精度验证，结果如图 2-23 和表 2-18 所示。由表 2-18 可知利用构建的识别模型进行树种识别，总体精度最高可达 91.72%（光谱+纹理+植被指数），方案 1 到方案 6 树种识别总体精度均达到 80%以上，证明 3D-RCNN 树种识别模型能够在大部分情况有效地对树种进行识别分类。

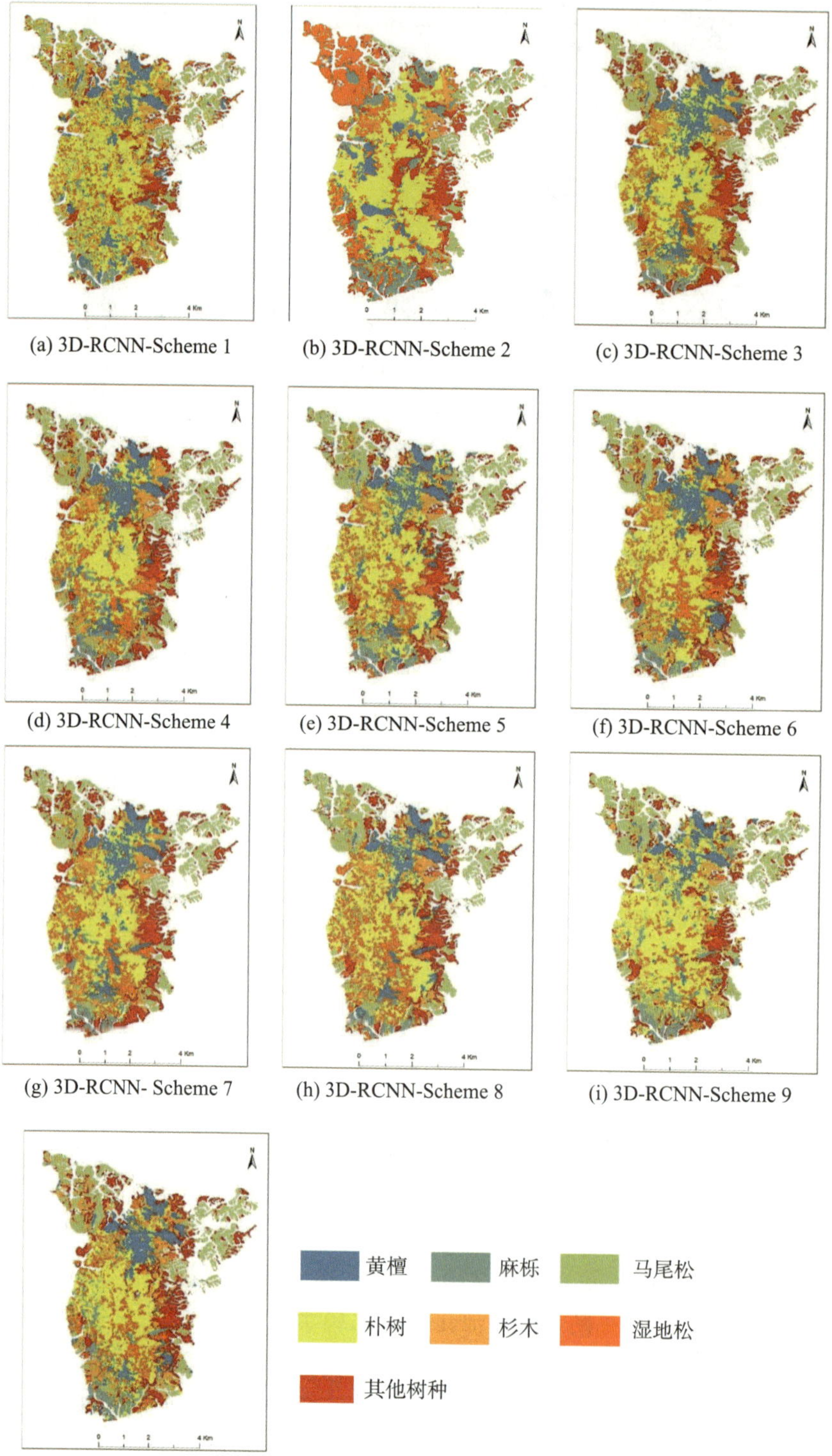

(a) 3D-RCNN-Scheme 1　(b) 3D-RCNN-Scheme 2　(c) 3D-RCNN-Scheme 3

(d) 3D-RCNN-Scheme 4　(e) 3D-RCNN-Scheme 5　(f) 3D-RCNN-Scheme 6

(g) 3D-RCNN- Scheme 7　(h) 3D-RCNN-Scheme 8　(i) 3D-RCNN-Scheme 9

(j) 3D-RCNN-Scheme 10

图 2-23　树种识别结果

表 2-18　3D 残差卷积神经网络模型树种识别精度验证表

方案	精度指标	树种						
		麻栎	朴树	黄檀	马尾松	湿地松	杉木	其他
方案 1	用户精度(%)	90.21	88.53	93.81	97.08	93.19	90.23	90.69
	制图精度(%)	95.60	92.19	97.39	86.95	92.26	89.49	85.33
	总体精度(OA):91.69%　Kappa:0.874*							
方案 2	用户精度(%)	90.29*	88.53	93.85	97.14*	93.24*	90.26*	91.63
	制图精度(%)	95.63*	92.26*	97.46*	86.97	92.76*	89.57*	94.96*
	总体精度(OA):91.72%*　Kappa:0.849							
方案 3	用户精度(%)	80.72	87.44	89.22	88.80	87.28	87.66	80.12
	制图精度(%)	90.06	83.76	88.57	84.88	86.68	80.22	83.67
	总体精度(OA):85.62%　Kappa:0.820							
方案 4	用户精度(%)	76.52	84.08	89.21	85.99	82.49	86.31	74.66
	制图精度(%)	87.85	80.71	85.70	81.05	83.24	74.67	81.21
	总体精度(OA):82.46%　Kappa:0.793							
方案 5	用户精度(%)	80.14	86.97	88.97	87.81	86.45	87.50	80.04
	制图精度(%)	89.99	83.35	88.03	84.82	85.67	80.19	83.21
	总体精度(OA):82.06%　Kappa:0.791							
方案 6	用户精度(%)	80.14	86.97	88.97	87.81	86.45	87.50	80.04
	制图精度(%)	89.99	83.35	88.03	84.82	85.67	80.19	83.21
	总体精度(OA):85.22%　Kappa:0.813							
方案 7	用户精度(%)	72.32	69.02	68.01	61.14	59.19	69.06	59.13
	制图精度(%)	81.39	56.62	66.69	70.53	58.77	57.55	72.13
	总体精度(OA):66.26%　Kappa:0.707							
方案 8	用户精度(%)	73.69	72.63	70.28	64.48	59.89	74.29	60.56
	制图精度(%)	86.73	60.92	69.61	77.28	62.94	62.94	73.53
	总体精度(OA):69.26%　Kappa:0.689							
方案 9	用户精度(%)	55.60	57.86	66.77	46.28	42.86	57.40	50.45
	制图精度(%)	55.75	54.67	62.86	64.40	44.44	40.68	58.12
	总体精度(OA):54.18%　Kappa:0.671							
方案 10	用户精度(%)	58.35	59.19	67.55	59.57	53.23	63.79	45.79
	制图精度(%)	74.33	47.47	65.51	67.66	45.48	56.77	60.48
	总体精度(OA):58.94%　Kappa:0.703							

注:加星号精度为所有模型和方案上取得的最高精度。

2.4 模型评价及分析

2.4.1 传统机器学习模型树种识别

2.4.1.1 支持向量机树种识别

(1) 模型原理

支持向量机算法（SVM）在解决小样本、非线性及高维模式识别中表现出良好的性能，在高光谱图像分类领域中成为应用最为广泛的算法。支持向量机算法可以分为线性支持向量机和非线性支持向量机。线性支持向量机是利用最大分类间隙来设计决策最优分类超平面的算法，但是当样本变得非常复杂时，不是所有的点都是线性可分的，这时可以把线性不可分的情况进行转换，利用核函数构建非线性的分类器进行处理。图 2-24 分别示意使用最优分类超平面的线性支持向量机和使用核函数的非线性支持向量机的工作原理，可以看出通过线性分类器无法完成的分类，可以很容易找到一个非线性的核函数进行分类。

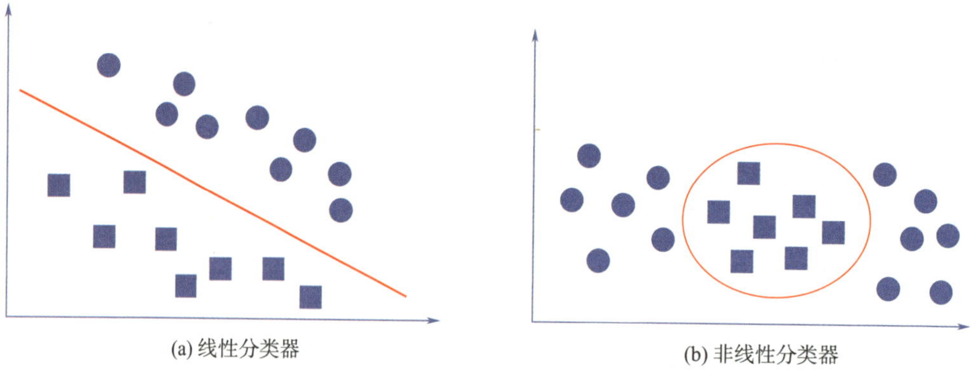

图 2-24 支持向量机分类器示意图

非线性的 SVM 算法原理，如图 2-24 所示，线性分类器无法完成的分类可以通过一个非线性的椭圆完成，在二维空间椭圆可以定义为

$$w_1x_1^2 + w_2x_1 + w_3x_2^2 + w_4x_2 + b = 0$$

向线性分类器转换，构建新的 x' 和 w'，使用的 x' 和 w' 重新表达分类器为 $x'w'+b=0$。将 x 转化为 x' 的函数用 $\phi(x)$，分类器的表示如：$w \cdot \phi(x)+b=0$，其中 w 是权重变量，b 是偏移。对非线性问题，通过非线性函数 $\phi(x)$ 将训练样本数据集 x 投影到一个新的高维特征空间，在高维空间构造分类面，让训练样本近似线性可分。在实际分类中，只需进行内积计算，而这种内积计算是可以用原空间中的函数来实现，当一种核函数 $K(x, x')$ 满足 Mercer 定理，它就对应某一变换空间的内积。因此，在最优分类面中采用适当的内积函数 $K(x, x')$ 就可实现某一非线性变换后的线性分类，此时目标函数为

$$L(\alpha) = \sum_{i=1}^{n} \alpha_i - \frac{1}{2} \sum_{ij=1}^{n} \alpha_i \alpha_j y_i y_j K(x, x')$$

得出相应的决策函数

$$f(x)=\operatorname{sgn}\left[\sum_{x_i \in SV}\alpha_i y_j K(x_j, x)+b\right]$$

SVM 应用和研究常使用的核函数有线性核函数、多项式核函数、RBF 核函数和 Sigmoid 型核函数。

(2) 树种识别

本章支持向量机使用径向基核函数，γ 设置为 150，惩罚因子 C 设置为 1500。基于构建的树种识别特征组合方案，利用构建的训练集和验证集对树种进行识别和精度验证，结果如图 2－25 和表 2－19 所示。

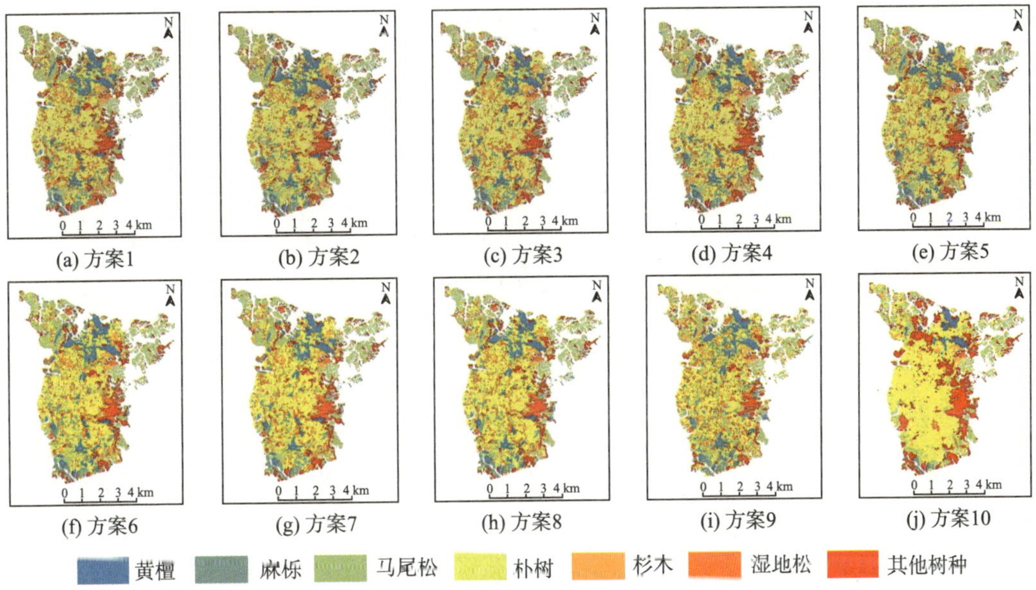

图 2－25　树种识别结果（SVM）

表 2－19　支持向量机模型树种识别精度验证表

方案	精度指标	树种						
		麻栎	朴树	黄檀	马尾松	湿地松	杉木	其他
方案 1	用户精度(%)	**88.29**	**79.64**	90.88	94.83	**73.44**	82.50	89.73
	制图精度(%)	94.34	81.83	**94.52**	**87.88***	**72.57**	85.06	73.71
	总体精度(OA):84.99%　Kappa:0.804							
方案 2	用户精度(%)	87.50	77.50	**92.50**	**95.00**	72.50	**82.50**	**91.67**
	制图精度(%)	**94.59**	**83.78**	94.87	86.36	72.50	**86.84**	**75.86**
	总体精度(OA):**85.22%**　Kappa:**0.827**							
方案 3	用户精度(%)	84.93	76.65	82.57	91.02	65.80	62.72	83.13
	制图精度(%)	82.89	76.00	90.12	85.32	64.52	75.54	58.43
	总体精度(OA):77.08%　Kappa:0.795							

续表

方案	精度指标	树种						
		麻栎	朴树	黄檀	马尾松	湿地松	杉木	其他
方案 4	用户精度(%)	85.91	77.11	83.51	91.57	66.17	63.64	83.79
	制图精度(%)	83.56	76.50	90.55	86.27	64.95	76.45	60.51
	总体精度(OA):77.86% Kappa:0.813							
方案 5	用户精度(%)	84.15	75.94	82.06	90.06	64.81	62.96	83.31
	制图精度(%)	81.60	75.53	91.02	87.16	64.69	74.88	60.99
	总体精度(OA):77.08% Kappa:0.747							
方案 6	用户精度(%)	84.71	76.87	84.65	91.01	65.24	64.39	80.38
	制图精度(%)	83.23	77.79	90.04	87.78	67.30	75.03	61.66
	总体精度(OA):77.86% Kappa:0.776							
方案 7	用户精度(%)	68.31	71.74	64.70	79.93	56.81	55.45	68.94
	制图精度(%)	71.46	74.10	84.52	77.61	52.80	61.62	56.40
	总体精度(OA):67.46% Kappa:0.714							
方案 8	用户精度(%)	68.95	72.67	65.05	81.71	57.36	56.71	69.74
	制图精度(%)	72.61	75.26	86.25	78.26	53.66	62.75	57.61
	总体精度(OA):68.46% Kappa:0.677							
方案 9	用户精度(%)	54.27	47.80	31.25	58.12	48.79	45.44	57.03
	制图精度(%)	65.01	70.43	72.13	72.89	51.60	48.06	41.82
	总体精度(OA):54.64% Kappa:0.614							
方案 10	用户精度(%)	62.76	57.63	36.24	66.51	53.06	53.72	59.56
	制图精度(%)	65.01	71.99	73.97	77.96	52.22	50.10	49.92
	总体精度(OA):59.33% Kappa:0.657							

注:加粗部分为此模型在各特征组合方案上取得的最高精度,加星号精度为所有模型和方案上取得的最高精度。

2.4.1.2 随机森林树种识别

(1) 模型原理

随机森林算法（RF）以决策树为基础分类器进行集成，比单个决策树更加稳定，泛化性能更好。RF 的随机特性使其具有优秀的降噪能力，不易陷入过拟合，对数据集适应能力强，几乎不需要人工干预，能够直接处理高光谱数据，且基于对比计算进行树的分类使得算法运算效率相对较高。因此该算法在高光谱数据分类领域应用十分广泛，仅次于支持向量机。

RF 算法通过随机采样得到多个数据集，然后通过迭代将数据集内数据划分为两个子集以实现决策树的构建。数据集的划分过程是搜索分割函数参数空间寻求最大信息增量下最佳参数的过程。然后统计数据集中到达每个叶节点的分类标签以估算此叶节点上类的分布。通过迭代上述过程直到达到设定的最大树深度或信息增益不再继续增加为止。

$$f_n(v) > t_n$$

式中　f ——分割函数；

t ——阈值；

n ——分支节点的序号；

v ——样本值。

在分类预测时，输入的样本通过迭代训练得到各个决策树或左或右的分支，到达各决策树的叶节点，各个叶节点上的分类分布就是该决策树的识别结果。最后通过平均各决策树的分类分布就得到了随机森林对输入样本的分类结果。

$$p(c \mid v) = \sum_{t=i}^{T} p_t(c \mid v)$$

式中　T ——树的数量；

c ——特定的类；

p ——概率函数。

本研究中随机森林算法使用模型算法为 C4.5，基础分类决策树数量设置为 2 100，数据属性个数为 log$N$（N 为属性总量），树的最大深度设置为完全生长。

（2）树种识别

随机森林算法使用模型算法为 C4.5，基础分类决策树数量设置为 2 100，数据属性个数为 log$N$（N 为属性总量），树的最大深度设置为完全生长。基于 2.2.3 中构建的树种识别方案，利用 2.3.2 中构建的训练集和验证集对树种进行识别和精度验证，结果如图 2－26 和表 2－20 所示。

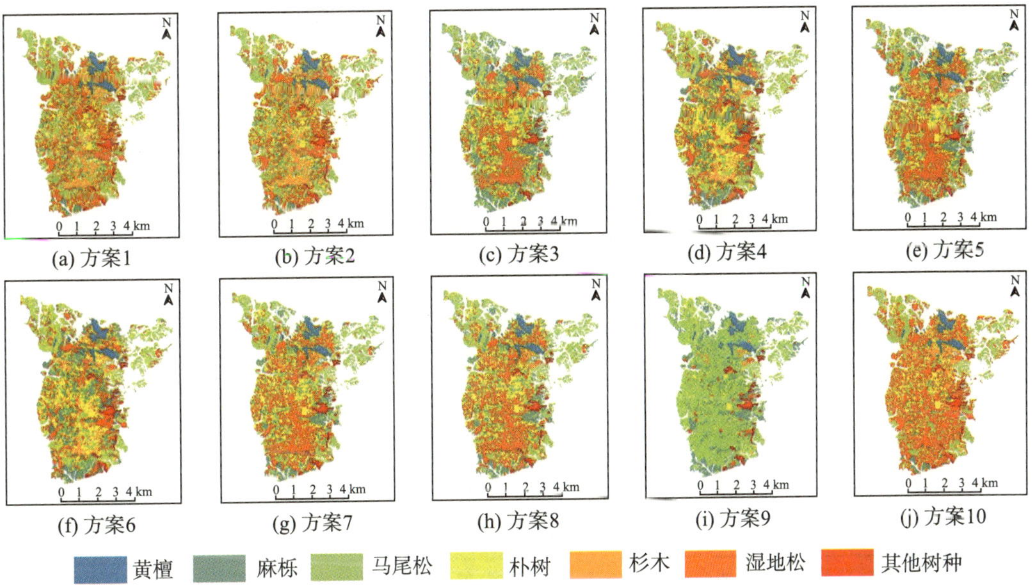

图 2－26　树种识别结果（RF）

表 2－20　随机森林模型树种识别精度验证表

方案	精度指标	树种						
		麻栎	朴树	黄檀	马尾松	湿地松	杉木	其他
方案 1	用户精度(%)	88.01	73.71	93.72	**67.58**	76.01	83.47	95.00
	制图精度(%)	90.80	86.17	86.53	**68.35**	73.12	83.66	87.90
	总体精度(OA):82.42%　Kappa:0.824							
方案 2	用户精度(%)	**90.00**	**75.00**	**95.00***	67.50	**77.50**	**85.00**	**95.83***
	制图精度(%)	**92.31**	**88.24***	**88.37**	67.50	**73.81**	**85.00**	**88.46**
	总体精度(OA):**83.14%**　Kappa:0.821							
方案 3	用户精度(%)	86.17	73.15	93.17	62.53	72.44	77.09	90.28
	制图精度(%)	89.84	85.47	85.83	64.61	71.58	82.86	86.26
	总体精度(OA):80.11%　Kappa:0.797							
方案 4	用户精度(%)	81.40	69.34	86.68	62.22	65.65	72.02	90.14
	制图精度(%)	82.97	84.35	81.57	64.27	71.58	79.49	80.10
	总体精度(OA):76.57%　Kappa:0.783							
方案 5	用户精度(%)	80.11	68.66	85.69	60.99	65.15	71.70	89.77
	制图精度(%)	81.88	83.18	80.89	64.10	70.70	78.72	78.86
	总体精度(OA):75.71%　Kappa:**0.830**							
方案 6	用户精度(%)	80.78	71.24	87.03	65.67	70.27	74.34	92.90
	制图精度(%)	87.01	86.61	84.40	68.00	72.42	81.44	81.93
	总体精度(OA):78.82%　Kappa:0.817							
方案 7	用户精度(%)	79.05	60.02	75.06	51.72	63.86	65.34	84.65
	制图精度(%)	72.36	79.71	74.95	60.94	61.84	78.28	72.04
	总体精度(OA):69.92%　Kappa:0.714							
方案 8	用户精度(%)	79.45	60.49	75.11	51.83	64.58	65.81	84.77
	制图精度(%)	72.75	80.12	75.17	61.54	62.39	78.45	72.68
	总体精度(OA):70.33%　Kappa:0.667							
方案 9	用户精度(%)	60.41	44.55	50.56	42.42	54.54	50.15	70.37
	制图精度(%)	41.61	58.51	57.33	38.62	29.83	63.09	49.30
	总体精度(OA):50.77%　Kappa:0.621							
方案 10	用户精度(%)	64.01	52.42	64.69	46.55	63.12	57.02	80.16
	制图精度(%)	54.07	70.87	70.92	45.76	42.59	68.69	57.79
	总体精度(OA):59.97%　Kappa:0.654							

注:加粗部分为此模型在各特征组合方案上取得的最高精度,加星号精度为所有模型和方案上取得的最高精度。

2.4.2 模型评价和精度分析

2.4.2.1 模型精度对比分析

利用验证样本基于混淆矩阵对树种识别结果进行精度验证，使用总体精度（OA）和Kappa 系数对各模型的性能进行对比评价。对比各模型不同特征组合方案树种识别的总体精度可知：构建 3D－RCNN 模型在树种识别时能够更好地挖掘高维数据特征信息，在维数较高的特征组合方案中识别总体精度要优于传统机器学习模型。如表 2－21 和图 2－27 所示，3D－RCNN 模型在维数较高的 6 种树种特征组合方案中都取得最佳总体精度，且在方案 2 中取得所有方案和算法中最高总体精度。3D－RCNN 模型在方案 7、8、9 和 10 上总体精度略低于传统机器学习 3.66%、1.07%、0.45%和 1.03%，但当参与分类的特征因子逐渐增加时，3D 残差卷积神经网络对特征因子提取的优势逐渐展现出来，总体精度开始大幅领先于传统机器学习，如在方案 1、2 和 6 上领先传统机器学习 6.70%、6.50%和 6.40%。

从单一树种识别所能取得的最高精度来看，3D－RCNN 模型也要优于传统机器学习模型。7 类树种的用户精度和制图精度，14 个树种识别精度评价指标中，10 个最佳精度来自 3D－RCNN 模型。

表 2－21　各算法识别总体精度

方案序号	1	2	3	4	5	6	7	8	9	10
3D－RCNN	**91.69**	**91.72**	**85.62**	**82.46**	**82.06**	**85.22**	66.26	69.26	54.19	58.94
SVM	84.99	85.22	77.08	77.86	77.08	77.86	67.46	68.46	**54.64**	59.33
RF	82.42	83.14	80.11	76.57	75.71	78.82	**69.92**	**70.33**	50.77	**59.97**

注：加粗部分为各模型在此方案上取得的最高总体精度。

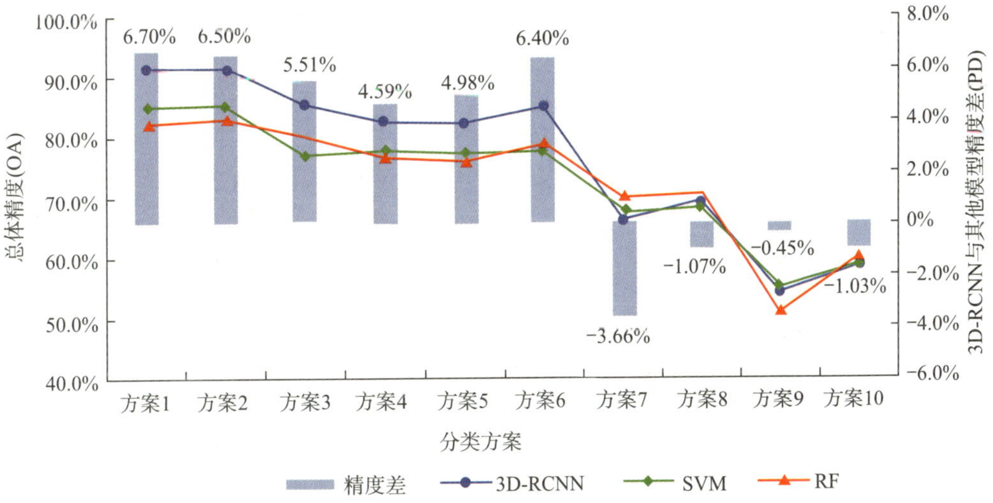

图 2－27　各方案算法总体精度

2.4.2.2 特征因子组合精度评价分析

(1) 特征因子对识别精度的影响

利用总体精度对比分析不同特征因子对树种识别精度的影响可以得到以下结论：1）地形特征对树种识别精度提高的作用极小，甚至会降低总体精度。如图 2-28 所示，柱状图上下标签分别为有地形特征方案与无地形特征方案的总体精度之差和方案编号。可以看出在 3D-RCNN 模型中，有地形特征加入的方案 1、3、4 相对没有地形特征参与的方案 2、5、6，总体精度提升分别是-0.03%、3.57%、-2.77%，在 SVM 模型中分别是-0.23%、0.0%、0.0%，在 RF 模型中的提升依次为-0.72%、4.40%、-2.25%。这样的现象主要归因于研究区内山峰较少，平均海拔较低，植被分布的垂直地带性无法充分体现，且皇甫山国家森林公园近年来成为重要景点，在可及性较好的平坦地区林场抚育更新力度较大，树种的坡度和坡向分布规律在一定程度上受到影响。2）在 3 个识别模型中，随着特征因子的增加，树种识别的总体精度不断提高，植被指数特征和纹理特征对树种识别总体精度的提高能够起到较好作用。如图 2-29 所示，将方案 8、6、2 和方案 8、5、2 的总体精度绘制成曲线，在图中 3 种模型方案 8-5-2 曲线均在方案 8-6-2 曲线下方，表明在特征因子组合时植被指数特征对树种识别精度的贡献大于纹理特征，这是因为 GF-5 数据提供的植被指数特征相较于 GF-6 数据提取的纹理特征要更加丰富，且亚热带地区植被冠层结构复杂，冠层遮掩叠盖现象严重，在一定程度上影响到纹理特征的树种表征能力。

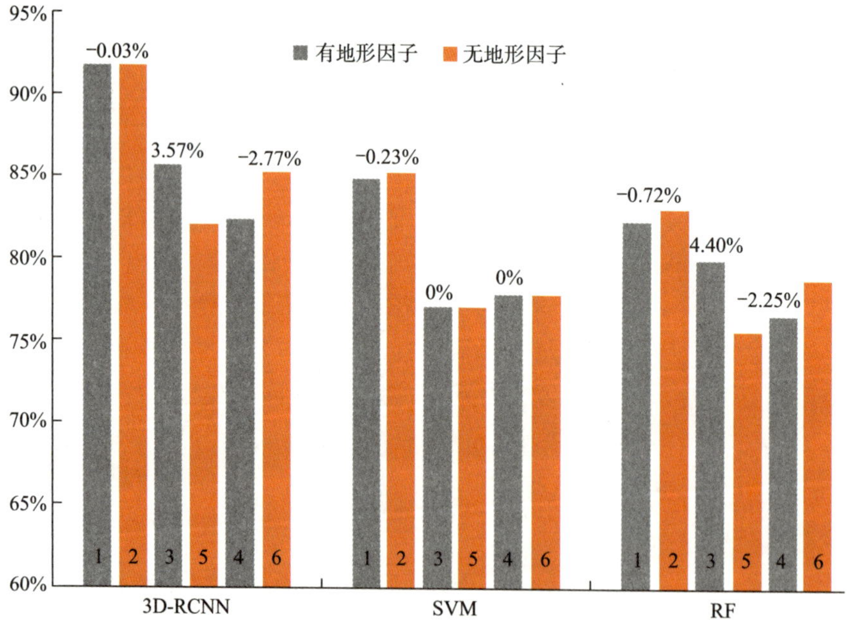

图 2-28 地形特征对识别精度的影响

(2) 单一特征因子最佳组合方案评价

对比方案 8、方案 9 和方案 10 树种识别总体精度，分析单一特征因子对树种识别精度

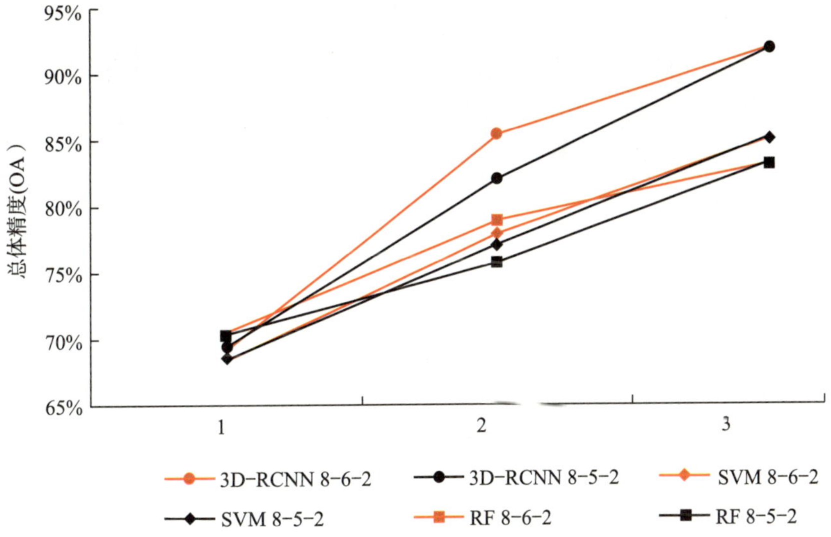

图 2-29　特征组合曲线

的影响。如图 2-30 所示，可以看出单一特征因子在 3 种模型中总体精度表现一致，即方案 8 识别精度最高，其次是方案 10，方案 9 识别精度最差。由此可以得出结论：使用单一特征进行树种识别时，光谱特征精度最高，植被指数特征次之，纹理特征表现最差。这主要是因为 GF-5 AHIS 数据具有丰富的光谱特征且能够计算出多样的植被指数特征，而因为研究区林分密度大，树种冠层结构复杂，使得纹理特征对树种的区分度有所降低。

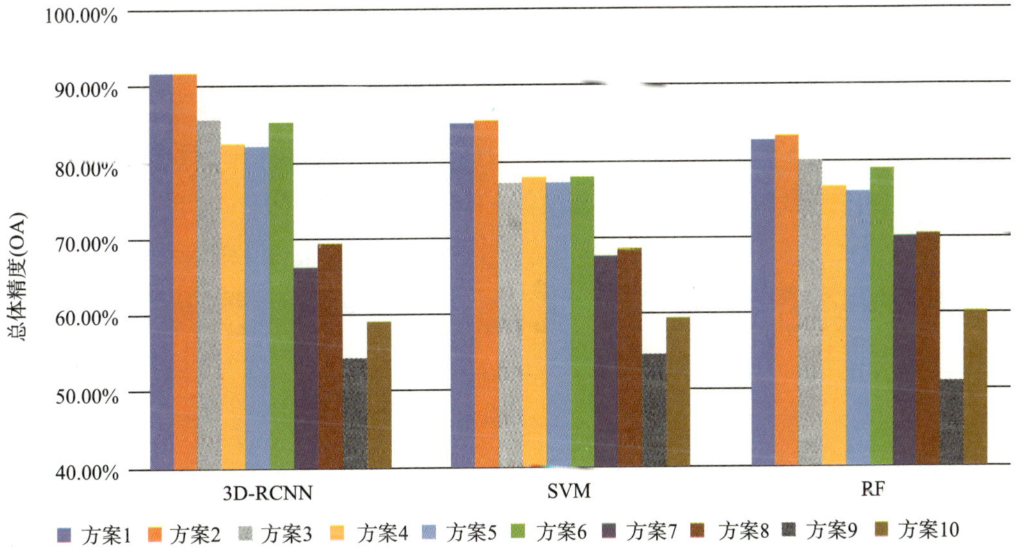

图 2-30　各方案总体精度图

(3) 多特征因子最优组合方案评价

基于各模型在不同方案上树种识别的总体精度与 Kappa 和单一树种的用户精度与制图精度，对各特征组合方案树种识别能力进行评价，寻找树种识别最佳特征组合方案，得出结论：方案 2 即光谱特征、纹理特征和植被指数特征组合，是进行亚热带森林树种识别的最佳特征组合方案。如图 2-29 和表 2-19、表 2-20、表 2-21 所示，在 3D-RCNN 模型中各方案树种识别总体精度最高为方案 2（91.72%），随后依次是方案 1、方案 3、方案 6、方案 4、方案 5、方案 8、方案 7、方案 10 和方案 9；在 SVM 模型中各特征组合方案识别总体精度从大到小依次是方案 2（85.22%）、方案 1、方案 4、方案 6、方案 3、方案 5、方案 8、方案 7、方案 10 和方案 9；在 RF 模型中各特征组合方案总体精度从大到小分别是方案 2（83.14%）、方案 1、方案 3、方案 6、方案 4、方案 5、方案 8、方案 7、方案 10 和方案 9。可以看出各分类模型中方案 2，既光谱特征、纹理特征和植被指数特征组合，均取得最高识别精度。从单一树种最高识别精度来看，方案 2 也是最佳特征组合方案。如表 2-18、表 2-19、表 2-20 所示，在 7 类树种的用户精度和制图精度、14 个单一树种识别精度指标中，3D-RCNN 模型、SVM 模型和 RF 模型在方案 2 上取得最多指标的最高值，远优于其他特征组合方案。

2.4.2.3　最优特征组合方案树种识别精度分析

（1）混淆矩阵精度验证

对 3D-RCNN 模型的方案 2 树种识别结果进行混淆矩阵精度评价，结果如表 2-22 所示，得到以下结论：1）树种识别总体精度为 91.72%，Kappa 系数为 0.849，证明模型能够很好地对树种进行识别区分，且算法稳定性较高。2）对麻栎、黄檀、湿地松和其他树种的识别能力更强，用户精度和制图精度均超过 90%。分析这些树种精度较高的原因有两点，一是这些树种面积相对较少，而样本数量和其他面积较大的树种大致持平，所以模型对这些树种的识别特征提取充分；二是湿地松等树种分布较为集中，混交现象较少，纹理特征明显。3）对马尾松、杉木和朴树的识别精度相对较低，马尾松和杉木制图精度分别是 86.97%和 89.57%，朴树用户精度为 88.53%。朴树用户精度低于其他树种主要是因为朴树面积占比较大，发生错分概率加大，且样本相较于面积较少，识别特征提取不充分。马尾松和杉木制图精度较低则是因为二者均属于针叶林，存在混交现象，相互之间错分较多。

表 2-22　3D-RCNN 模型方案 2 树种识别精度

树种	麻栎	黄檀	朴树	马尾松	湿地松	杉木	其他	行总计	UA(%)
麻栎	707	6	5	28	0	12	25	783	90.26
黄檀	6	458	24	0	0	0	0	488	93.85
朴树	20	0	581	0	9	46	0	656	88.53
马尾松	0	0	5	812	19	0	0	836	97.14
湿地松	0	3	5	36	611	0	0	655	93.24
杉木	0	0	0	54	0	502	0	556	90.26
其他	6	3	10	4	20	0	471	514	91.63
列总计	739	470	630	934	659	560	496		
PA(%)	95.63	97.46	92.26	86.97	92.76	89.57	94.96		
总体精度(OA):91.72%　Kappa:0.849									

（2）树种调查精度验证

为进一步验证识别模型的应用精度，基于一类清查数据内小班“树种组成”字段及外业调查结果对研究区内各树种面积进行统计并与模型识别面积进行对比分析。以相对精度（RA）作为评价指标，从各树种识别面积的角度对模型精度进行评价，相对精度计算公式如下

$$RA_i = [1-(|S_{it}-S_{im}|\div S_{it})]\times 100$$

式中　RA_i ——树种 i 的相对精度；

S_{it} ——树种 i 的一类清查数据统计面积；

S_{im} ——树种 i 模型识别面积。

结果如表 2－23 所示，可以看出基于方案 2 的 3D－RCNN 树种识别模型能够很好地对各类树种分布面积进行提取。7 种林地类型树种调查相对精度都在 80%以上，平均相对精度达到 92.92%。对于面积较小，样本丰富的树种，如黄檀、杉木和马尾松，树种调查相对精度可以达到 97%以上；朴树由于分布面积较广，相对面积而言样本较少，特征提取不充分，相对精度较低为 88.94%；其他树种由于包含树种较为复杂，且分布零散，所以相对精度最低，只有 81.89%。在这里需要说明的是基于一类清查数据的统计面积之和大于基于模型的识别面积，这是因为基于模型的树种识别是在林地提取的基础上进行的，对林场内的道路、迹地等未种植树木或未成林地进行了剔除。

基于一类清查数据和模型识别结果绘制树种分布图，如图 2－31 所示，可以看出模型识别结果更加精细，能够识别出小班范围内的不同树种，准确地描述树种空间分布情况。一类清查数据树种分布图是基于小班内优势树种（占比大于 50%）进行绘制的，亚热带森林林分结构复杂，存在多样的混交林，基于一类清查数据的树种分布无法准确描述树种的空间分布。

表 2－23　树种调查精度验证

	麻栎	黄檀	朴树	杉木	马尾松	湿地松	其他
统计面积(公顷)	781.5	157.45	1041.8	170.85	422.73	475.45	472.11
识别面积(公顷)	715.62	159.02	926.61	167.69	435.07	504.78	386.61
相对精度(%)	91.57	99.00	88.94	98.15	97.08	93.83	81.89
平均相对精度(%)	92.92						

2.4.3　小结

通过对比传统机器学习算法证明在数据集维数较大时，3D－RCNN 模型树种识别性能更为优越。对比不同特征因子组合方案得出以下结论：在海拔起伏较低、人为影响较大的地区，地形特征因子对提升树种识别精度作用较小；单一特征因子进行树种分类时，光谱特征表现最好，其次是植被指数特征，纹理特征最差；光谱特征、纹理特征和植被指数特征组合是树种识别最佳方案，能够有效提高识别精度；基于光谱特征、纹理特征和植被

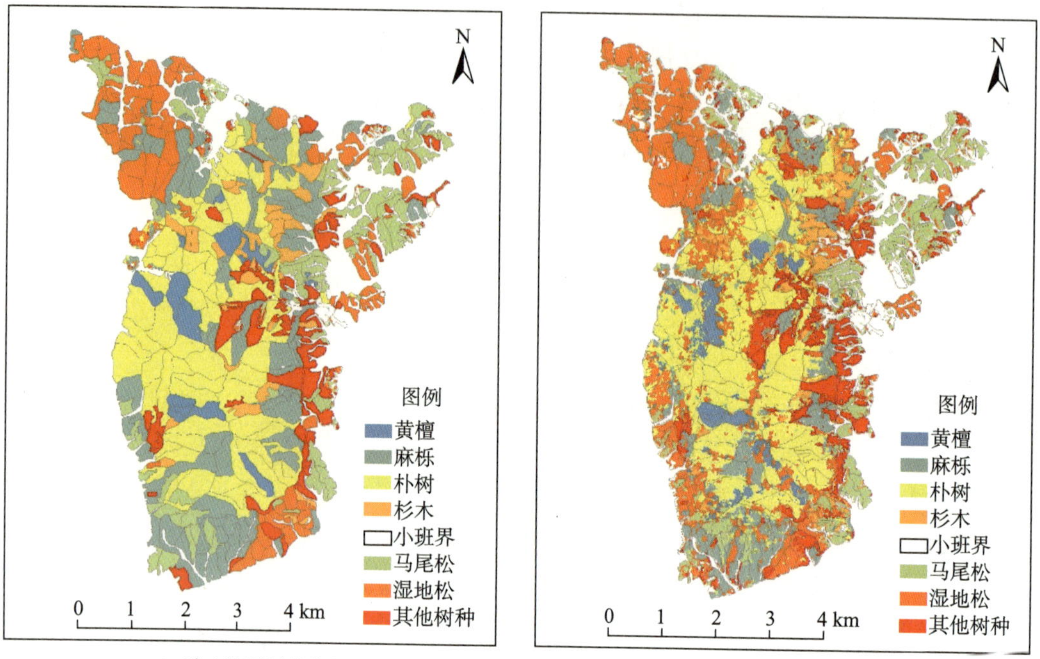

(a) 清查数据树种分布　　(b) 模型识别树种分布

图 2－31　树种分布图

指数特征的组合，利用 3D－RCNN 模型进行树种识别总体精度达到 91.72%，平均相对精度达到 92.92%，能够有效地对树种空间分布信息进行提取。

第3章　基于高分二号卫星影像的森林郁闭度估计研究

3.1　模型原理

本研究使用遥感、地理信息系统等学科的原理和方法，建立高分二号卫星遥感数据定量估测森林郁闭度的模型，技术路线如图3-1所示。

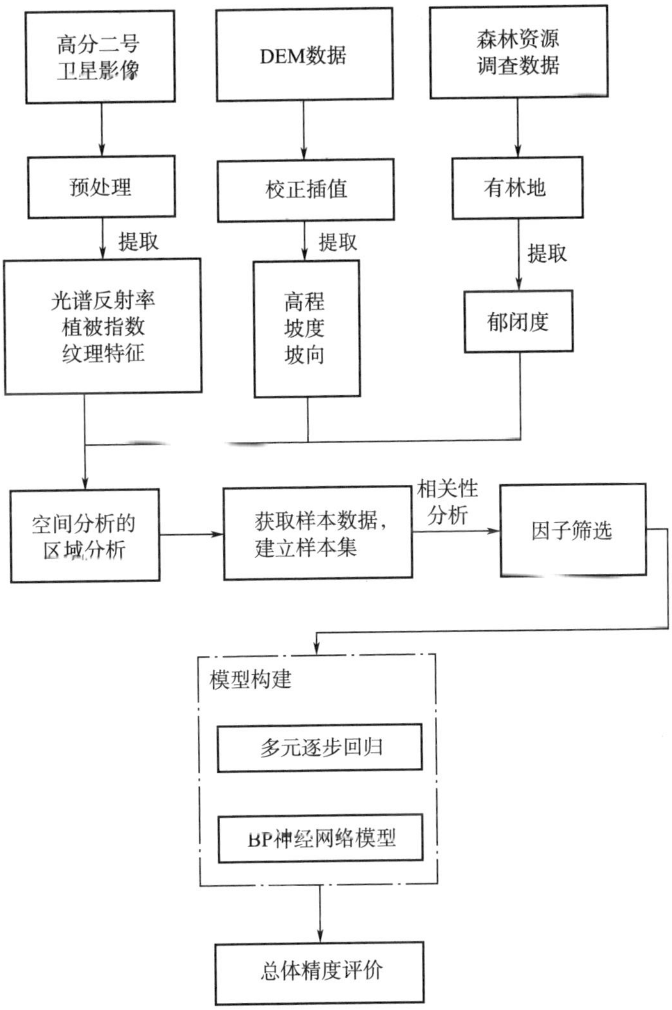

图3-1　技术路线图

（1）样本数据集构建

包括：从研究区域森林资源调查数据和外业采集数据里提取森林郁闭度；研究区高程、坡度、坡向等可参与建模的连续变量提取；"高分二号"全色和多光谱影像预处理，植被指数、纹理特征的提取；基于小班矢量数据和小班外业调查表，获取外业调查小班样本；基于外业调查小班样本提取小班尺度的各因子值，组成小班尺度样本集。

（2）建立回归模型

开展郁闭度与特征因子以及特征因子间相关性分析，筛选出与郁闭度相关性较好的因子，建立基于小班尺度的多元逐步回归、BP 神经网络的郁闭度估测模型。

（3）模型精度验证

采用样本留出法，利用选取的检验样本，通过计算（2）中所建模型的预测值与实测值之间的均方根误差 $RMSE$、相对均方根误差 $rRMSE$ 和估计精度 EA 3 个指标进行模型精度评价与对比分析。

本研究基于高分二号卫星影像数据和森林资源调查数据，通过构建多元逐步回归和 BP 神经网络模型估测森林郁闭度。首先，进行数据收集和预处理，其次，进行特征值提取、因子筛选和样本集的构建，然后，利用多元逐步回归模型、BP 神经网络模型 2 种方法进行模型的构建，最后，对模型精度进行验证。

（1）逐步回归

多元逐步回归在森林参数反演中应用广泛，基本原理是把与因变量相关性较好的变量作为自变量，通过方差比来进行显著性检验，判断该变量是否被引入。具体为：在含有 n 个变量因子的集合 $\{x_1, x_2, \cdots, x_n\}$ 中，根据变量因子 x_i 对因变量作用的大小，从大到小逐个引入回归方程，对因变量作用较小的因子可能一直不被引入回归方程，而在引入一个新的变量因子 x_{i+1} 后，还会对方程中的前 i 个变量因子进行检验，并将 x_{i+1} 引入后方程中变为不显著的某个变量 $x_j(j<i)$ 进行剔除，引入一种因子或从回归方程中剔除一种因子是逐步回归的一步，而每一步都会进行 F 检验，以确保在没有引入新因子时回归方程中只包含对因变量作用大的因子，而作用小的因子已被剔除，并将该过程交替进行，直到不能再引入新的变量和不能再从方程中剔除变量为止，从而得到自变量与因变量最优的回归方程，该方程中包含的所有变量因子对因变量的影响都是显著的。多元逐步回归方程一般为

$$y=a_0+a_1x_1+a_2x_2+\cdots+a_kx_k$$

式中 a_0 ——常数；

x_1，x_2，x_k ——变量因子；

a_1，a_2，a_k ——各变量因子对应系数。

（2）BP 神经网络

神经网络方法是处理遥感变量错综复杂关系的另一个有效途径，BP（Back Propagation）神经网络是神经网络方法中应用最广泛的。1986 年，BP 神经网络由 Rumelhart 和 McCelland 等提出，它是一种多层前馈网络，通过误差反向传播算法进行训

练，其基本思想是通过反向传播网络输出的误差，不断修改和调整网络的阈值和连接权值，使网络误差达到最小。BP 神经网络模型有着较好的分类和预测功能，BP 神经网络的基本结构如图 3-2 所示。

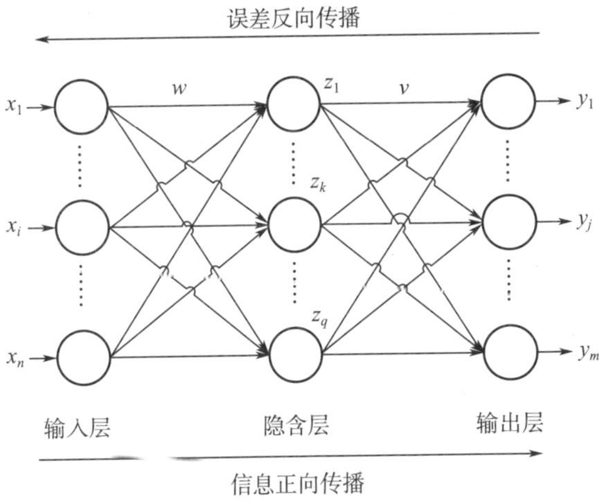

图 3-2　BP 神经网络结构图

BP 神经网络模型的结构中包含输入层、隐含层和输出层，参数主要有输入层、隐含层和输出层节点个数，以及学习速率、目标误差、激励函数、传递函数和最大迭代次数等。其中，输入层与输出层节点数等于训练样本的自变量数和因变量数，激励函数大多使用 S 型函数；学习速率、传递函数、目标误差和最大迭代次数要通过不断的试验来确定，确定依据是郁闭度的估测值和实测值间的相关系数。隐含层节点数通过下面的经验公式确定

$$m=\sqrt{n+l}+\sigma$$

式中　m ——隐含层节点数；

n ——输入层节点数；

l ——输出层节点数；

σ ——1～10 之间的某个常数。

（3）模型精度评价方法

采用样本留出法，利用预留的小班郁闭度实测数据，通过计算预留样本的实测值与模型的预测值之间的均方根误差 $RMSE$、相对均方根误差 $rRMSE$ 和估计精度 EA 3 个指标进行评价。$RMSE$ 是实测值与预测值之间的均方根误差，$RMSE$ 值越小，表明模型预测的效果越好；$rRMSE$ 为 $RMSE$ 与估测结果算术平均值的比值，能够更好地体现总体值域差别较大的模型的预测精度，$rRMSE$ 越小，表明模型预测的效果越好；EA 为估测精度，EA 越大，表明模型的估测精度越高。各指标计算公式如下

$$RMSE=\sqrt{(y_i-x_i)^2}$$

$$rRMSE=RMSE/\overline{x_i}$$

$$EA = (1 - RMSE / \overline{y_i}) \times 100$$

式中　y_i ——第 i 个训练样本值；

$\overline{y_i}$ ——训练样本的平均值；

x_i ——对应第 i 个训练样本的估测值；

$\overline{x_i}$ ——模型估测值的平均值；

n ——样本数。

3.2　数据源及预处理

3.2.1　高分二号卫星

高分二号卫星于 2014 年 8 月 19 日在太原卫星发射中心成功发射，2015 年 3 月 6 日正式投入使用，是我国首颗空间分辨率优于 1 m 自主研发的民用光学遥感卫星，装载了两台 1 m 全色/4 m 多光谱相机，星下点分辨率多光谱为 3.2 m、全色为 0.8 m。高分二号卫星的主要应用客户为国土资源部/自然资源部、住房和城乡建设部、交通运输部、林业局等部门。高分二号卫星参数如表 3-1 所示。

表 3-1　高分二号卫星参数

项目	参数
全色传感器分辨率	1 m
多光谱传感器分辨率	4 m
光谱范围	Pan：0.45～0.9 μm
	B：0.45～0.52 μm
	G：0.52～0.59 μm
	R：0.63～0.69 μm
	NIR：0.77～0.89 μm
轨道类型	太阳同步回归轨道
重访周期	5 天
覆盖周期	69 天
轨道倾角	97.9080°
降交点地方时	10:30 AM
轨道高度	631 km
幅宽	45 km
侧摆能力	± 35°，机动 35° 的时间≤180s

3.2.2　高分二号卫星影像预处理

光学遥感影像的预处理通常包括对影像进行辐射定标、大气校正、正射校正和图像融合等，数据预处理对后期影像信息提取有较大的影响。与此同时，选择何种图像融合方法也十分关键，可以直接影响数据信息提取的准确性与效率。对高分二号卫星数据进行的预处理流程如图 3 - 3 所示。

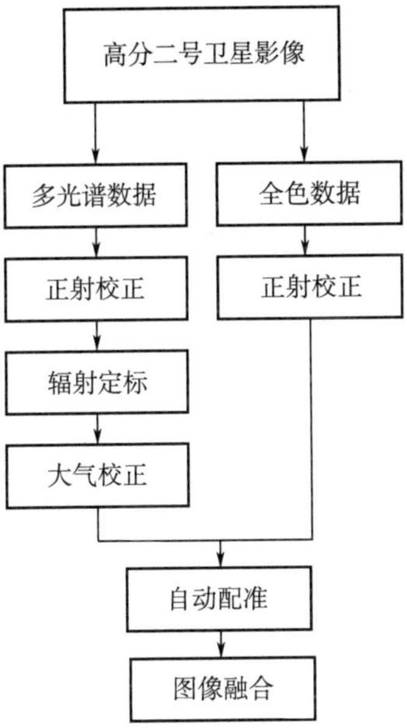

图 3 - 3　高分二号卫星遥感数据预处理流程

(1) 辐射校正

辐射误差是受太阳位置、地形条件和传感器本身等因素的影响，导致传感器接收到的观测数值和目标辐射亮度的物理量之间产生偏差，对辐射误差加以校正和消除的过程就是辐射校正。

遥感图像的辐射校正通常包括传感器的辐射定标与大气校正。辐射定标是将传感器记录的数字量化值（DN）转化为绝对辐射亮度的过程，并且不受传感器图像构成特性的影响。大气校正就是消除因为大气吸收和折射等因素所导致的遥感图像的失真。

(2) 正射校正

影像上地物的几何形状和其对应的地物真实形状受卫星运动的轨道和姿态、传感器的结构以及地球自转和地形等因素的影响，会发生偏差，这就是所说的影像的几何畸变。正射校正可以纠正系统因素与地形引起的畸变，正射校正主要是通过选取地面控制点（GCP），并结合高分二号卫星影像自带的 RPC 文件（. rpb）和影像范围内 30 m 分辨率的数字高程模型（DEM）数据，每一景影像的 GCP 尽量遵循均匀分布的原则。总误差严格控制在 1 个像元以内，整景影像的 GCP 数量不少于 20 个，采用三次卷积法进行重采样。

(3) 图像融合

图像融合就是在规定的地理坐标系下利用算法将多源遥感影像生成新的影像。通过影像融合的方法，可以将多光谱影像和全色影像生成一幅既包含丰富的光谱信息又具有较高空间分辨率的遥感影像。

3.3 特征因子提取

3.3.1 地表反射率

在对图像进行大气校正前，先利用绝对辐射定标系数将传感器获取的 DN 值转换为地物实际辐射亮度值，通过建立地物实际辐射亮度值和 DN 值之间的线性转换关系来实现，本研究使用通用的辐射亮度值与 DN 值之间的定标参数增益值与偏置值之间的关系来进行辐射定标，公式如下

$$L = A \times DN + B$$

式中 L ——地物实际辐射亮度值；

DN ——传感器获取的记录值；

A ——增益系数；

B ——偏置系数。

GF-2 数据的定标参数 A 和 B 的值从中国资源卫星应用中心获得。

大气校正可以将辐射亮度值或表观反射率转换为地表反射率，大气校正时加入了高精度 DEM，可以在消除大气中气溶胶对传感器成像影响的同时，消除地形对传感器成像的影响。大气校正过程中的相关参数在打开影像后从头文件中读取，地面平均海拔由影像覆盖范围内的 DEM 计算得出。利用 ENVI 软件分别提取拼接后的高分二号卫星影像数据的四个多光谱波段地表反射率，小班内的像元地表反射率的均值作为小班地表反射率值。提取结果如图 3-4 所示。

3.3.2 植被指数

（1）归一化植被指数（NDVI）

Rouse 等人在 1974 年提出了 NDVI，它基于物理知识，并且综合了大气、电磁波辐射和植被覆盖等作用。因为 NDVI 可以部分消除太阳高度角、地形变化和云/阴影等的影响，且植被、岩石、云和雪等在大尺度 NDVI 图像上可以明显区分，能够应用于全球和区域等大尺度的植被动态监测，因此 NDVI 在植被遥感监测中的应用最为广泛。

（2）差值植被指数（DVI）

DVI 对土壤背景的变化反应敏感，对植被生态环境的监测较为有利。一般而言，当植被覆盖度≥80％时，DVI 对植被的敏感度下降，比较适用于低-中植被覆盖度或发育早-中期的植被检测。

（3）重归一植被指数（RDVI）

RDVI 介于 DVI 与 NDVI 之间，可以使植被指数与植被生物物理变量呈线性关系，是可以在高、低不同植被覆盖情况应用的植被指数。

（4）垂直植被指数（PVI）

PVI 的显著特点是可以较好地滤除土壤背景的影响，而且相对于其他植被指数而言，

(a) 波段1　　(b) 波段2

(c) 波段3　　(d) 波段4

图 3-4　地表反射率信息

其对大气效应的敏感程度较小，其因消除了大气与土壤的干扰，而在大面积作物估产方面应用广泛。

（5）土壤调整植被指数（SAVI）

SAVI 降低了土壤背景的影响，使植被指数和叶面积指数的线性关系得到改善。土壤调节系数 L 会随着植被覆盖度的变化而变化，从而来减小植被指数对不同土壤类型反射变化的敏感性。根据先验知识，当 L 为 0 时，SAVI 等于 NDVI；当 L 为 1 时，土壤的影响几乎可以消除；对于中等植被覆盖度的区域，L 一般接近 0.5。

（6）改进型土壤调整植被指数（MSAVI）

MSAVI 可以在不同的土壤背景下适用，其受冠层参数变化与土壤光谱性质的影响最小，可以很好地估计 LAI。

（7）简单比值植被指数（SR）

SR 是一种被广泛知晓的植被指数，在植被茂密时其灵敏度会降低。

（8）比值植被指数（RVI）

RVI 是根据红色波段与近红外波段对绿色植被的光谱响应差异，计算二者的比值来监测植被。其对大气状况比较敏感，大气效应会大大降低它对植被检测的灵敏度，因而使用大气纠正后的数据来消除大气对两波段不同的非线性衰减的影响。

利用 ENVI 的波段运算（Band Math）工具对预处理后高分二号卫星影像的四个波段进行运算，得到 8 种植被指数。各植被指数的计算公式如表 3－2 所示。提取的各植被指数如图 3－5 所示。

表 3－2　植被指数计算公式

植被指数 VI	计算公式
归一化植被指数 $NDVI$ 重归一植被指数 $RDVI$	$NDVI=(NIR-R)/(NIR+R)$ $RDVI=\sqrt{NDVI\times DVI}$
正交植被指数 PVI	$PVI=0.939NIR-0.344R+0.09\,5$
土壤调整植被指数 $SAVI$ 改进型土壤调整植被指数 $MSAVI$	$SAVI=(NIR-R)(1+L)/(NIR+R+L)$ $MSAVI=\dfrac{\left[(2NIR+1)-\sqrt{(2NIR+1)^2-8}\right]}{2}$
差值植被指数 DVI 简单比值植被指数 SR	$DVI=NIR-R$ $SR=R/NIR$
比值植被指数 RVI	$RVI=NIR/R$

注：公式中，NIR 为近红外波段，R 为红色波段；L 为土壤调节系数，本研究中 L 取 0.5。

3.3.3　纹理特征

通过特定的影像处理技术对影像中地物纹理特征的提取和分析，可以获得影像中反映出的地物定性或定量信息。由 Haralick 等提出的灰度共生矩阵（GLCM）是目前研究中应用最广的纹理特征提取方法，从灰度共生矩阵的特点而言，影像区域的纹理可以通过它得到很好的描述，但图像的纹理特征却不能直接利用灰度共生矩阵提取出来，因而专家学者们在灰度共生矩阵的基础上提出了多个特征量。常用的统计量有均值（Mean）、方差（Variance）、同质度（Homogeneity）、对比度（Contrast）、相异性（Dissimilarity）、二阶矩（Second Moment）、熵（Entropy）和相关性（Correlation）八种，具体如表 3－3 所示。基于前人的研究，利用 ENVI 对高分二号卫星影像进行主成分分析，发现第一主成分包含 4 个波段 93.30％的信息，能够很好地反映各个波段的信息，因而对第一主成分进行 GLCM 纹理特征提取。利用灰度共生矩阵提取图像纹理特征时需要设置两个重要的参数：

(a) *NDVI*

(b) *RDVI*

(c) *PVI*

(d) *SAVI*

(e) *MSAVI*

(f) *DVI*

(g) *SR*

(h) *RVI*

图 3－5　植被指数提取结果

像元间滞后距离、方向和移动窗口大小。本研究设置滞后距离为 1 个像元（距离越近，空间相关性越强），为了避免方向参数对纹理特征统计量提取的影响，计算了在 9×9 窗口下 0°、45°、90°和 135°四个方向上的纹理特征统计量。利用 ENVI 提取 PCA1 的 0°方向9×9窗口下的 8 个纹理特征因子如图 3－6 所示。

表 3－3　GLCM 纹理特征描述及计算公式

GLCM 特征值	计算公式	描述
平均值	$\sum_{i,j=1}^{N-1} i \times P_{i,j}$	表示移动窗口内的灰度的平均值
方差	$\sum_{i,j=1}^{N-1} P_{i,j}(i-\mu_i)^2$	表示纹理的周期，反映灰度变化的大小；灰度变化较大时，其值也较大；灰度变化较小时，其值也较小
同质度	$\sum_{i,j=1}^{N-1} i \times \frac{P_{i,j}}{1+(i-j)^2}$	可以度量纹理的相似性，反映图像分布平滑性。均质区域对应的灰度共生矩阵元素主要在主对角线上分布
对比度	$\sum_{i,j=1}^{N-1} i \times P_{i,j}\ (i-j)^2$	表示邻域内灰度差异，反映图像的清晰度与纹理沟纹深浅程度的关系
相异性	$\sum_{i,j=1}^{N-1} i \times P_{i,j}\ \lvert i-j \rvert$	用来检测图像的差异程度。当局部区域高对比变化时，相异性也随之较大
熵	$\sum_{i,j=1}^{N-1} i \times P_{i,j}(-\ln P_{i,j})$	体现图像的无序程度，异质性纹理区域一般有较大的熵值，当影像特征为完全随机性纹理时，其值最大
二阶矩	$\sum_{i,j=1}^{N-1} i \times P_{i,j}^2$	可以度量图像的同质性，区域内像素值越接近，同质性越高，ASM 值越大，二阶矩与纹理熵是相反的
相关性	$\frac{\sum_{i,j=1}^{N-1} i \times j \times P_{i,j} - \mu_i\mu_j}{\sigma_i^2\sigma_j^2}$	是影像灰度线性相关的度量。线性相关的极端情况代表完全的同质性纹理

注：式中，i、j 是矩阵的行列数，N 是像素个数，μ_i、μ_j、σ_i、σ_j 是 P_i 和 P_j 的均值和标准偏差，$P_{i,j}$ 是归一化灰度共生矩阵，相关性中，$\mu_i = \sum_{i=1}^{N-1}\sum_{j=1}^{N-1} i \times P_{i,j}$，$\mu_j = \sum_{j=1}^{N-1}\sum_{i=1}^{N-1} j \times P_{i,j}$，$\sigma_i^2 = \sum_{i=1}^{N-1}\sum_{j=1}^{N-1}(i-\mu_i)^2 \times P_{i,j}$，$\sigma_j^2 = \sum_{i=1}^{N-1}\sum_{j=1}^{N-1}(i-\mu_j)^2 \times P_{i,j}$。

3.3.4　地形特征

森林大多分布在山区，森林的生长发育与繁衍会受到其生长环境中的地形及气候因子的强烈制约。由非地带性的垂直分异规律可知，海拔影响森林生长环境中的温度与降水条件，坡度和坡向对森林生长的光照条件、风化程度以及土壤的干湿度起了决定作用，从而间接说明森林郁闭度与地形因子具有较强的关联性。因此，在郁闭度的遥感估测研究中地形对郁闭度的影响不可忽视。

基于 30 m 分辨率的 DEM 数据来进行地形因子的提取，利用 ArcMap 软件中的 3D 分析工具（3D Analyst Tool），提取研究区内海拔（Altitude）、坡度（Slope）与坡向（Aspect）因子，并利用空间分析（Spatial Analyst Tool）工具计算样本小班内海拔、坡度与坡向的平均值，提取结果如图 3－7 所示。

(a) 平均值

(b) 方差

(c) 同质度

(d) 对比度

(e) 相异性

(f) 熵

(g) 二阶矩

(h) 相关性

图 3-6　纹理特征提取结果

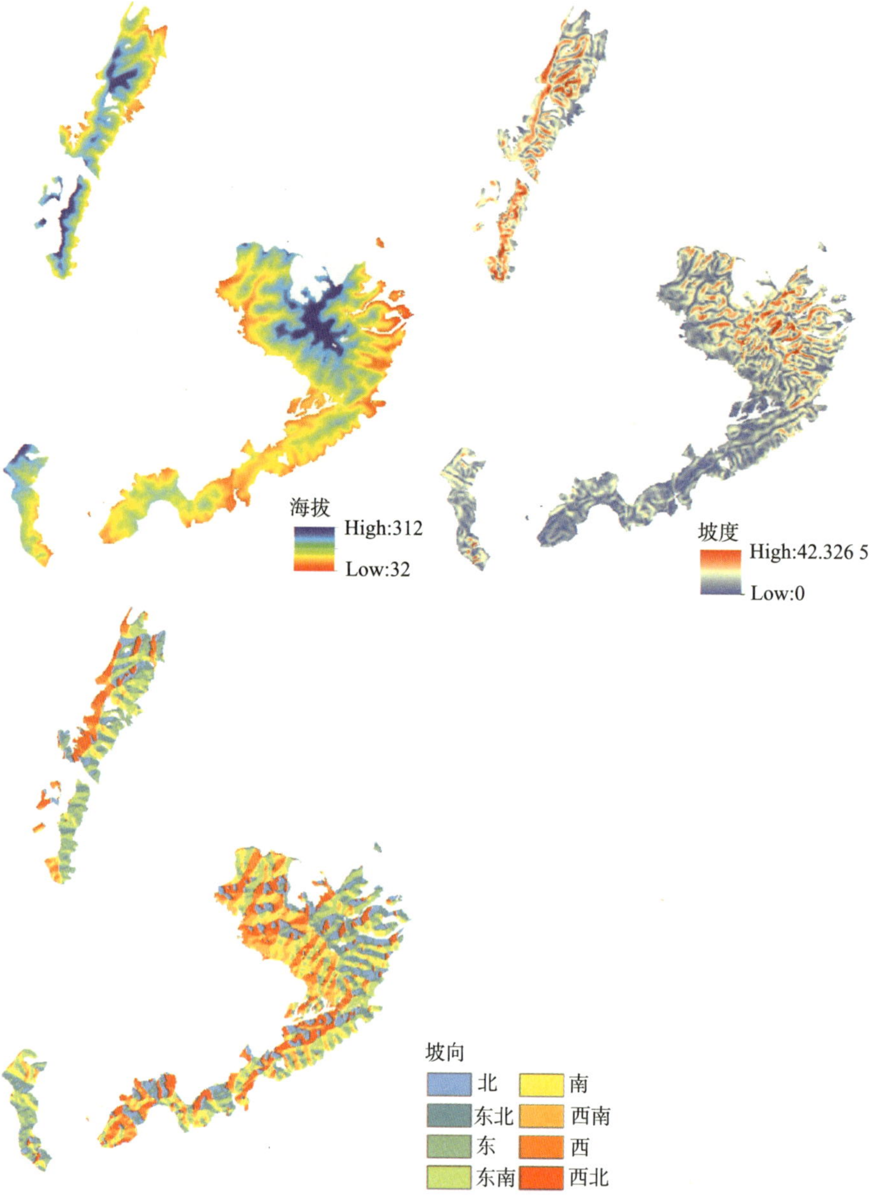

图 3-7 地形因子提取结果

3.4 模型构建

3.4.1 相关性分析

为了找出与森林郁闭度相关的特征因子，首先计算郁闭度与各遥感及地形因子的相关系数矩阵，单波段因子、植被指数因子、纹理特征因子以及地形因子与郁闭度的相关性分析如表 3-4 至表 3-7 所示。

由表 3－4 可知，在影像单波段的 4 个因子中，BAND1、BAND2 和 BAND3 在 0.01 水平上与郁闭度显著相关，BAND4 与郁闭度无显著相关关系。第一波段（BAND1）蓝色波段与郁闭度相关性最强，相关系数为－0.407，其次分别为第二波段（BAND2）绿色波段、第三波段（BAND3）红色波段，相关系数分别为－0.371、－0.364。

表 3－4　影像单波段因子与郁闭度相关系数矩阵

		郁闭度	BAND1	BAND2	BAND3	BAND4
郁闭度	相关系数	1	−0.407**	−0.371**	−0.364**	−0.090
	显著水平		0.000	0.000	0.000	0.155
BAND1	相关系数	−0.407**	1	0.915**	0.849**	0.410**
	显著水平	0.000		0.000	0.000	0.000
BAND2	相关系数	−0.371**	0.915**	1	0.943**	0.603**
	显著水平	0.000	0.000		0.000	0.000
BAND3	相关系数	−0.364**	0.849**	0.943**	1	0.600**
	显著水平	0.000	0.000	0.000		0.000
BAND4	相关系数	−0.090	0.410**	0.603**	0.600**	1
	显著水平	0.155	0.000	0.000	0.000	

注：**. 在 0.01 水平(双侧)上显著相关；*. 在 0.05 水平(双侧)上显著相关。下同。

由表 3－5 可知，在植被指数的 8 个因子中，差值植被指数（DVI）和垂直植被指数（PVI）与郁闭度无显著相关关系，这是因为研究区植被为森林，植被覆盖度较高，DVI 适用于低-中覆盖度的植被监测，而 PVI 适用于农作物的大面积监测。RDVI 在 0.05 水平上与郁闭度显著相关，5 种植被指数（MSAVI、NDVI、RVI、SAVI 和 SR）在 0.01 水平上与郁闭度显著相关，与郁闭度在 0.01 水平上显著相关的 5 种植被指数中，RVI 与郁闭度相关性最好，相关系数为 0.402，其次为 NDVI，相关系数为 0.332。

表 3－5　植被指数与郁闭度相关系数矩阵

		郁闭度	SR	SAVI	RVI	RDVI	PVI	NDVI	MSAVI	DVI
郁闭度	相关系数	1	−0.304**	0.312**	0.402**	0.150*	−0.046	0.332**	0.294**	0.047
	显著水平		0.000	0.000	0.000	0.017	0.467	0.000	0.000	0.462
SR	相关系数	−0.304**	1	−0.991**	−0.903**	−0.865**	−0.529**	−0.993**	−0.999**	−0.707**
	显著水平	0.000		0.000	0.000	0.000	0.000	0.000	0.000	0.000
SAVI	相关系数	0.312**	−0.991**	1	0.929**	0.901**	0.582**	0.998**	0.995**	0.753**
	显著水平	0.000	0.000		0.000	0.000	0.000	0.000	0.000	0.000
RVI	相关系数	0.402**	−0.903**	0.929**	1	0.783**	0.445**	0.936**	0.905**	0.620**
	显著水平	0.000	0.000	0.000		0.000	0.000	0.000	0.000	0.000
RDVI	相关系数	0.150*	−0.865**	0.901**	0.783**	1	0.875**	0.874**	0.886**	0.963**
	显著水平	0.017	0.000	0.000	0.000		0.000	0.000	0.000	0.000

续表

		郁闭度	SR	SAVI	RVI	RDVI	PVI	NDVI	MSAVI	DVI
PVI	相关系数	−0.046	−0.529**	0.582**	0.445**	0.875**	1	0.534**	0.563**	0.973**
	显著水平	0.467	0.000	0.000	0.000	0.000		0.000	0.000	0.000
NDVI	相关系数	0.332**	−0.993**	0.998**	0.936**	0.874**	0.534**	1	0.994**	0.714**
	显著水平	0.000	0.000	0.000	0.000	0.000	0.000		0.000	0.000
MSAVI	相关系数	0.294**	−0.999**	0.995**	0.905**	0.886**	0.563**	0.994**	1	0.736**
	显著水平	0.000	0.000	0.000	0.000	0.000	0.000	0.000		0.000
DVI	相关系数	0.047	0.707**	0.753**	0.620**	0.963**	0.973**	0.714**	0.736**	1
	显著水平	0.462	0.000	0.000	0.000	0.000	0.000	0.000	0.000	

由表 3-6 可知，从提取纹理特征的方向来看，4 个方向（0°、45°、90°和 135°）的 8 种纹理特征中均与郁闭度在 0.01 水平上存在显著相关关系。对于方差（Var）、同质度（Hom）、熵（Ent）、相异性（Dis）、对比度（Con）来说，在 135°方向上与郁闭度相关性最好，相关系数分别为 0.599、−0.681、0.688、0.669、0.632；对于二阶矩（Asm）和相关性（Cor）来说，在 90°方向上与郁闭度相关性最好，相关系数分别为−0.672 和 0.466；Me 与郁闭度的相关性在四个方向上无明显差异，相关系数为−0.243。8 种因子中，熵（Ent）与郁闭度相关性最好，相关系数达 0.688，其次分别为 Hom、Asm、Dis、Con、Var、Cor、Me。

表 3-6　纹理特征与郁闭度相关系数

因子	相关系数	显著水平	因子	相关系数	显著水平
PCA9_0Var	0.597**	0.000	PCA9_90Var	0.597**	0.000
PCA9_0Asm	−0.665**	0.000	PCA9_90Asm	−0.672**	0.000
PCA9_0Me	−0.243**	0.000	PCA9_90Me	−0.243**	0.000
PCA9_0Hom	−0.667**	0.000	PCA9_90Hom	−0.675**	0.000
PCA9_0Ent	0.683**	0.000	PCA9_90Ent	0.685**	0.000
PCA9_0Dis	0.657**	0.000	PCA9_90Dis	0.661**	0.000
PCA9_0Cor	0.381**.	0.000	PCA9_90Cor	0.466**	0.000
PCA9_0Con	0.629**	0.000	PCA9_90Con	0.621**	0.000
PCA9_45Var	0.597**	0.000	PCA9_135Var	0.599**	0.000
PCA9_45Asm	−0.664**	0.000	PCA9_135Asm	−0.671**	0.000
PCA9_45Me	−0.243**	0.000	PCA9_135Me	−0.242**	0.000
PCA9_45Hom	−0.671**	0.000	PCA9_135Hom	−0.681**	0.000
PCA9_45Ent	0.684**	0.000	PCA9_135Ent	0.688**	0.000
PCA9_45Dis	0.657**	0.000	PCA9_135Dis	0.669**	0.000
PCA9_45Cor	0.292**	0.000	PCA9_135Cor	0.370**	0.000
PCA9_45Con	0.628**	0.000	PCA9_135Con	0.632**	0.000

由表 3－7 可知，在三个地形因子中，只有海拔因子与郁闭度在 0.05 水平上有显著相关关系，相关系数为－0.139，而坡度和坡向因子与郁闭度无显著相关性。可能的原因是在本研究区内，海拔不高，所以森林郁闭度受到地形的影响较小。

表 3－7　地形因子与郁闭度的相关系数矩阵

		郁闭度	海拔	坡度	坡向
郁闭度	相关系数	1	－0.139*	0.035	0.030
	显著水平		0.027	0.582	0.634
海拔	相关系数	－0.139*	1	0.543**	－0.037
	显著水平	0.027		0.000	0.565
坡度	相关系数	0.035	0.543**	1	－0.133*
	显著水平	0.582	0.000		0.036
坡向	相关系数	0.030	－0.037	－0.133*	1
	显著水平	0.634	0.565	0.036	

由以上可知，根据各个因子与郁闭度的相关性以及各个因子间的相关性，最终选取 14 个因子作为模型的输入参数，他们分别为：植被指数中的 SR、SAVI、RVI、NDVI；纹理特征因子中的 PCA9 _ 135Var、PCA9 _ 135Hom、PCA9 _ 135Ent、PCA9 _ 135Dis、PCA9 _ 135Con、PCA9 _ 90Asm、PCA9 _ 90Cor；单波段因子中的 Band1、Band2 和 Band3。

3.4.2　模型构建

（1）多元逐步回归模型

将相关性分析中选取的 175 个建模样本的 14 个自变量和因变量郁闭度导入 SPSS 统计软件进行运算，在显著性水平为 0.05 时，通过 F 的概率来筛选自变量，输入为 0.05，去除为 0.1，进行逐步回归，自变量输入/去除结果如表 3－8 所示。

表 3－8 输入/移去的变量

模型	输入的变量	移去的变量	方法
1	PCA9_135Ent	.	步进(准则：F－to－enter 的概率<=.050,F－to－remove 的概率>=.100)
2	Band3	.	步进(准则：F－to－enter 的概率<=.050,F－to－remove 的概率>=.100)

注：因变量：郁闭度。

由表 3－8 可知，模型中共输入了 2 个变量（PCA9 _ 135Ent 和 Band3），模型中输入了影像纹理特征中的 PCA9 _ 135Ent 和单波段因子中的 Band3，这是因为研究区为林地，植被覆盖度较高，而植被指数在植被覆盖度较高的地区敏感度会降低。

由表 3－9 和表 3－10 可知，得到的 2 个模型中，模型 2 的复相关系数 R 为 0.702，决定系数 R^2 为 0.493，调整后决定系数 R^2 为 0.487，标准估算的错误为 0.081 6，显著性

sig＝0.000＜0.05，所以郁闭度与模型中的 2 个变量的信息显著相关，模型的偏回归系数至少有一个不为 0，而由 Durbin－Watson 方法检验残差的系数为 2.092，与 2 比较接近，因此可以基本说明残差之间是相互独立的。由以上可以得出，通过逐步回归可以构建线性方程，此处建立的多元逐步回归模型可以成立。

表 3－9 模型汇总

模型	R	R^2	调整 R^2	标准估计的误差	Durbin－Watson
1	0.689[a]	0.475	0.472	0.082 8	
2	0.702[b]	0.493	0.487	0.081 6	2.092

注：a. 预测变量：(常量)，PCA9_135Ent。
b. 预测变量：(常量)，PCA9_135Ent，Band3。

表 3－10 方差分析

模型		平方和	df	均方	F	Sig.
1	回归	1.074	1	1.074	156.747	.000[a]
	残差	1.186	173	.007		
	总计	2.260	174			
2	回归	1.115	2	.557	83.669	.000[b]
	残差	1.146	172	.007		
	总计	2.260	174			

注：a. 预测变量：(常量)，PCA9_135Ent
b. 预测变量：(常量)，PCA9_135Ent，Band3
c. 因变量：郁闭度。

由表 3－11 可知，最终模型 2 为

$$FCC=0.409\times PCA9\_135Ent-0.101\times Band3-0.284$$

从式中可以看出，回归方程保留了影像纹理特征因子中的 PCA9_135Ent 和单波段因子 Band3。且保留因子的系数方向和与郁闭度的相关系数方向相同，即 PCA9_135Ent 与郁闭度呈正相关关系，其系数为 0.409＞0，Band3 与郁闭度呈负相关关系，其系数为－0.101＜0，说明该模型成立。

表 3－11 系数

模型		非标准化系数		标准系数	t	Sig.
		B	标准误差	试用版		
1	(常量)	－0.673	0.109		－6.160	0.000
	PCA9_135Ent	0.443	0.035	0.689	12.520	0.000
2	(常量)	－0.284	0.192		－1.479	0.141
	PCA9_135Ent	0.409	0.038	0.636	10.882	0.000
	Band3	－0.101	0.041	－0.144	－2.456	0.015

注：因变量：郁闭度。

（2）BP 神经网络模型

利用与多元回归建模相同的样本和因子进行建模和验证。构建了 4 层 BP 神经网络，其设置的初始参数分别为：输入层节点 14，输出层节点 1，第 1 层隐含层传递函数是 logsig，第 2 层隐含层传递函数为 purelin，最大迭代次数为 500，目标误差为 0.000 01，学习速率为 0.1，训练函数为 trainlm，根据隐含层节点确定公式确定隐含层节点在 5～14 之间。在前期的研究中发现基于 Levevberg－Marquardt 算法的训练函数 trainlm 虽然会消耗较多的内存资源，但其运算速度快，且精度较高，所以在计算机内存较大的情况下选择使用 trainlm 作为训练函数。

首先确定学习速率，学习速率的取值范围为 0.01～0.1，经过试验可知，在本书中，学习速率变化对估测精度影响不大，所以学习速率设置为 0.1。

然后对每层隐含层节点数进行设置，每层隐含层节点数的设置问题比较复杂，也一直是学术界关注的问题。设置较少的节点可能会导致网络反映的数据的信息量少，所研究的问题得不到解决；设置较多的节点不但会致使学习时间过长，且误差不一定最小，易产生“过拟合”的现象，使神经网络失去普适性。而后是 BP 神经网络模型中在隐含层的传递函数的选择，较常用的传递函数有 tansig、logsig 和 purelin 三种，对 3 种函数两两组合（logsig 和 tansig、tansig 和 logsig、tansig 和 purelin、purelin 和 tansig、logsig 和 purelin 以及 purelin 和 logsig）共 6 种情况分别进行测试。保持其他参数一定，分别设置 6 种情况的传递函数和每层隐含层节点数进行训练，通过决定系数 R^2 和均方根误差 $RMSE$ 来确定最佳参数。通过几百次试验，得到每一种传递函数组合对应的最优隐含层组合，由表 3－12 可知，6 种组合方式中，综合考虑 R^2 和 $RMSE$，当传递函数组合为 logsig 和 tansig 时，此时虽然 R^2_{train} 是最高的，且均方根误差 $RMSE_{train}$ 和 $RMSE_{test}$ 均较小，$RMSE_{test}$ 是 6 种组合方式中最小的，所以构建神经网络的传递函数组合选择 logsig 和 tansig，隐含层节点分别为 6 和 2。

表 3－12　BP 神经网络模型各传递函数组合对应最优精度

传递函数	隐含层节点	隐含层节点	R^2_{train}	R^2_{test}	$RMSE_{train}$	$RMSE_{test}$
logsig 和 tansig	6	2	0.518 9	0.501 2	0.079 4	0.083 6
tansig 和 logsig	6	2	0.504 5	0.481 5	0.080 2	0.086 2
tansig 和 purelin	6	2	0.513 4	0.475 2	0.079 3	0.087 0
purelin 和 tansig	13	1	0.502 9	0.502 1	0.080 2	0.084 8
logsig 和 purelin	6	2	0.509 5	0.477 3	0.079 6	0.086 6
purelin 和 logsig	13	1	0.502 6	0.501 3	0.080 2	0.084 8

经过以上的试验，在该 4 层 BP 神经网络中，确定的最优模型参数为：输入层节点 14，第 1 层隐含层节点数为 6，第 2 层隐含层节点数为 2，输出层节点 1，第 1 层隐含层传递函数是 logsig，第 2 层隐含层传递函数为 tansig，最大迭代次数为 500，目标误差为 0.000 01，学习速率为 0.1，训练函数为 trainlm，此时模型的决定系数 R^2_{train} 为 0.518 9，

均方根误差 $RMSE_{train}$ 为 0.079 4。

3.5　模型精度验证

利用未参与建模的 76 个样本代入估测模型，计算郁闭度估测值，并计算两个模型估测值的 *RMSE*、*rRMSE* 和 *EA* 3 个指标，计算结果如表 3－13 所示。由表可知两个模型的估测精度均高于 85%，建模精度基本满足需要，这说明高分二号遥感影像数据在森林郁闭度估测方面具有一定的潜力，后面可以通过更多的实验来获取其他林场的数据，进行模型调试，来增加模型的适用性。为提高模型适用性还需开展更多区域的光谱特征分析，以及考虑不同树种、不同年龄带来的影响。

表 3－13　模型精度验证

模型	*RMSE*	*rRMSE*	*EA* (%)
多元逐步回归	0.087 5	0.124 1	87.40
BP 神经网络	0.083 6	0.120 2	87.95

3.6　反演制图

基于森林资源二类调查数据选出研究区域的有林地和疏林地，然后分别基于前面所建的多元逐步回归和 BP 神经网络模型对选出的有林地和疏林地区域进行反演，反演结果如图 3－8 所示。

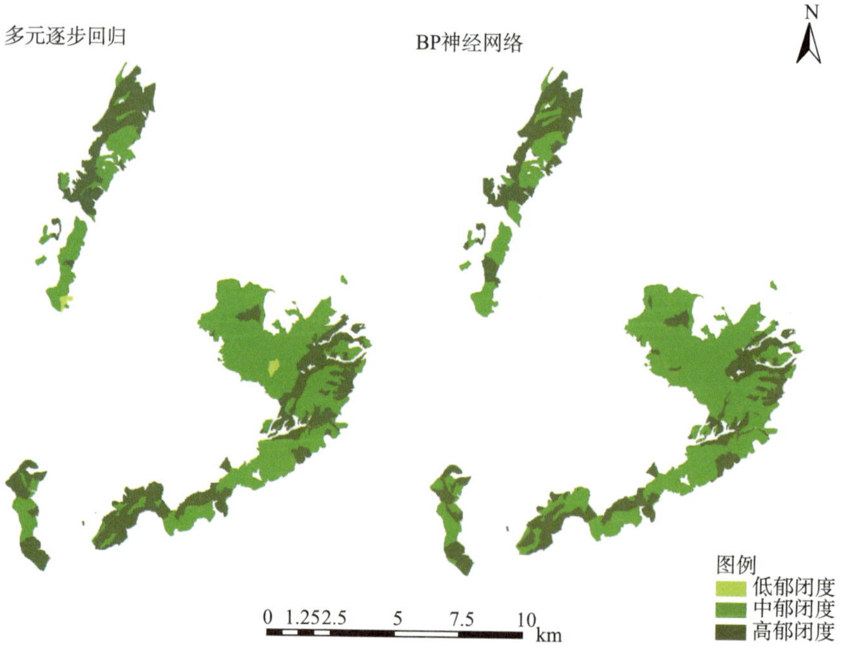

图 3－8　琅琊山国有林场郁闭度结果图

第4章　基于高分卫星载荷的森林生物量估算研究

森林生态系统作为陆地表层最大的碳汇系统，在平衡区域生态环境及全球碳循环中发挥着重要作用。森林植被生物量占陆地植被生物量总量的80%，森林生物量是核算陆地生态系统碳汇及碳循环的重要指标，对分析森林植被碳储量的空间分布格局及动态变化具有重要意义。准确估算生物量对量化该区域碳汇和碳通量，清算区域碳清单，核算国际碳储量以及缓解不断上升的CO_2污染尤为重要。传统生物量研究获取方法以实地测量或实测结合统计分析为主，该方法工作量大、周期长、过程复杂，对生态系统的破坏性大。遥感监测以其时间周期短、数据更新快、覆盖面积大、可综合比对地面数据等优势成为森林参数反演和森林资源调查的重要手段，并逐步成为森林资源保护和管理的重要决策依据。

目前已有众多学者就生物量反演开展了详尽研究，总结该领域近十年的发展有如下特点：第一，现有光学遥感、微波雷达、激光雷达及高光谱数据已广泛用于森林生物量估算。光学遥感应用主要基于植被冠层光谱反射率的植被指数及纹理特征的构建以进一步建立生物量的关系；SAR和LIDAR数据估测森林高度和构建森林三维结构具有独特优势；高光谱数据光谱分辨率高，能够就不同植被生化参数进行反演。如庞勇等应用高空间分辨率CCD数据对高郁闭度林区进行生物量估算，指出基于FOTO算法提取的纹理特征能够提高对生物量的估算精度；Berninger等基于Sentinel-1和ALOS-PALSAR合成孔径雷达数据对加里曼丹2007、2009和2016年生物量进行估算，估算模型R^2为0.69～0.77；Goodenough等结合星载高光谱数据和AVIRIS数据对温带沿海雨林进行氮素、叶绿素及生物量的估算，其中生物量估测模型决定系数R^2达到0.82。第二，多源数据联合反演成为趋势。多源数据联合使用最多的是光学遥感和LIDAR数据、高光谱与高空间分辨率数据的联合使用。申鑫等通过机载LiCHy（Lidar，CCD and Hyperspectral）传感器同时获取高光谱和高空间分辨率数据，采用逐步回归的方法就综合数据与高光谱单一数据建立生物量反演模型，并进行对比，R^2分别达到0.62和0.57。Helme等应用高光谱AISA和Sentinel-2数据就芬兰森林多种植被指数进行反演，结果显示高光谱数据在树种分类和叶面积指数（LAI）上具有较好应用，但传统多光谱数据对生物量估算更准确。第三，估算模型以线性回归模型和机器学习模型为主要估算方法，回归模型以多元逐步回归、主成分回归、岭回归应用最广泛，机器学习中表现最好的是支持向量机和随机森林算法，但不同研究对象、研究地点，同一估算方法表现差异较大。

综上所述，可见在对森林生物量的研究中存在中纬度地区较少，国产高分卫星数据研究薄弱，尤其是高分六号数据在林业估算上的应用较为空白；在生物量估算方法上存在适用性不稳定等问题。据此，本文以安徽省滁州市皇甫山自然保护区为研究区，以2018年9

月 4 日 GF－1 PMS 影像（后文简称 GF－1 数据）和 2018 年 10 月 28 日 GF－6 WFV 影像（后文简称 GF－6 数据）为主要数据源，结合同时段外业调查数据，构建皇甫山森林生物量估测模型。皇甫山林区地形复杂，多为低山与丘陵，森林覆盖率高，受到人类和自然的强烈干扰，森林斑块碎片化加剧，通过提取影像波段信息、主成分信息及纹理特征，结合皇甫山 2012 年二类调查数据、2017 年小班区划一张图数据和外业调查数据，建立多元逐步回归模型，同时对整个林区树种生物量引入 BP 神经网络模型和随机森林模型，对森林生物量进行估算，探究不同影像数据、不同算法在混交林亚热带天然次生林生物量估算的表现，为林业资源的估测提供参考，支撑国产高分卫星信息的服务作用，并为后续的 GF－1 号和 GF－6 号组网卫星数据的应用提供借鉴，以促进高分系列数据在林业经营及生产上的应用。

4.1 研究区概况

皇甫山位于安徽省滁州市西南部，地理坐标 117°58′—118°03′E、32°17′—32°25′N 之间，总面积 3 551.5 km^2，属于亚热带落叶阔叶林，处于暖温带半湿润季风气候区北缘，海拔 45～385 m，年均气温为 14.3 ℃，年降水量 1 018.6 mm，林区森林覆盖率达 96.1%，据 2012 年二类小班调查数据显示，森林类型有针叶林、落叶阔叶林、阔叶混交林和针阔混交林，其中 96.2%为单一乔木树种的纯林。主要树种以马尾松、国外松（湿地松和火炬松）、硬阔乔木（麻栎）为主，占整个林区的 78.2%以上，是江淮地区保存最完整、面积最大的原始次生林景观带。

4.2 数据与方法

4.2.1 遥感影像数据预处理

选用 2018 年 9 月 4 日 GF－1PMS 传感器影像和 2018 年 10 月 28 日 GF－6 宽幅影像遥感数据，日云量小于 5%，使用 ENVI 软件对影像进行预处理，依据中国卫星资源应用中心发布的 GF－1 PMS 传感器和 GF－6 WFV 传感器绝对辐射定标系数和波谱响应函数进行辐射定标、大气矫正，使用无偏移谷歌地图结合 30 m 高程数据（DEM）进行正射校正，误差控制在一个像元以内，校正后的 GF－6 数据分辨率为 16 m。采用 Pan Sharpening 方法对校正后 GF－1 影像 8 m 多光谱和 2 m 全色数据进行融合，融合后影像空间分辨率为 2 m。

4.2.2 样地数据预处理

对皇甫山森林 2017 年小班调查数据进行分析，以优势树种马尾松、湿地松、硬阔（麻栎）3 类为主要树种，于 2018 年 9 月—10 月在皇甫山森林实地调查样地信息，以小班为样地单位，采用角规布设法，对小班内乔木林进行测定，剔除胸径小于 5.0 cm 的林木，应用算数平均的方法计算小班平均胸高断面积。共调查 315 个小班样地数据，样点分布如图 4－1 所示。调查数据包括样地树种组成、优势树种、平均胸径、平均树高、郁闭度、林龄、公顷蓄积、坡度、坡向、海拔等，样地基本信息见表 4－1。

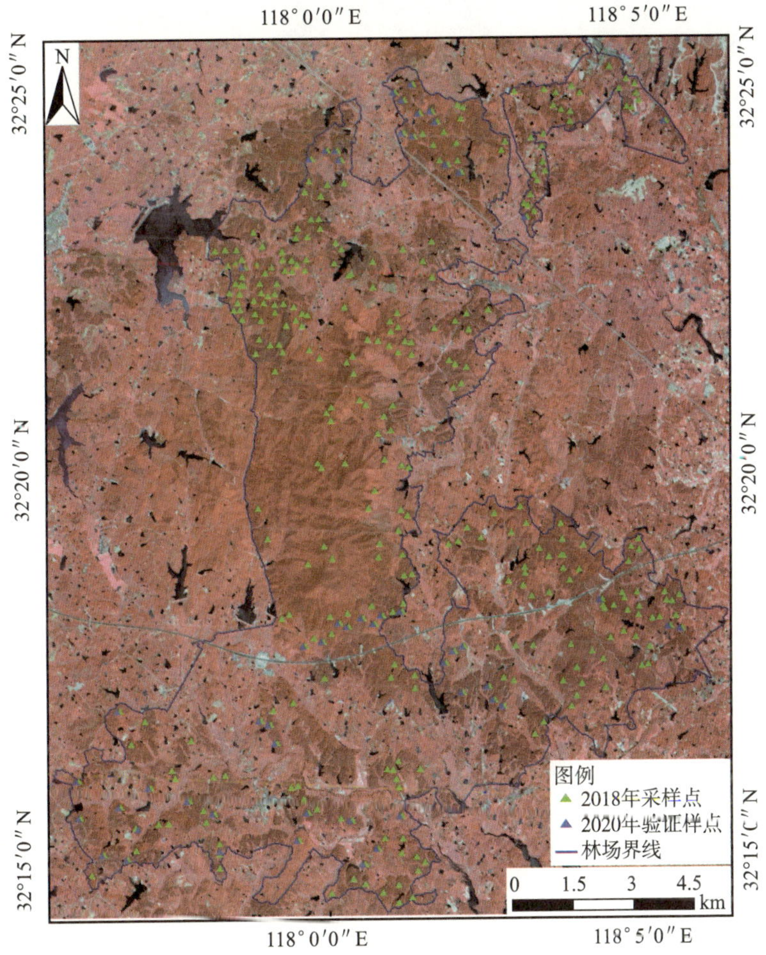

图 4－1　样点分布图

表 4－1　样地基本信息表

样地	样地个数	胸径/cm		树高/m		株数/hm²		郁闭度
		变化范围	均值	变化范围	均值	变化范围	均值	变化范围
单一树种	283	5.21～18.36	12.02	1.41～15.12	7.36	752～2 951	1 674	0.6～0.9
马尾松	123	6.21～18.28	13.28	5.86～13.12	7.42	752～2 745	1821	0.8～0.9
湿地松	69	6.61～18.32	14.41	3.05～8.56	7.44	825～2 350	1 706	0.8～0.9
麻栎	52	6.12～15.22	9.01	2.62～9.56	5.52	725～2 851	1 224	0.9
阔叶林	22	5.15～15.20	8.41	4.56～9.75	4.14	752～2 125	1 114	0.8～0.9
针叶林	17	6.15～18.36	14.68	4.52～8.56	7.81	752～2 359	1 350	0.8～0.9
针阔混交林	32	6.15～16.16	10.28	3.21～8.56	4.92	1 440～2 550	1 241	0.7～0.9

进行监测区域森林生物量反演，需对监测样地生物量进行转换，采用方精云蓄积-生物量转换方程及参数计算树种生物量（研究中生物量仅指乔木生物量，不包括灌木与草本的生物量）。回归方程为

$$B = aV + b \tag{4-1}$$

式中 B ——单位面积生物量（t/hm^2）；

V ——单位面积蓄积量（m^3/hm^2）；

a，b ——参数。

根据不同林分类型选取估算模型，对应的 a，b 参数值如表 4-2 所示。

表 4-2 生物量-蓄积量转换模型参数

林分类型	a	b
马尾松	0.51	1.045 1
湿地松	0.589 4	24.515 1
麻栎	1.328 8	−3.899 9
阔叶林	0.839 2	5.415 7
针叶林	0.516 8	33.237 8
针阔混交林	0.714 3	16.965 4

4.2.3 辅助数据预处理

辅助数据包括地型数据（DEM），采用 1∶30 m DEM 数据，提取研究区的海拔、坡度、坡向信息，作为模型构建的地形因子。

4.2.4 光谱特征提取

（1）光谱信息

光谱信息分别用到高分一号卫星与高分六号卫星单波段信息，除高分一号卫星数据原有 4 个波段外，增加高分六号卫星新增的 4 个波段，共 8 个波段信息，在原有地物光谱信息的基础上，突出对不同树种特点的反映。同时在加入 7 个常见植被指数，包括比值植被指数 RVI、归一化植被指数 NDVI、增强植被指数 EVI、差值植被指数 DVI、土壤调整植被指数 SAVI、绿度归一化植被指数 GNDVI，红外植被指数 IPVI，另引入 Sentinel-2 的两种用于高分六号卫星新增波段的红边植被指数 MTCI 和 NDRE1，进行实验。计算公式

$$MTCI = (B6 - B5)/(B5 - B3) \tag{4-2}$$

$$NDRE1 = (B6 - B5)/(B6 + B5) \tag{4-3}$$

式中，$B3$、$B5$、$B6$ 分别代表 GF-6 WFV 影像红波段、红边波段 1 和红边波段 2 的光谱特征值。$MTCI$ 对植物叶片中叶绿素较为敏感，其比值与叶绿素含量成正比。$NDRE1$ 用红边的波峰和波谷代替 $NDVI$ 中的红波段和近红外波段，多用于植被分类与叶面积指数估算。

（2）主成分特征提取

主成分分析主要是用于降维的方法，将主要信息集中在几个主要主成分信息中，分别对高分一号和高分六号影像进行主成分分析，以达到各波段之间隔离噪声，减少数据集维数的目的。应用正向主成 PC 旋转，协方差矩阵进行主成分分析，结果表明高分一号影像第一主成分和第二主成分累计贡献率达到 99.06%，高分六号影像第一主成分贡献率达到 86.51%，由于不同主成分特征包含不同波段信息特征，故选取所有主成分为待筛选因子。

（3）纹理特征提取

多位学者已证实光谱纹理特征进入模型对模型的估测精度具有显著提升。应用基于二阶统计滤波的灰度共生矩阵，提取常用纹理特征，均值、方差、协同性、对比度、相异性、熵、二阶矩阵、相关性。分别对高分一号第一主成分、第二主成分和高分六号第一主成分进行纹理特征提取，提取窗口分别为 3×3、5×5、7×7、9×9、11×11、13×13，方向为 0°，45°，90°，135°，步长为 1。经分析后确定以 135°为方向。对高分六号新增波段和高分一号波段信息进行 5 个窗口纹理特征的提取。

4.2.5　精度评价

采用随机抽样的方法预留 30%的样本数据，对估测方程进行精度评价，使用决定系数 R^2 和均方根误差作为评价指标，计算公式

$$R^2 = 1 - \frac{\sum (y_i - \hat{y}_i)^2}{\sum (y_i - \overline{y}_i)^2} \tag{4-4}$$

$$RMSE = \sqrt{\frac{\sum (\hat{y}_i - y_i)^2}{N}} \tag{4-5}$$

式中　y_i ——样地生物量建模值；

$\hat{y}_i$ ——样地生物量预测值；

$\overline{y}$ ——样地生物量平均值；

N ——样地个数。

4.3　结果与分析

4.3.1　建模因子确定

建模因子的筛选对模型精度起到决定性的作用，建模因子引入过多或与生物量相关性较差不仅会降低模型的运算效率同时会造成预测结果的严重偏差。选取遥感波段数据（GF1：B1～B4；GF6：B1～B8）、植被指数数据（共 16 个）、主成分分析数据及纹理特征数据共 412 个因子，模型的建模因子个数多于建模样本个数（206 个），所有因子进入模型参与模型的构建会增加过拟合的风险，即建模样本拟合良好而验证样本的应用效果很差，因此在建模前通常先对变量因子进行特征选择。应用 Pearson 系数对建模因子和生物量进行相关性分析，以降低建模因子维度。4 种不同林地生物量反演模型优选变量及相关

系数如表 4－3 所示。由表 4－3 可知，混交林生物量与 GF－1 影像 band2 相关性最强，相关系数为－0.415，PCA1$_{GF-1}$ 相关系数为 0.236，其次是 3 个植被指数，分别为 ipvi、evi 和 dvi，相关系数为 0.293、0.251 和 0.222；混交林生物量与 GF－6 影像红边植被指数相关系数达 0.548，与 B5 _ mean _ 13 相关性为－0.262，新增红边波段植被指数 NDRE1，相关系数为－0.207。马尾松生物量与 GF－1 影像 PCA1$_{GF-1}$，band2，b1 _ mean _ 3 相关系数分别为 0.318、－0.314 和－0.310，rvi 和 evi 植被指数相关系数为 0.280 和－0.277；马尾松生物量与 GF－6 第一主成分相关系数为－0.385，与 BAND6 相关系数为－0.366。湿地松生物量与归一化植被指数和波段 4 极显著相关，与 GF－1 和 GF－6 植被指数相关性系数分别为 0.503 和 0.372，与波段 4 相关系数分别为 0.522 和 0.380，此外，湿地松生物量还与 PCA1$_{GF-6}$ 显著相关，相关系数为 0.360。麻栎生物量与 GF－1 band2 显著负相关，相关系数达到 0.675，此外为 b3 _ mean _ 3 呈显著负相关系数为 0.525，麻栎生物量与 GF－6 新增红边指数 MTCI 和绿度植被指数 GNDVI 极显著相关，相关系数分别为 0.549 和 0.396，与 BAND6 呈显著负相关，相关系数为－0.446。其中混交林、马尾松和麻栎均与地形因子相关性极强，研究区海拔在 45～385 m，坡度对生物量影响较大。GF－6 新增波段和新增红边植被指数 MTCI 与混交林、马尾松和麻栎生物量的相关性均大于 0.36。

表 4－3　各因子与生物量相关性

	混交林	相关性	马尾松	相关性	湿地松	相关性	麻栎	相关性
GF－1	PCA1$_{GF-1}$	0.236**	PCA1$_{GF-1}$	0.318**	ndvi	0.503**	band2	－0.675**
	band2	－0.415**	band2	－0.314**	band 4	0.522**	b3_mean_3	－0.525**
	ipvi	0.293**	rvi	0.280**				
	evi	－0.251**	evi	－0.277**				
	dvi	0.222**	b1_mean_3	－0.310**				
地型	SLOPE	0.468**	SLOPE	0.500**			SLOPE	0.476**
	DEM	0.519**						
GF－6	MTCI	0.548**	PCA1$_{GF-6}$	－0.385**	NDVI	0.372**	MTCI	0.549**
	B5_mean_13	－0.262**	BAND6	－0.366**	PCA1$_{GF-6}$	0.360**	BAND6	－0.446**
	NDRE1	－0.207**			BAND4	0.380**	GNDVI	0.396**
							PCA1$_{GF-6}$	－0.513**

4.3.2　不同影像建模结果分析

多元逐步回归是经典多元回归分析方法之一，其具体方法是将通过 F 统计检验的自变量逐一引入方程，同时，在引入第三个变量之后的每一步，使用后退法对先前已引入的变量进行再次检验，不显著的变量及对方程无影响的变量将被剔除，如此循环直至不能剔除变量也无法引入新变量为止。应用多元逐步回归模型分别以高分一号、高分六号及联合数据进行分树种和全林多树种模型的构建。应用 SPSS 多元逐步线性回归，结合共线性诊断，对进入模型的因子进一步筛查，以确保回归模型的准确性。

根据 4 种不同森林类型，分别从实测数据中选择 295 个数据进行建模，其中优势树种马尾松 126 个、国外松 69 个、麻栎 52 个及阔叶林和针阔混交林 48 个样本。拟合 4 种森林（多树种、马尾松、湿地松、麻栎）生物量模型的回归方程、R^2、$RMSE$（t/hm^2）和 F 值如表 4－4 所示。利用该生物量回归模型模拟计算得到不同森林类型生物量（t/hm^2）。由表 4－4 可知，回归分析中生物量与建模因子之间极显著相关，F 显著检验概率为 0.000（<0.01）。4 种树种最优拟合优度 R^2 分别为 0.529，0.587、0.379、和 0.685，均为联合数据模型拟合结果，其次，多树种、马尾松、湿地松树种高分一号数据建模结果优于高分六号数据建模结果，高分一号建模结果拟合优度分别为 0.44、0.55 和 0.365，高分六号数据建模结果分别为 0.436、0.39、和 0.3；麻栎高分六号建模结果优于高分一号，R^2 分别为 0.613 和 0.540。由建模因子分析可知，高分六号红边指数在多树种和麻栎的模型构建中具有重要作用，但在马尾松和湿地松模型的构建中解释性较低。

表 4－4　不同树种多元逐步回归结果

混交林		R^2	RSME	F	Sig
高分一号	Bio＝0.103×DEM＋0.349×$PCA1_{GF-1}$－1.118×band2－2569.065×ipvi＋3259.183	0.444	30.42	68.023	0.000
高分六号	Bio＝449.076×MTCI＋0.238×DEM－12.195×B5_mean_13＋2.139×SLOPE＋428.004	0.436	29.50	58.091	0.000
高分一号和高分六号联合	Bio＝926.384×MTCI＋0.331×DEM＋450.665×NDRE1＋707.176×evi＋2.431×SLOPE＋0.23×dvi＋573.945	0.529	28.01	53.871	0.000
马尾松		**R^2**	**RSME**	**F**	**Sig**
高分一号	Bio＝3.014×SLOPE＋0.303×$PCA1_{GF-1}$－0.777×band2－99.567×rvi＋1248.711	0.550	15.24	36.985	0.000
高分六号	Bio＝－5.256×SLOPE－0.045×$PCA1_{GF-6}$－0.043×BAND6＋31.638	0.388	27.74	25.787	0.000
高分一号和高分六号联合	Bio＝3.656×SLOPE－0.024×BAND6－0.043×$PCA1_{GF-6}$＋0.313×$PCA1_{GF-1}$＋562.712×evi－18.887×b1_mean_3＋403.054	0.622	16.29	32.571	0.000
湿地松		**R^2**	**RSME**	**F**	**Sig**
高分一号	Bio＝0.076×band4＋225.897×ndvi－173.935	0.365	12.53	18.973	0.000
高分六号	Bio＝138.501×NDVI＋0.03×BAND4＋0.026×$PCA1_{GF-6}$－26.226	0.300	13.23	9.415	0.000
高分一号和高分六号联合	Bio＝0.067×BAND4＋143.447×ndvi＋0.027×band4－149.516	0.379	13.10	13.428	0.000
麻栎		**R^2**	**RSME**	**F**	**Sig**
高分一号	Bio＝6.48×SLOPE－1.494×band2＋89.935×b3_mean_3＋1282.171	0.540	42.17	18.813	0.000
高分六号	Bio＝921.562×MTCI－22.662×$PCA1_{GF-6}$＋1183.028×GNDVI＋229.813	0.613	33.34	26.326	0.000
高分一号和高分六号联合	Bio＝728.141×MTCI－0.4×band2－0.125×BAND6＋879.741×GNDVI＋649.046	0.658	29.81	21.052	0.000

4.3.3 多树种不同模型建模分析

由多元逐步回归模型可知，多树种逐步回归建模拟合精度较低，故此引入 BP 神经网络模型和随机森林算法模型，探究不同模型对多林相生物量建模的预估精度，寻求最适用模型，本文根据建模因子与生物量相关性，在剔除共线性强的因子后，选择相关性高的前 5 个变量（DEM、SLOPE、MTCI、band2、$PCA1_{GF-1}$）作为全林生物量的建模因子。

（1）BP 神经网络

在确定网络结构参数前，需明确输入与输出样本集的数量与结构，输入节点过多导致训练过程复杂且易引入噪声，过少则不能满足建模所需的信息量，通过神经网路工具箱构建基于 Levenberg－Marquardt 算法的 BP 神经网络，设置输入层节点数为 5，隐藏神经元设置 10，输出层节点数为 1。数据样本集 70％用于训练数据，15％用于验证数据，15％用于检测数据。

（2）随机森林算法

随机森林算法是具良好的鲁棒性和较高的准确率的机器学习算法，适用于高维且特征高度相关的数据样本集。算法原理为基于 bootstrap 方法从建模数据集中有放回地多次随机抽取，对抽取样本进行投票，最终经投票得出预测结果，调用 python 的 sklearn 中的随机森林模型，经过反复训练，建立 50 个决策树，实现模型的构建。

建模结果显示应用BP 神经网络和随机森林模型对生物量估算取得了较好的拟合结果，对预留样本进行精度验证，通过拟合效果的决定系数（R^2）和均方根误差（*RSME*），检验模型的预测值和实际观测值是否存在较好的拟合效果。如图 4－2 所示，分别为多元逐步回归、BP 神经网络和随机森林模型在建模样本的拟合效果和验证样本的拟合效果。随机森林拟合程度最优，R^2 达到 0.904，*RSME* 为 10.521 t/hm²，其次为 BP 神经网络，拟合系数 R^2 达 0.825，*RSME* 为 18.641 t/hm²，最次为多元逐步回归，R^2 仅为 0.528，*RSME* 为 28.011 t/hm²。

4.4 结论与讨论

本研究以皇甫山林场为研究区，通过对 GF－1 和 GF－6 卫星影像数据进行处理，结合实测样地生物量数据，采用 Pearson 相关系数法提取出相关性极显著因子建立多元逐步回归，通过 GF－1、GF－6 卫星影像联合数据分析混交林和单一树种建模的适用性和准确性；对混交林生物量模型建立 BP 神经网络及随机森林模型，并进行精度检验。结果表明，本次研究中 3 个影像波段信息（GF－1：band2；GF－6：BAND4、BAND6），2 个主成分因子（pca1;：PCA1），7 个植被指数（GF－1：ipvi、evi、dvi、rvi、ndvi；GF－6：MTCI、NDRE1、NDVI、GNDVI），2 个地型因子（DEM、SLOPE）和 2 个纹理特征因子（GF－1：b1 _ mea _ 3；GF－6：B5 _ mea _ 13）均参与模型的构建，取得了较好的拟合

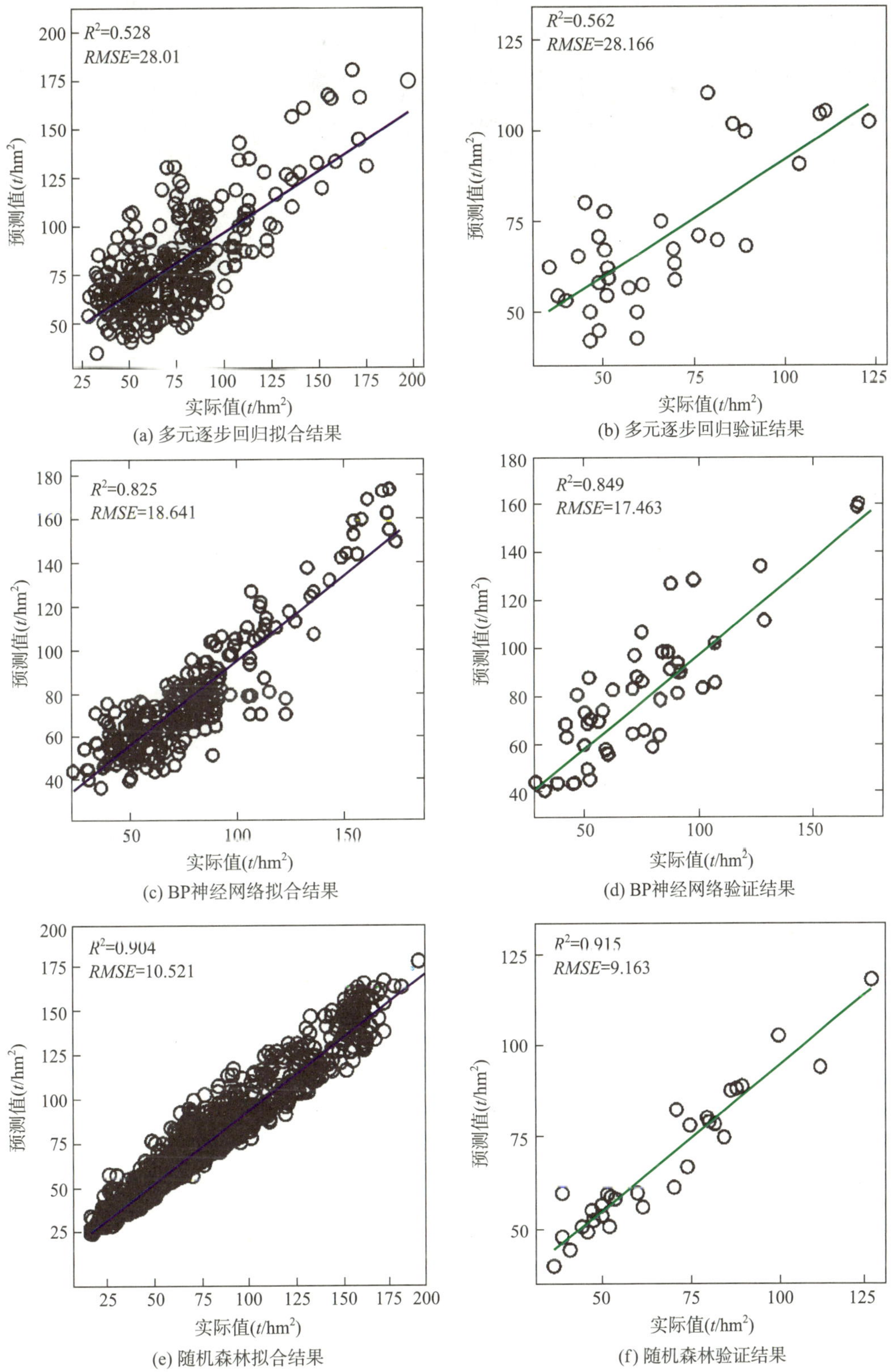

图 4-2　不同模型混交林估算结果及验证

效果。应用多元逐步回归建立不同数据源生物量估算模型，结果显示应用联合数据建模较单一数据建模估测精度高；单一树种马尾松、湿地松生物量建模中应用 GF - 1 影像数据的估算效果优于应用 GF - 6 影像数据，GF - 6 影像估算麻栎生物量结果优于 GF - 1 影像；对混交林建模引入 BP 神经网络和随机森林模型，结果证明随机森林建模精度最高，BP 神经网络估测能力次之，多元逐步回归估算效果最差。证实了 GF - 1 和 GF - 6 号卫星数据在生物量估算上的适用性。

第5章 林地资源动态变化遥感监测应用

利用遥感技术获取林地信息是一个多因素交织的复杂过程，基于遥感技术的林地资源监测面临诸多问题需要解决。从林地资源特点看，一是林地资源空间分布范围广、立地条件复杂，在时空分布上具有多样性，遥感数据光谱特征变幅较大；二是林地变化原因既有自然因素也有人为因素，变化原因复杂，遥感影像色彩、纹理和形态各异；三是林地分类系统监测指标既有林地自然属性因子也有社会属性因子（或者称为林地利用因子），从遥感数据中获取非自然属性信息难度大。从遥感角度分析，一是遥感数据与监测尺度的匹配性问题，即在监测尺度确定后如何选择合适的遥感数据源。遥感数据有低、中和高不同空间尺度层次，采用不同空间分辨率的遥感数据进行林地监测，结果会有显著差异。不同地类遥感数据要求的判别或解译面积与遥感数据的空间分辨率（空间尺度）有关。遥感分类精度是由遥感影像的空间分辨率与地类图斑大小之间的关系所决定。二是遥感数据固有的不确性影响林地监测准确性和精度。遥感数据普遍存在的“同谱异物、异物同谱”、混合像元等现象是其固有属性，会造成林地识别困难和信息获取精度降低。

5.1 遥感信息特征与林地匹配性

林地资源监测的主要内容包括地类、优势树种（组）、郁闭度（覆盖度）、空间位置、面积、蓄积量等。卫星遥感数据经过处理可以合成假彩色或真彩色影像图，目视解译或人机交互便能提取大部分林地状况信息。经过对遥感数据进行专业处理和分析，与专家知识结合，可以获取更深层次、具有专业性的信息，如林分蓄积量。通过对覆盖同一区域的两期或多期遥感影像进行分析，运用一定算法或人工解译可以获取林地资源本底信息和变化信息，确定林地与非林地之间、林地内部之间的变化类型，测算林地变化区域、范围、面积以及其他林分因子的变化程度，实现林地资源的定性和定量化监测。

由于遥感数据是地物波谱反射、辐射特征的瞬时记录，像元亮度值反映该像元所对应一定地面范围内地物的综合特征，因此遥感信息是各种地物和地理要素的综合反映，不是地物直接的单纯的现状反映，在某些环境条件下表现出一定程度的不确定性。加之林地资源多处于山区、荒漠区和农牧业交错区，空间分布上错综复杂，引起变化的原因既有自然因素也有人为因素，无规律可循。在变化监测中遥感数据固有不确定性以及林地变化时空复杂性，是否会引起两期（或多期）遥感数据中像元光谱值的变化和地面实际变化与否存在着 $m:n$ 的对应关系，这种关系可分为4种情况，如图5-1所示。

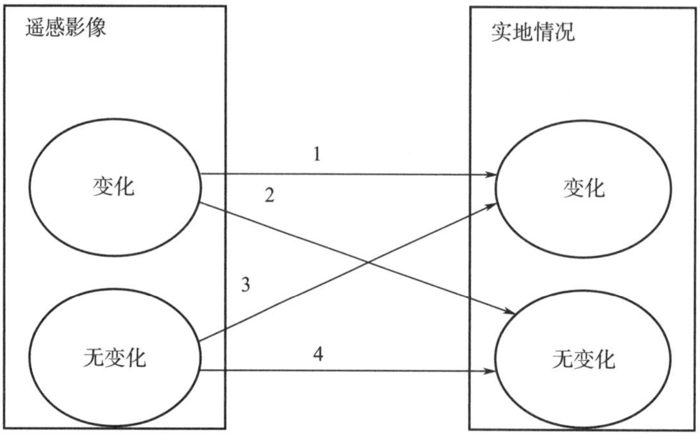

图 5-1　遥感影像变化与实地状况对应关系

影像变化与实地变化的对应关系存在实质变化与伪变化，应予以辨识。第 1 种情况，影像变了，实地也发生了变化，这是真正的变化；第 2 种情况，影像变了，但实地没有变化，这一种是伪变化；第 3 种情况，实地发生变化，在影像分析中没能反映出来；第 4 种情况，影像上没变，实地也没变。其中，1 和 4 是对事实的反映，2 和 3 与事实不符。

针对以上问题，在林地资源监测中应根据遥感数据的特性（空间分辨率、光谱分辨率、时相、入射角）和监测区域林地资源特点，同时结合林业专业知识寻找原因，剔除伪变化，补充被遗漏的变化。从遥感技术分析剔除虚假变化应从以下几方面着手：选用相同季相的遥感数据，消除因植被生长、太阳高度角不同引起的伪变化信息；选用同一个遥感平台相同空间分辨率的遥感数据，可以消除空间分辨率和光谱差异引起的误差；采用适合的遥感数据处理技术和信息提取技术，使遥感数据所承载的林地信息最大化，消除部分差异。如 TM 影像采用 5（R）4（G）3（B）波段组合，国产 ZY－3 卫星遥感影像采用 4（R）3（G）2（B）波段组合方式。从林业知识与遥感融合分析：建立专家知识库为信息提取提供判据，能有效地提高监测的准确性；对无法判定的变化图斑应进行实地核实。

5.2　遥感信息特性与林地分类体系

林地分类系统是为满足林地资源经营管理需要，依据林地资源的自然属性和社会属性对林地进行的类别划分，是进行林地监测的基础。现有通用林地分类系统是建立在实地调查基础上的分类体系，包括 8 个一级地类、13 个二级地类和 23 个三级地类。在三级地类中针叶林、阔叶林和混交林、疏林地、灌木林地等反映的是土地覆盖状况，属于自然属性，而未成林造林地、未成林封育地、无立木林地、宜林地、苗圃、林业辅助生产用地等地类描述的是非自然属性，是林地利用情况的分类，反映林地的使用状况和林地的社会、经济属性。遥感所能获取的只能是地面土地覆盖信息。显然偏重于林地利用的地类在遥感影像中是无法直接获取的，也就是说遥感信息特征与现有林地分类体系不相适应，获取的信息不能完全满足森林资源监测的需要。在实践中通常还会遇到卫星遥感数据质量问题，如云层遮盖、阴影等原因产生的信息“黑洞”，导致遥感特征与真实地类不一致的现象。遥感不能完全满足所有林地地类信息提取，遥感信息与林地地类之间不是完全匹配的，是客观存在的事实。

因此，在应用卫星遥感进行林地资源监测时，应根据遥感数据特点设计符合遥感技术能力的林地分类系统，着重考虑林地的自然属性，兼顾林地利用的主要特点，同时也要考虑遥感数据的特殊性。遥感林地分类系统应具有两个关键组成部分，即一套解译标志和一套分类规则，没有一个严谨的分类规则，地物类型的分类将是随机的并缺乏连续性。分类系统还必须遵循两个准则：类与类之完全排斥，即林地类型中的任何一类都属于且仅属于一个类别；分类必须完全穷尽，即任何一个分单元有且只有一个标志。一个最终的分类系统必须具有层次性和等级性。同时遥感林地分类系统要便于遥感监测成果与常规林地监测成果的联系及数据追加处理。对于不能从遥感数据中获取的地类，一般采用常规地面调查或借助辅助资料完成，遥感分类体系也应充分考虑。最后通过地类转换、合并使遥感分类体系归类于现有林业土地分类系统。遥感影像信息和林地地类之间内在联系可通过解译标志有效地联系起来。

5.3　遥感数据源选择与监测流程

5.3.1　监测尺度与遥感数据最优空间分辨率选择

一般情况下，林地监测有一定的空间监测尺度（比例尺）和精度要求，选择满足精度要求的遥感数据源是工作顺利开展的关键环节。在一定监测尺度下，不是遥感数据空间分辨率越高越好，过高不仅会增加不必要的监测成本，也会因产生大量信息冗余，反而会降低监测精度。遥感数据源选择应考虑两个因素，一是林地资源监测尺度；二是最小监测面积。

卫星遥感影像空间分辨率 R（单位为 m）与监测比例尺 M（M 为比例尺分母）以及图件要求的误差范围 e（单位为 mm）存在以下关系

$$e \times M \times 10^{-3} = C \times R$$

式中，C 为影像几何校正系数，即经几何校正以后，像元位置均方根差（简称 RMS），以像元为单位；e 为人眼的分辨率，通常采用 0.2 mm。关系式的左边是图件允许的实地误差（单位为 m），右边是遥感影像校正后存在的实地误差，这两个误差在遥感制图中应当相等。

以监测尺度 1∶25 000 为例，根据经验，一般情况下遥感影像的校正几何精度应不超出 1 个像元大小，即 C 可近似地等于 R，e 取 0.2 mm，则要满足比例尺 1∶25 000 监测精度，应选择空间分辨率小于 2.3 m 的遥感数据源。林地监测尺度与遥感数据空间分辨率关系如表 5－1 所示。

表 5-1　林地监测尺度与遥感数据空间分辨率

监测尺度	最小分辨率/m	卫星遥感数源
1∶5 000	1.0	高分二号
1∶10 000	2.0	高分一号
1∶25 000	2.5	ZY-03,GF-01,SPOT5
1∶50 000	3.2	天绘一号,SPOT5
1∶100 000	4.5	Rapideye

最小监测林地面积也是选择遥感影像应考虑的重要因素。不同地类对遥感数据要求的分类面积与遥感影像的空间分辨率有关，对某一地类正确分类需要一定数量的同质像元群体。按照国家林业局《森林资源规划设计调查技术规定》（2004 年），林地监测的最小面积为 0.067 hm^2 即 670 m^2。通常，从遥感影像上能够识别目标的最小尺寸应相当于遥感数据空间分辨率的 5～10 倍。如果简单地把 670 m^2 林地看作正方形，则所选择的遥感数据空间分辨率应在 5～2.5 m 之间。

5.3.2　遥感数据时相选择

植物遥感的分类精度与选择的遥感数据时相有一定关系。遥感数据选择应根据监测区物候气象特点，选择合适的遥感数据源，对于林地变化监测来说，较为理想的是选择同一地区同一季相的遥感数据，可以减少因季节差异产生的变化，否则会因为季节差的原因而产生大量虚假的地类变化信息，干扰了关键变化信息的提取。若选择了不同季相影像数据，应在影像数据处理环节、动态检测算法中或者分类过程中采用“补偿法”消除影像的季节差因素。

5.3.3　监测方法流程

应用遥感技术进行林地资源监测的流程主要包括：遥感影像处理、本底数据库建立、变化信息提取、数据库更新等过程，如图 5-2 所示。

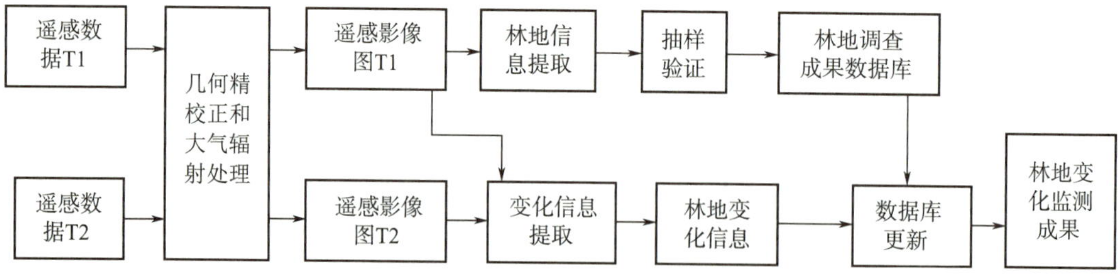

图 5-2　林地资源遥感监测流程

1）选取滁州林业局下辖的国营林场作为试验区。

2）采用基础数据源为 GF-2 卫星、国产宽覆盖光学成像卫星、国产多极化雷达成像卫星、高分辨率国土测绘卫星、国产高光谱观测卫星、国产静止轨道卫星数据，辅助信息源为 SPOT、IKNOS、快鸟、国外雷达卫星数据。

多源遥感数据的预处理主要包括几何精校正、地形校正、太阳高度角的校正、大气校正、多源多时相遥感影像的归一化校正处理，以及与森林资源数据库的高精度空间配准。

3）收集采集示范区林场和林业经营单位历年的森林资源一类、二类、三类调查数据，以及与之相对应的陆地遥感卫星数据（2013 年以后，采用高分卫星数据）；采集示范区林场和林业经营单位历年的造林、林地征占、重大林业工程规划设计数据，基于前期研发的国产卫星星群数据一体化处理系统，在调查论证各级林业部门业务管理需求的基础上，建立森林资源背景数据库。

4）基于对森林资源背景数据库的数据分析，选取典型林分（小班），采集林分（小班内）优势树种、灌木、地面植被的地物光谱，建立地物波谱数据库。通过对优势树种、灌木、地面植被的地物光谱分析，建立它们与不同高分卫星载荷波段之间的对应关系，通过有监分类、数据挖掘、深度学习等方法，构建树种遥感识别模型，提取不同林分树种及其地被物的遥感信息。针对高分二号卫星遥感数据特征，根据互信息量这一指标对进入输入层的因子进行筛选，利用云模型充分挖掘先验知识及网络模型参数的自动确定，建立基于云模型改进的径向基神经网络林分郁闭度遥感估计模型，提取不同林分郁闭度的遥感信息。

5）在小班遥感统计数据的基础上，选取小班形成研究总体（就与地面调查同期的遥感数据而言，其小班均可直接参与分析，对与地面调查不同期的遥感数据而言，选取内部未发生分异而经目视判读地类和树种组未发生变化的小班参与分析），对各地类和各树种组的小班遥感统计数据进行统计分析，从而得到各地类和各树种组的遥感统计数据。应用对象分解的方法，将研究对象按立地类型等进行分解，并在分解后的子总体上进行统计分析，从而得到各种背景下各地类和各树种组的遥感统计数据。利用多源多时相遥感数据进行如上分析，就可得到各种背景下各地类和各树种组的多源多时相遥感知识。对多源多时相遥感知识在各种背景下的空间尺度效应进行分析；在多时相知识的基础上，对其时间尺度效应进行分析，从而构建各地类和各树种组的多源多时相遥感时空知识库。

6）对于林地的动态监测，是将多种变化检测方法应用到小班对象上，进行小班地类的动态变化检测。对小班地类属性无变化的小班直接利用原有地类和树种属性进行更新。就地类属性有变化的小班而言，通过调用地类多源多时相遥感时空知识库和空间地学知识库中相应的知识，利用多知识综合集成推理技术和小班遥感统计数据，实现对小班地类属性的判定和更新。在只有森林资源数据库和后期遥感数据的情况下，通过调用地类多源多时相遥感时空知识库和空间地学知识库中相应的知识，利用多知识综合集成推理技术和小班遥感统计数据，实现对所有小班地类属性的判定和更新。

对地类未发生变化的有林地和疏林地小班，其树种属性直接继承原有树种。对由有林地或疏林地变为非有林地或非疏林地的小班，去掉原有树种属性中的树种组。对于新增有林地或疏林地的小班而言，通过调用时空知识库中相应的树种组遥感知识、造林树种知识和树种空间扩散知识，利用多知识综合集成推理技术、小班遥感统计数据和 GIS 中的其他数据来实现对小班树种组属性的判定和更新。

7）按地形、土壤类型和树种组对研究总体进行分解，得到子总体，在各个子总体上，以小班为样本单元，进行小班主要林分因子数据与其遥感统计数据之间的相关性分析，从而选出相关性较好的遥感特征数据。在各个子总体上，以小班为样本单元，利用选出的遥感特征数据、林分年龄数据、气象数据和地形数据与同期的地面调查小班因子数据，运用多元回归和人工神经网络等线性和非线性分析方法建立其遥感估算模型。在对遥感估算模型空间尺度效应分析的基础构建模型库。模型的有效空间范围为模型库的空间数据部分，遥感估算模型为模型库的属性部分。调用模型库中相应的遥感估算模型，结合少量地面抽样调查，利用后期遥感数据和 GIS 中的相关数据实现主要林分因子的遥感估算和更新，并对估算精度进行评价。在森林资源背景数据库下，统计分析输出各类调查成果。

5.4 林地资源动态变化遥感监测

5.4.1 遥感影像和森林资源小班数据预处理

需要进行预处理的数据主要包含高分二号卫星遥感影像及森林资源二类调查小班数据。高分二号卫星全色波段的空间分辨率为 0.8 m，多光谱的四个波段的空间分辨率为 3.2 m。为了充分利用全色波段的空间信息，本研究在利用 ENVI 对多光谱数据与全色波段进行自动影像匹配的基础上，采用 GS（Gram－Schmidt）融合方法利用全色波段对多光谱数据进行融合，获得蓝绿红与近红外四个 0.8 m 空间分辨率的多光谱数据。在此基础上，结合栅格地形图与 DEM 数据，从栅格地形图上选取正射纠正控制点，采用有理多项式（RPC）模型进行正射纠正，重采样采用三次卷积内插方法，输出分辨率为 0.8 m 的正射多光谱数据。正射校正后的高分影像与小班边界匹配较好。

虽然融合后的高分二号卫星多光谱影像的空间分辨率达到 0.8 m，直接利用二类调查小班数据中的地类分类进行森林资源变化遥感监测，有些类别难以区分。比如代码为 31 的国家特别规定灌木与代码为 32 的其他灌木林地。因此，对原始的森林资源二类调查的小班进行一定的地类合并。具体的合并处理包含：31 的国家特别规定灌木与代码为 32 的其他灌木林地合并为灌木林地，用代码 30 表示；代码为 61、63 和 80 的采伐迹地、其他无立木林地和辅助生产林地合并为无立木林地，代码为 60。合并后的类别与代码如表 5－2 所示。

表 5－2 合并后的地类代码与地类

代码	11	12	20	30	40	50	60	70
地类	乔木林地	竹林地	疏林地	灌木林地	未成林地	苗圃地	无立木林地	非林地

5.4.2 基于小班边界约束的高分遥感影像多尺度分割分类

5.4.2.1 基于小班边界约束的大尺度分割

基于小班边界约束的分割目的是为了提取原小班中各林地地类覆盖范围，为变化检测提供基础。该过程可借助 Ecognition 9.0 的棋盘分割（chessboard segmentation）算法进行。该分割算法利用 2017 年 GF-2 正射影像与处理后的 2012 年森林小班数据，粗分割结果需要获得与森林小班一致的影像对象。棋盘分割算法可在有矢量专题图层参与的情况下，不根据影像象元值进行判断是否分割为同一对象，运算效率高。因此，粗分割采用棋盘分割算法。该算法要获得专题图层的范围对象，在分割时，棋盘尺寸参数设置为大于影像的像素总和（本实验影像设置＞22 000 万）可获得小班边界相一致的影像对象。

5.4.2.2　小班影像对象赋类

棋盘分割后，将小班专题图层的类别属性（合并后的类别）赋值给小班图像对象（可通过在 Ecognition 9.0 的过程树中添加 assign class by thematic layer 算法来实现），获得小班对象分类结果（相当于 2012 年的分类结果）。结果包括乔木林地、竹林地、疏林地、灌木林地、未成林地、苗圃地、无立木林地和非林地 8 个地类。该尺度的图像对象类别为对应重编码后的 2012 年森林小班地类。

5.4.2.3　小班对象内的细尺度分割

为了进行小班对象内部变化信息检测，需要在小班对象分类结果的基础上，结合多尺度分割算法进行影像小尺度分割（获得更小的图像对象），将小班对象内部变化和未变化对象分割出来，在细尺度分割的基础上进行基于分类算法（基于知识规则的分类或 SVM 等监督分类算法）林地变化类型提取。

小尺度分割需结合小班对象分类结果，确保分割对象被各小班对象分类结果的对象边界限制。分割算法选择 Baatz 和 Schape（2000）提出的分形网络演化（Fractal Net Evolution Approach，FNEA）分割算法，该算法目前是 Ecognition 软件一种主要的图像分割方法。该算法根据区域虚拟合并前后的灰度特征标准差 ΔStd、紧凑度 $\Delta Comp$ 与光滑度 $\Delta Smooth$ 变化量，通过加权得到综合异质性测度 HC，作为最终的合并准则测度(通常作为分割的尺度参数)，定义如式（5-1）。w_1 为灰度标准差变化量的权重，w_2 为形状因子中紧凑度的权重。

$$HC = w_1 \cdot \Delta Std + (1 - w_1)(w_2 \Delta Comp + (1 - w_2)\Delta Smooth) \qquad (5-1)$$

标准差变化量 ΔStd 根据式（5-2）进行计算。其中，n 为通道（波段）数，p_i 为第 i 通道的权重，a_m 和 Std_{mi} 为合并后的区域大小和第 i 通道的标准差，a_1 和 a_2 为合并的两个区域的大小，Std_{1i} 和 Std_{2i} 为合并前两个区域第 i 通道的标准差。

$$\Delta Std = \sum_{i=1}^{n} p_i (a_m \cdot Std_{mi} - (a_1 \cdot Std_{1i} + a_2 \cdot Std_{2i})) / \sum_{i=1}^{n} p_i \qquad (5-2)$$

合并前后区域的紧凑度变化量 $\Delta Comp$ 定义如式（5-3）。a_m、a_1 和 a_2 为合并的两个区域的大小，l_m、l_1 和 l_2 的为合并后及合并前的区域边界长度。如果紧凑度变化量小，两区域合并的可能性大。

$$\Delta Comp = a_m \cdot \frac{l_m}{\sqrt{a_m}} - \left(a_1 \cdot \frac{l_1}{\sqrt{a_1}} + a_2 \cdot \frac{l_2}{\sqrt{a_2}}\right) \qquad (5-3)$$

合并前后区域的光滑度变化量 $\Delta Smooth$ 定义如式（5-4）。a_m、a_1 和 a_2 的含义同式

(5－3)，l_m、l_1 和 l_2 的为合并后及合并前的区域边界长度，b_m、b_1 和 b_2 为合并后及合并前的区域外接矩形的周长。如果光滑度变化量小，两区域合并的可能性大。

$$\Delta Smooth = a_m \cdot \frac{l_m}{\sqrt{b_m}} - \left(a_1 \cdot \frac{l_1}{\sqrt{b_1}} + a_2 \cdot \frac{l_2}{\sqrt{b_2}}\right) \tag{5-4}$$

该图像分割方法可以结合多种特征，进行多尺度的图像分割，被广泛应用于遥感图像的分割。由于地物结构的复杂性、对地物本征尺度认识的不足、遥感图像量测尺度的不变性及图像分割算法中尺度参数与实际地物尺度之间联系的物理含义不确定性等原因，在实际应用中如何选择一个或多个合适的尺度进行图像的分割成为基于对象的图像分类方面的关键问题。

在进行小尺度分割时，关键是分割参数的选择。这些参数包含各个波段的权重、光谱权重与紧致度权重、尺度参数，其影响最大的为尺度参数。分割尺度过小，会将一个变化斑块分割为多个斑块（即过分割）。过分割不但会使后期计算与处理工作量增加，关键的是其影像对象的各种特征（特别是形状等几何特征）无法客观反映对象的特征。分割尺度过大，对象不能完整分割出来（如林地中变化斑块），即欠分割，欠分割也会导致影像对象的各种特征（特别是形状等几何特征）无法客观反映对象的特征，而且对于后期图像类别的统计会夸大变化地类面积统计结果。需要多次尝试来选择一个分割对象边界与变化地块边界最吻合的分割尺度。为后期统计的精确，在难以找到最佳尺度的情况下，一般原则是适当过分割。对于研究区的 GF－2 影像数据，经过多次试验，细分割尺度参数设置为 500，其他几个参数默认（即四个光谱波段的权重都为 1，形状因子权重为 0.1，紧致度因子权重为 0.5）。细尺度分割结果是得到一个小尺度图像对象。小班细分割结果将小班变化区域与未变化区域分割开来，为变化区分类提供了基础。

5.4.2.4　小班对象内部变化对象分类解译

5.4.2.4.1　林地变化遥感解译标志

在进行森林资源变化检测前，首先应该了研究区典型森林资源变化的遥感解译标志，以便于分类样本选择与结果的精度验证及人工修正。直接通过单一时相的高分二号影像难以有效识别、解译出各种林地地类，如果通过叠加二类调查小班数据，及辅助 2012 年研究区高分辨率卫星遥感影像，可以辅助解译判断。根据 2017 年高分遥感影像特征、2012 年二类调查小班原地类变化特点，辅助适量的野外考察点信息，建立森林地类变化类型解译标志。通过叠加小班图到遥感影像上进行识别，发现容易识别的变化类别为乔木林地→建设用地、乔木林地→采伐迹地、采伐迹地→乔木林地等变化。而非林地→有林地的变化，即非规划造林地由于受到农地植被的影响，比较难以解译判断。最困难的是疏林地和有林地、灌木林和有林地之间变化的解译。基于 GF－2 影像红、近红外与蓝的波段 RGB 线性拉升影像，结合森林二类调查小班，建立林地类型变化解译标志，表 5－3 为其中的两个具体示例。

表 5－3　林地变化典型解译标志示例

地类变化	GF－2 影像信息描述	GF－2 的红、近红外与蓝的波段 RGB 影像叠加 2012 年小班
乔木林地(11)变为采伐迹地(61)的无立木林地(60)	乔木林地在影像上为深绿或浅绿色，变为采伐迹地后为褐色	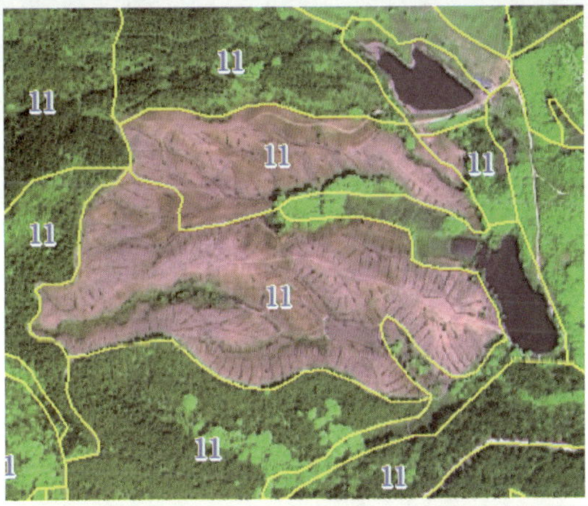
采伐迹地(61)变为乔木林地(11)	采伐迹地在影像上为褐色，变为乔木林地后为浅绿色	

5.5.2.4.2　小班内变化区对象分类

为开展小班尺度下变化区的小尺度对象分类，通过继承关系建立上下尺度间的类别或特征关系，在细尺度分割对象中继承小班尺度分割与赋类结果的分类结果。其次，采用知识规则或 SVM 监督分类方法进行变化类型分类提取。对于知识规则方法，一般通过创建植被指数、水体指数等自定义特征，结合 DEM 高程、坡度特征，以及形状、纹理等特征建立知识规则。首先在小班尺度类别中区分出变化区和未变化区，然后在变化区进一步建立知识规则识别出不同林地变化类别。对于监督分类方法，可在特征选择基础上，在每一林地专题内部采集变化类型样本，包括未变化区样本，利用 SVM 分类器进行分类，分别获得每一林地专题内部变化类型信息。皇甫山林场森林小班变化信息提取所建立的分类层次树见图 5－3。

5.4.3　变化分类后处理和结果验证

变化分类后处理主要包括人工目视修正、分类对象合并、碎斑滤除、边界平滑、变化图斑属性添加、精度评价等步骤。其中精度评价利用野外验证点进行，野外验证可对人工

图 5－3　分类层次树

目视修正起到有效指导作用，可确保变化图斑解译结果的精度。由于变化检测预处理中，经过二类调查小班地类部分子类的合并，分类得到的变化类型主要为乔木林地→无立木林地等类别变化图斑。

分类对象合并等同 GIS 中的融合（dissolve）操作，目的是合并相邻同属性变化对象。碎斑滤除主要是滤除过于细碎的变化图斑，如本研究的森林变化监测中，将小于 1 亩的变化结果与其邻接变长最长的图斑进行合并，消除该小图斑。添加变化图斑属性，如面积（area）、类名（classname）等，以便于结果统计。

基于以上技术方法，对皇甫山林场森林资源变化进行分层次监测解译，利用随机抽取 10％的小班中心点进行目视对比判断影像与 2012 年小班地类，对变化监测结果进行精度评价。精度评价结果表明，采用基于基年小班调查数据与边界约束的，基于对象遥感变化检测方法获得的，皇甫山林场林地地类变化监测结果总体精度达到 87.5％。分类精度较高的变化类型主要为乔木林地→采伐迹地类无立木林地、采伐迹地类无立木林地→乔木林地。变化检测结果较易混淆变化地类是乔木林地→宜林荒山荒地和乔木林地→未成林地，这是由于许多耕地和取土区均为裸土特征，不易区分。混淆最多的是非林地→有林地的变化，这是由于非林地中农作物或绿化带光谱特征与有林地特征类似。小班是否变化为灌木林地或疏林地，以及未成林造林地具有较大不确定性，这些混淆错误，需较多野外验证点的支持进行修正。皇甫山林场 2012～2017 年森林资源动态监测见图 5－4。

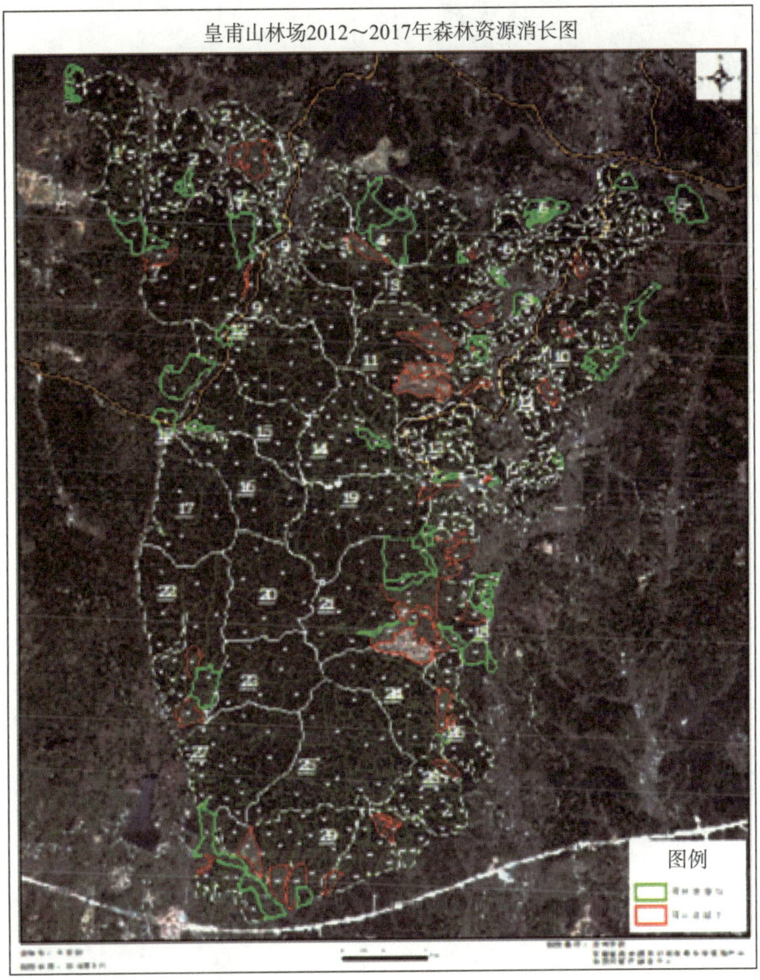

图 5－4　森林资源动态监测图

5.5　示范应用

5.5.1　林地征占遥感监测

根据滁州市林业局对琅琊区城西水库以东区域林地征占监测需求，2018 年 10 月、12 月，利用高分一号、高分二号卫星监测（监测范围包含编号为 001、003 和 004 三个乡），监测结果显示，监测区林地征占小班共 122 个，面积合计 190.58 公顷（1 公顷＝0.01 平方千米）。其中，001 乡有 57 个林业小班发生变更，变更面积为 86.33 公顷；003 乡有 7 个林业小班发生变更，变更面积为 20.35 公顷；004 乡有 58 个林业小班发生变更，变更面积为 83.90 公顷。大多因为道路修建、建筑修建占用林地。详细监测结果见图 5－5、图 5－6 和表 5－4。

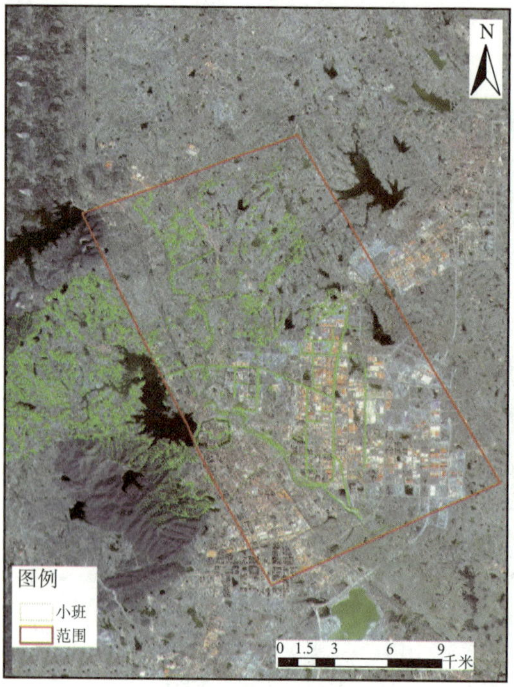

图 5-5　监测范围遥感影像示意图

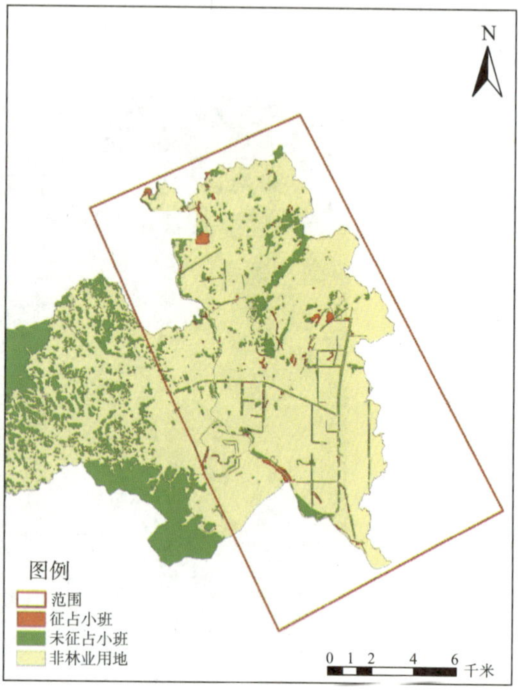

图 5-6　监测范围小班征占示意图

表 5-4　滁州市林地变更图斑信息

识别号	乡编号	小班号	地类	小班面积（公顷）	2016—2017 年影像	2018 年 12 月影像	备注
87	004	00236	0111	0.780	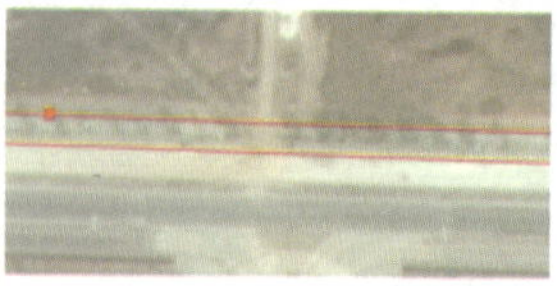	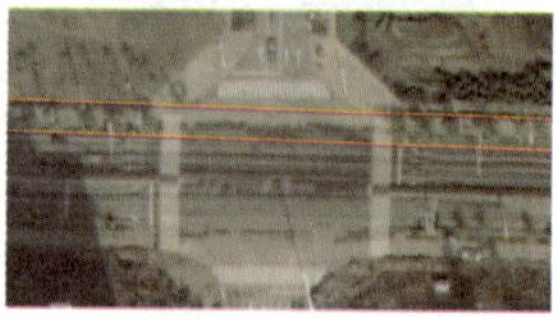	道路修建占用部分林地
113	004	00263	0111	0.510	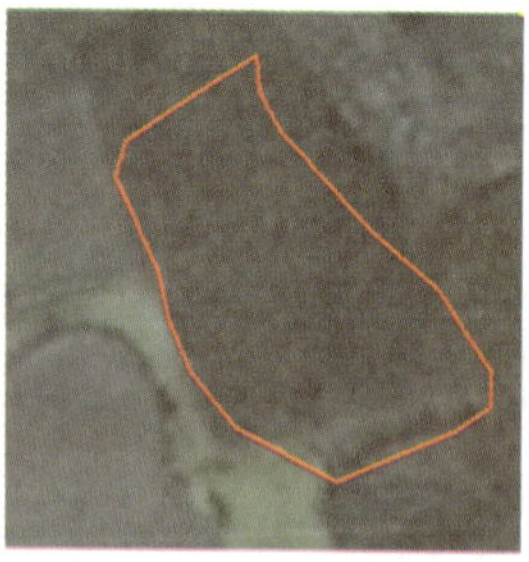		林木被伐，原因不详

续表

识别号	乡编号	小班号	地类	小班面积（公顷）	2016—2017 年影像	2018 年 12 月影像	备注
174	004	00149	0111	0.940			道路修建占用林地
175	004	00160	0111	1.270		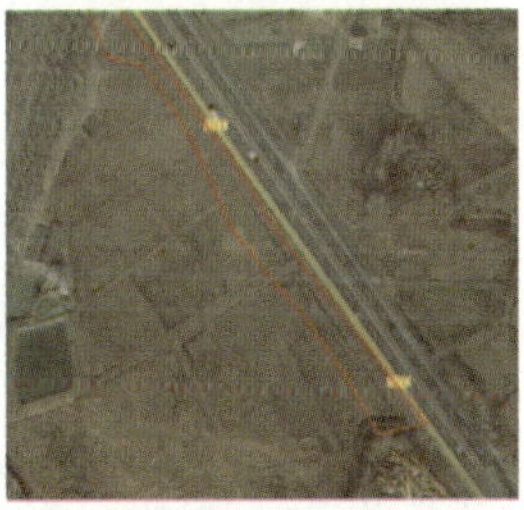	树木被伐原因不详
191	004	00367	0111	2.450	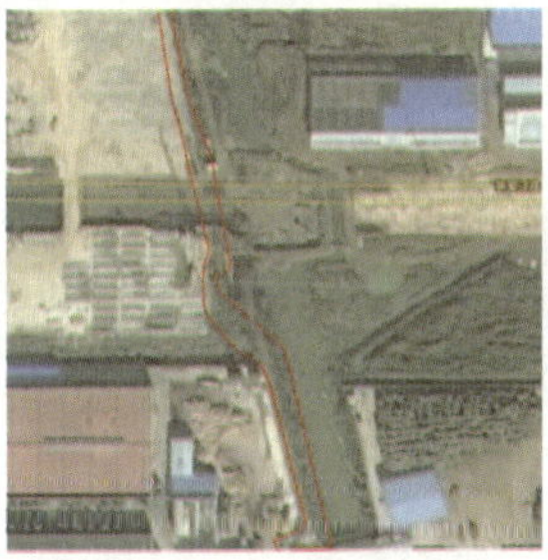		道路修建占用部分林地
208	004	00369	0111	0.820			道路修建占用部分林地
209	004	00366	0111	3.300	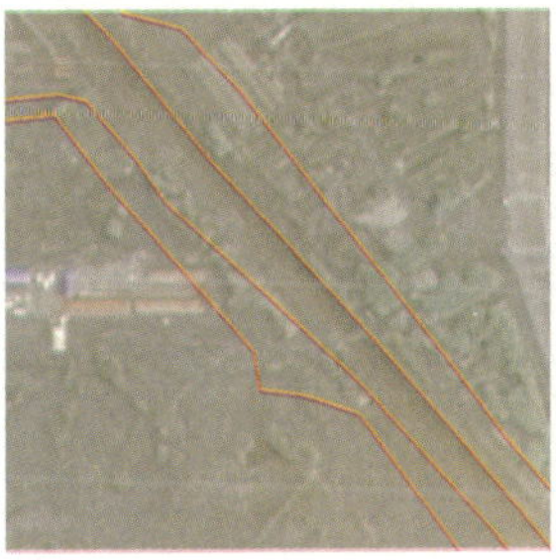		道路修建占用部分林地

续表

识别号	乡编号	小班号	地类	小班面积（公顷）	2016—2017 年影像	2018 年 12 月影像	备注
215	004	00195	0111	1.280	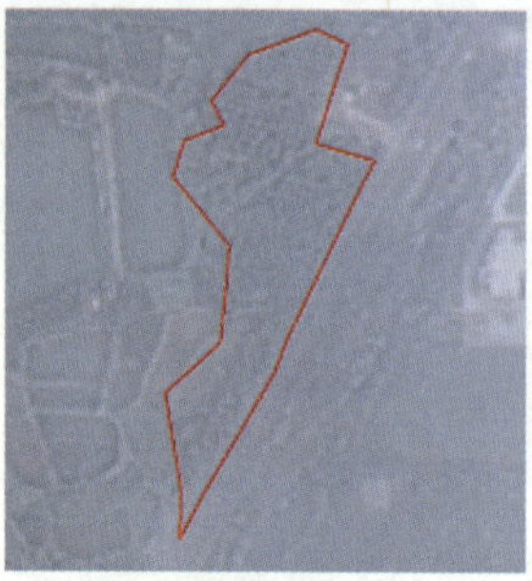		林木被伐，原因不详
223	004	00023	0111	0.240	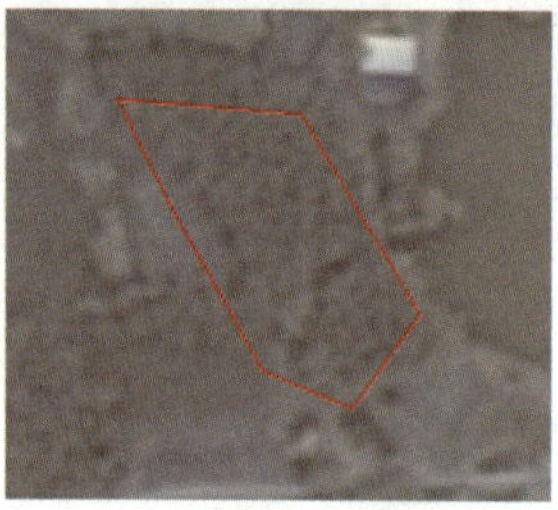	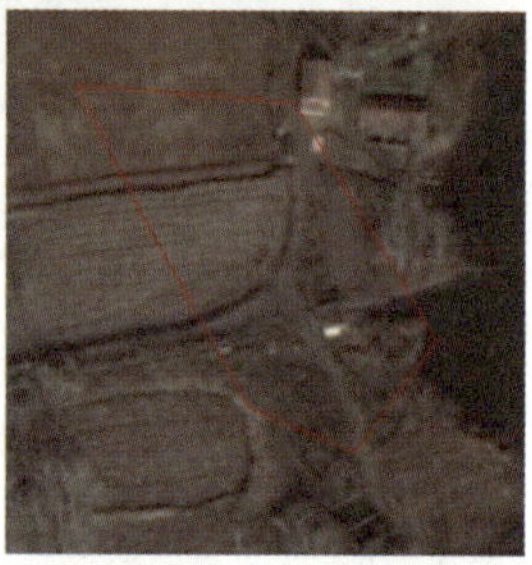	树木被伐，疑似改为耕地
237	001	00781	0111	0.620	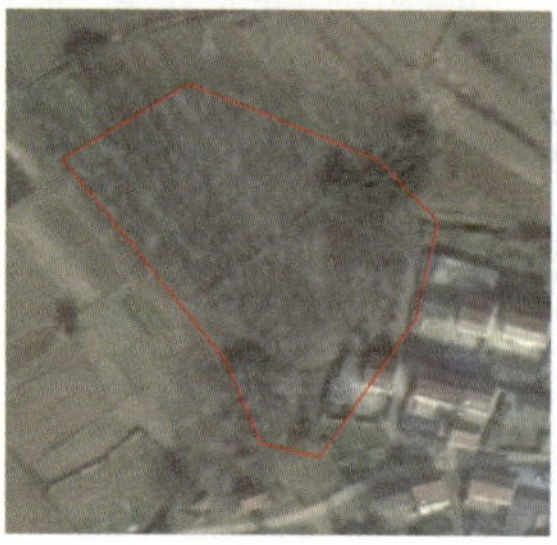		树木被伐，疑似改为耕地
303	004	00047	0111	0.220	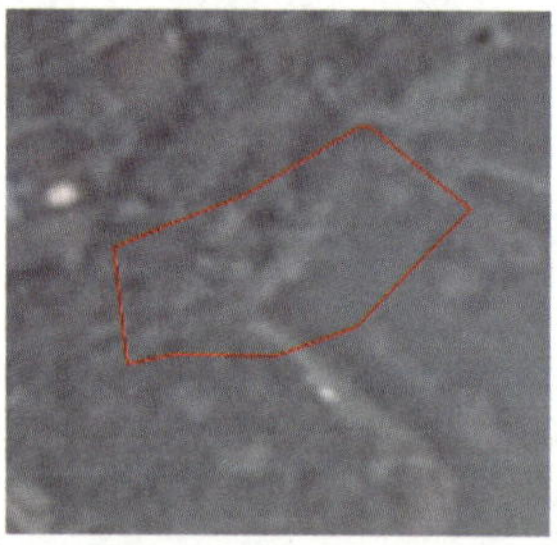		树木被伐，部分变水域
309	001	00123	0111	0.580	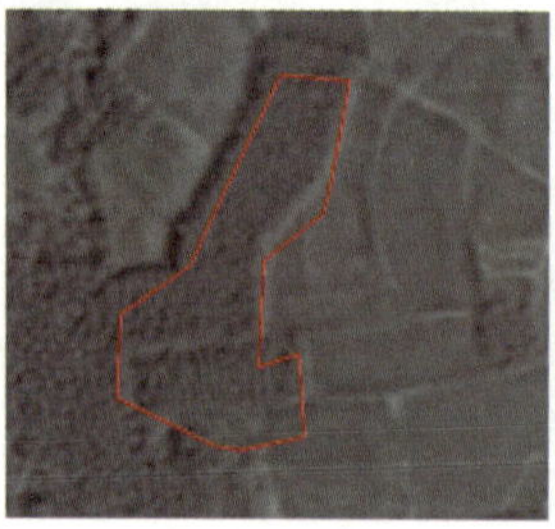		道路修建占用部分林地

续表

识别号	乡编号	小班号	地类	小班面积（公顷）	2016—2017 年影像	2018 年 12 月影像	备注
350	004	00097	0111	1.260	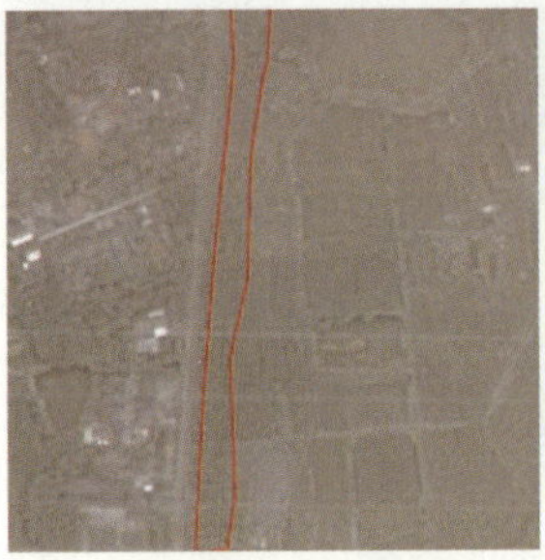		道路修建占用林地
378	004	00178	0111	0.840	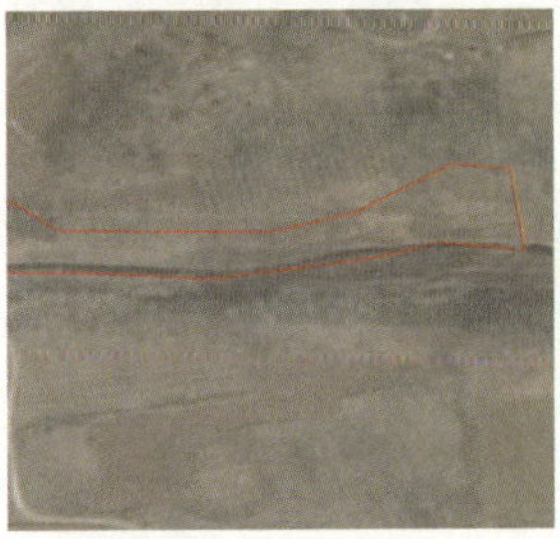	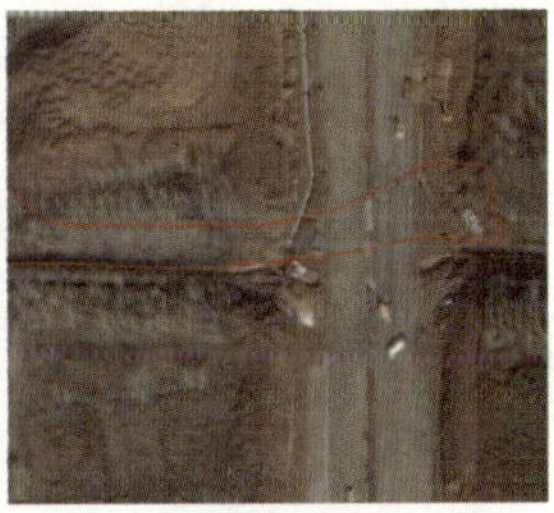	道路修建占用部分林地
382	004	00387	0111	0.810	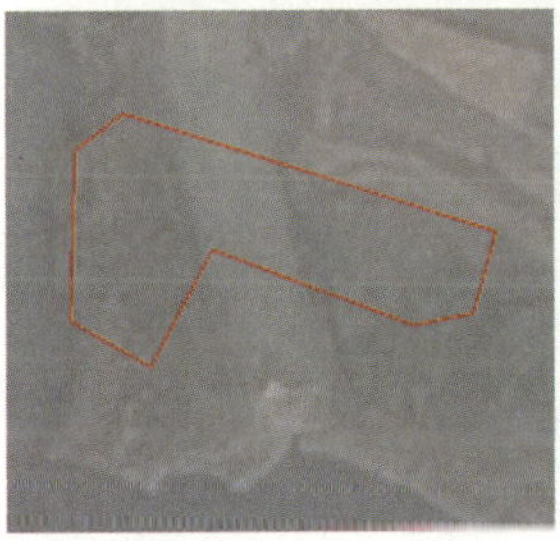	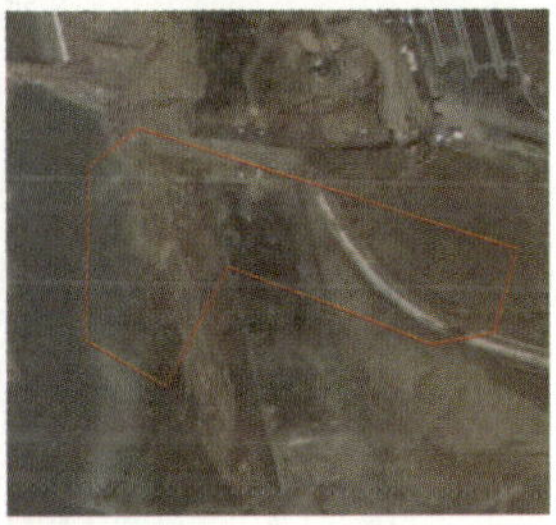	部分林地变为水域和小路
384	004	00384	0111	1.950	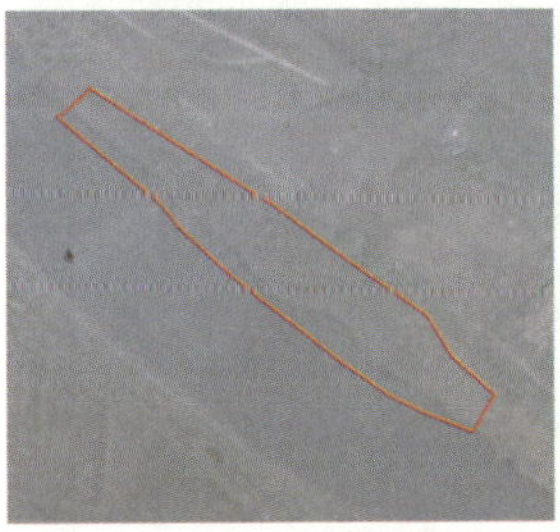		部分林地被伐，原因不详
460	001	00428	0111	0.640	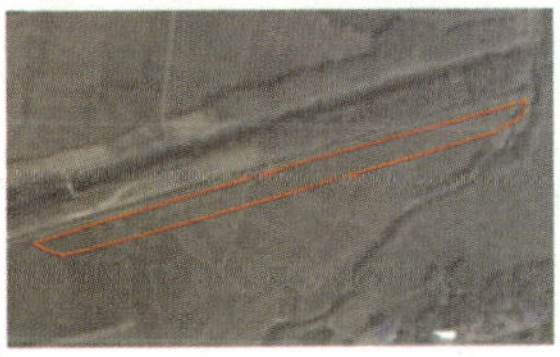	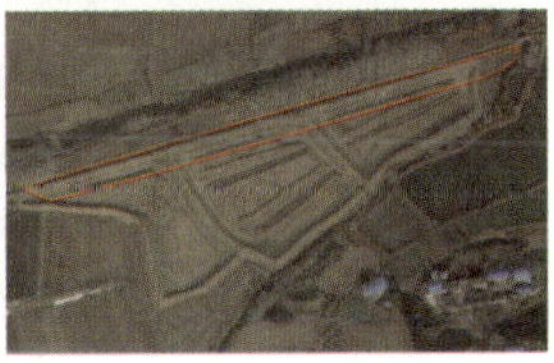	疑似耕地占用林地

续表

识别号	乡编号	小班号	地类	小班面积（公顷）	2016—2017 年影像	2018 年 12 月影像	备注
550	001	00083	0111	2.790	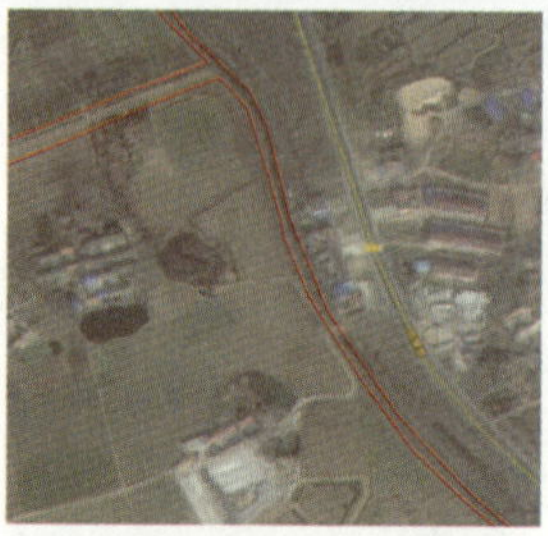		道路修建占用部分林地
551	001	00065	0111	0.310	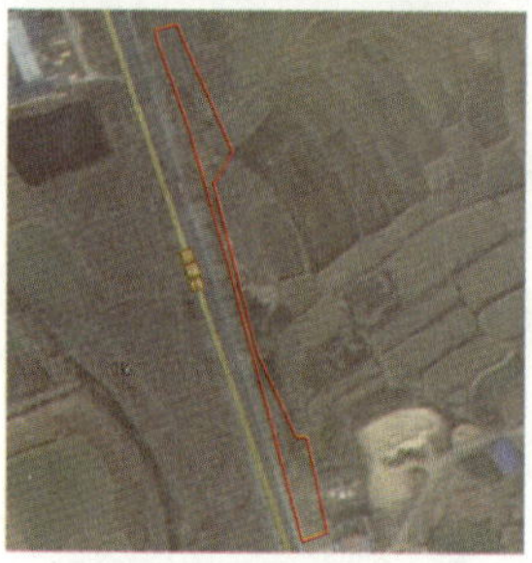		道路修建占用部分林地
594	001	00047	0111	9.280	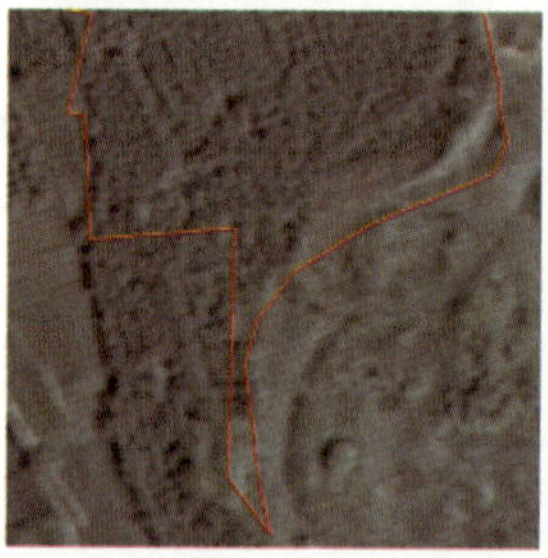	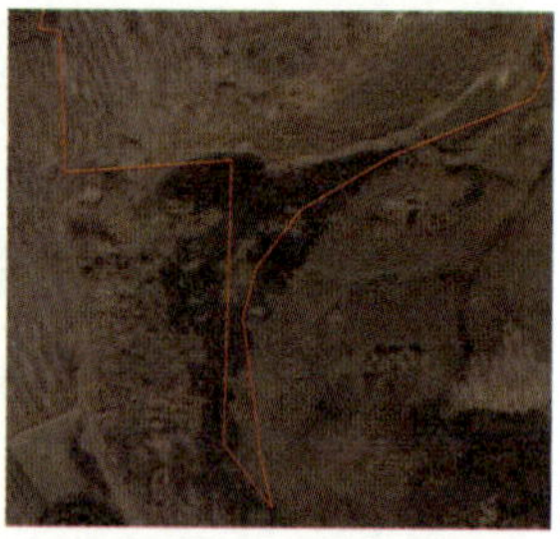	部分林地变为水域
620	004	00192	0111	0.400	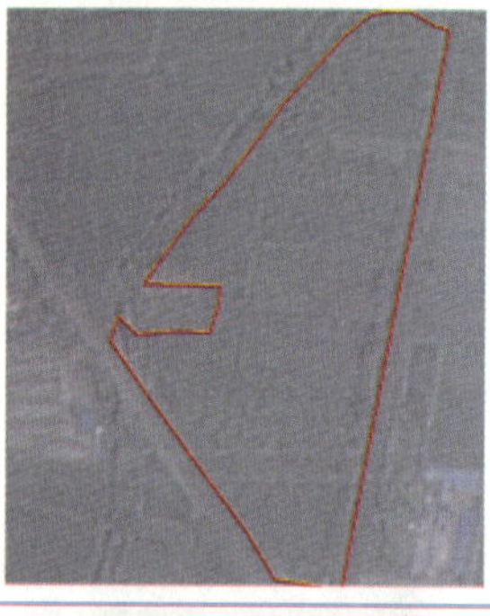		林地占用，原因不详
632	001	00010	0111	0.680	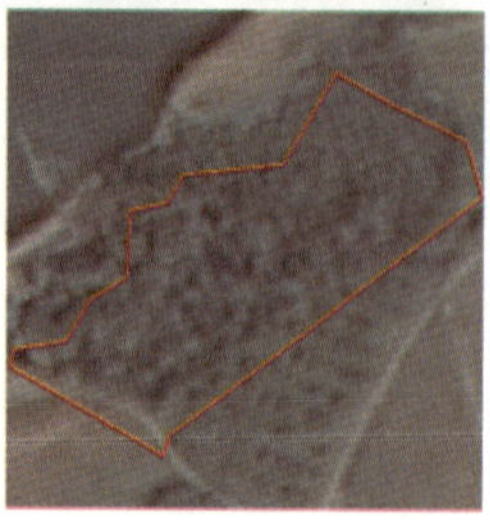		林地占用，原因不详

续表

识别号	乡编号	小班号	地类	小班面积（公顷）	2016—2017 年影像	2018 年 12 月影像	备注
639	004	00067	0111	1. 360			建筑修建占用部分林地
643	001	00196	0111	0. 330			道路修建占用部分林地
644	004	00337	0111	1. 000	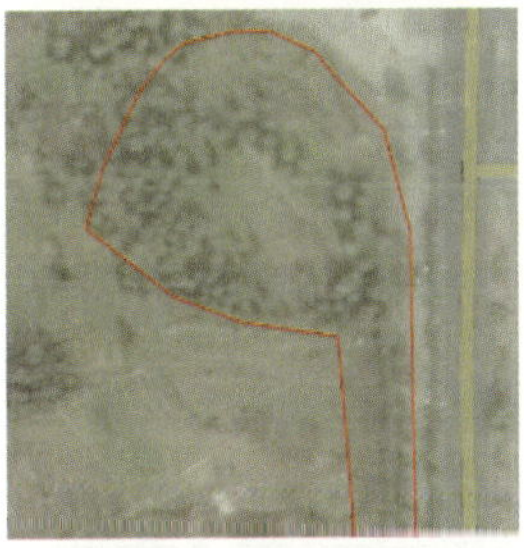		建筑修建占用部分林地
646	003	00009	0111	0. 740		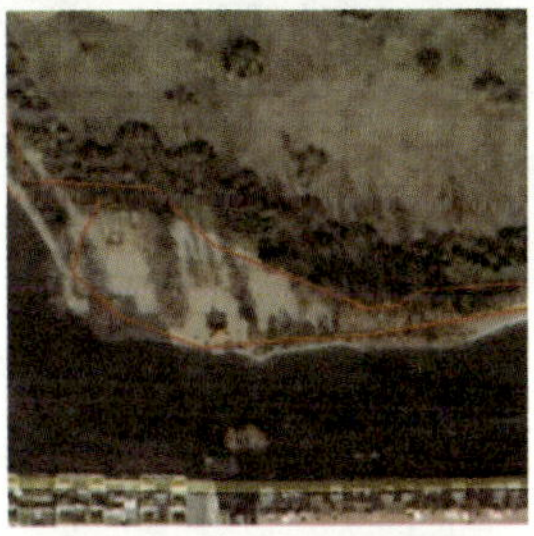	林地占用，原因不详
647	003	00011	0111	1. 140		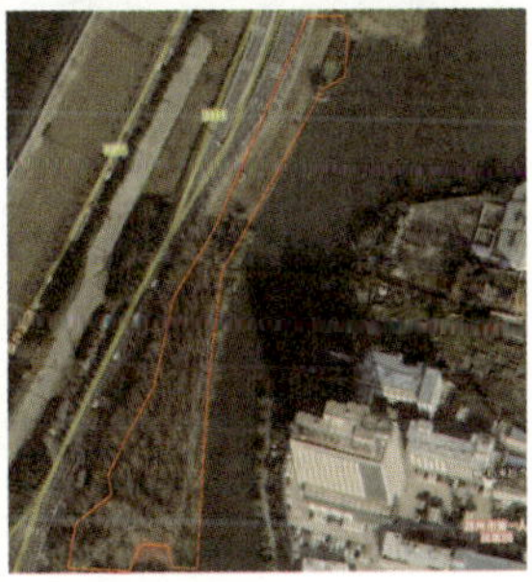	林地被伐，原因不详

5.5.2　林地变更高分遥感核查

林地变更监测是对林地利用状况、权属变化，以及各类森林经营活动、自然灾害损害、非森林经营活动等用地情况进行调查的活动。目的在于掌握林地利用现状及其消长变化情况，保持林地调查数据和林地数据库的真实性、准确性和时效性，以支撑林地保护管理和生态建设的需要。将卫星遥感监测和林业执法检查相结合，能有力地提高林业执法的精确度和精细度，使执法工作由被动变为主动，达到及时发现制止和查处各类涉及林地的违法行为的目的。

针对滁州市林业局提供的皇甫山区域林地变更图斑，利用 2016 年 1 月、2017 年 4 月、2018 年 6 月卫星遥感数据，开展变更图斑的林地类型和面积遥感监测核实工作。本次监测共核实图斑 57 个，总面积 92.44 公顷。监测结果如下：

1）通过对比图斑范围内的三期遥感数据，认为图斑内变化情况基本属实，但变更图斑存在部分漏划和多划情况；

2）经统计，多划图斑 3 个，多划面积 0.44 公顷，漏划图斑 4 个，漏划面积 4.37 公顷；

3）此次核查类型包括“工程建设”和“临时征占用地”两种类型，因“工程建设”而发生变化的图斑 2 个，待核查面积共计 26.42 公顷，实际监测面积 26.27 公顷；“临时征占用地”变化的图斑 5 个，待核查面积共计 66.01 公顷，实际监测面积 70.10 公顷。

4）对比 2017 年 4 月与 2018 年 6 月的卫星影像，发现 2018 年新增变化图斑 4 处，面积共计 5.86 公顷。

部分图斑在影像上的变化情况如图 5－7 所示。

图 5－7　工程建设用地示例

5.5.3　林地变化遥感监测

利用 2004—2017 年卫星遥感影像，基于 2012 年皇甫山林场森林经理二类调查数据，提取皇甫山林场林地信息，监测 2004 年、2012 年和 2017 年林业用地面积及其变化情况。监测结果显示：2004—2017 年，有林地、无立木林地、未成林造林地等地类变化显著。

其中，有林地呈现先减少后增加趋势，由 2004 年 3 235.73 公顷减少至 2012 年 3 178.63 公顷，2017 年增加至 3 251.10 公顷，无立木林地呈现先增加后减少趋势，由 2004 年的 137.50 公顷增加至 2012 年的 190.62 公顷，2017 年减少至 146.69 公顷。

5.5.3.1　2017 年各类土地面积

2017 年皇甫山林场林业用地总面积 3 535.16 公顷。在各类林业用地面积中，有林地面积最大达 3 251.10 公顷，占林业用地面积的 92%；无立木林地和未成林造林地面积次之，分别为 146.69 公顷和 109.99 公顷，辅助生产林地、苗圃地及灌木林地面积较小，分别为 19.78 公顷、3.93 公顷和 3.66 公顷（见表 5－5、图 5－8）。

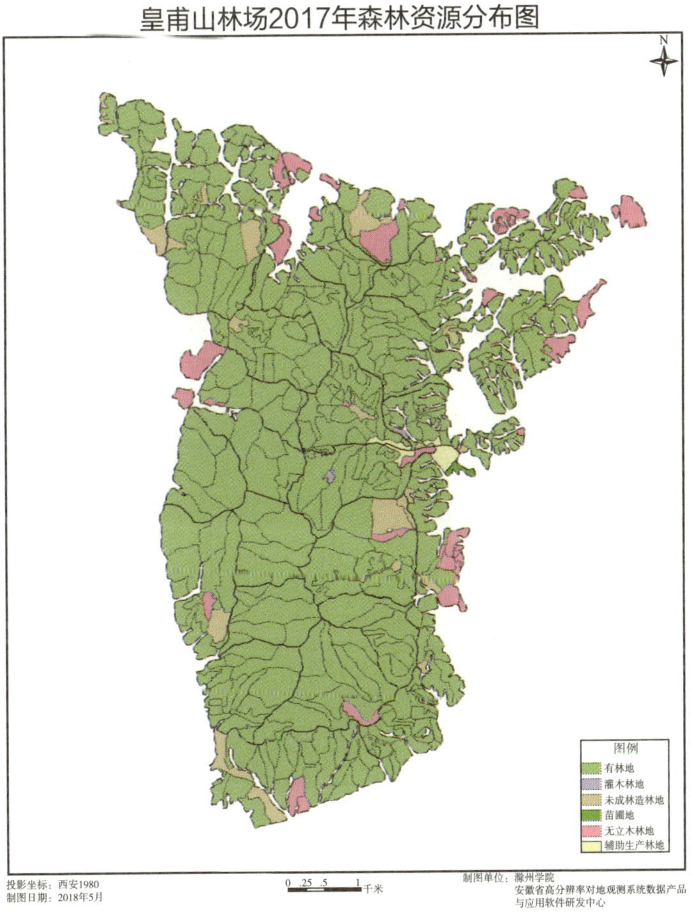

图 5－8　皇甫山林场 2017 年森林资源分布图

5.5.3.2　2004—2017 年林业用地变化分析

（1）总体变化

对比分析 2004—2017 年各地类面积，总体林业用地面积不变，除有林地、未成林造林地、无立木林地面积略有变化，其他地类面积变化较小，其中有林地和无立木林地面积分别增加 15.37 公顷和 9.19 公顷，未成林造林地面积减少 24.1 公顷。

2004—2017 年间该林场林业用地阶段性变化显著。例如，从 2004 年至 2012 年有林地面积共计减少 57.10 公顷，2012 年至 2017 年有林地面积增加 72.47 公顷（见表 5－5、图 5－9）。

表 5－5　皇甫山林场 2004 年、2012 年及 2017 年林业用地面积及变化表（单位：公顷）

年份	有林地	灌木林地	未成林造林地	苗圃地	无立木林地	辅助生产林地	总计
2004 年	3235.73	4.13	134.09	2.87	137.50	20.85	3535.16
2012 年	3178.63	4.47	137.73	3.93	190.62	19.78	3535.16
2017 年	3251.10	3.66	109.99	3.93	146.69	19.78	3535.16
2004—2012 年	－57.10	0.34	3.64	1.07	53.12	－1.07	0.00
2012—2017 年	72.47	－0.80	－27.74	0.00	－43.92	0.00	0.00
2004—2017 年	15.37	－0.47	－24.1	1.06	9.19	－1.07	0.00

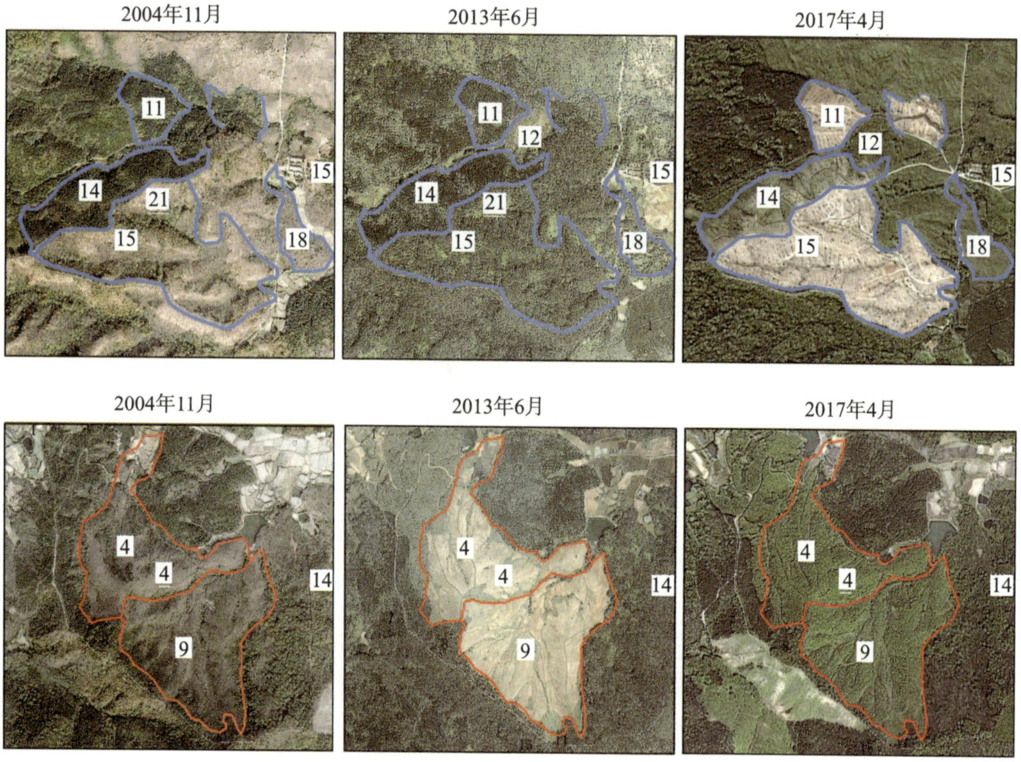

图 5－9　林业用地面积变化卫星影像图

无立木林地和未成林造林地变化幅度次之，2004 年至 2012 年分别增长 53.12 公顷和 3.64 公顷，2012 至 2017 年分别减少 43.92 公顷和 27.74 公顷（见图 5－10）。

（2）2004—2012 年林业用地变化

2004—2012 年，有林地和辅助生产林地面积明显减少，有林地减少面积最大，为

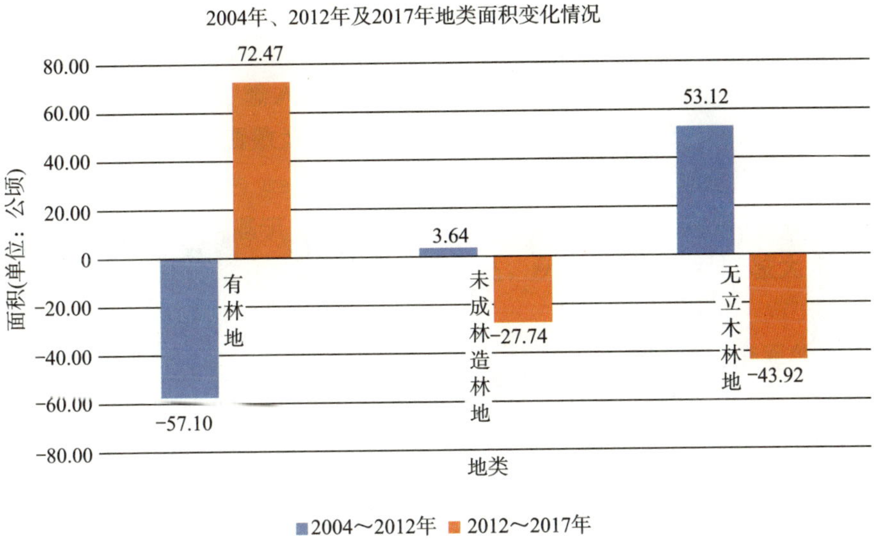

图 5-10　林业用地阶段性变化图

57.10 公顷。其他地类面积为增加趋势，其中无立木林地增加最多，为 53.12 公顷。

从 2004 年至 2012 年，有林地面积变化最大，其次是无立木林地和未成林造林地。有林地变化面积为 182.61 公顷，由有林地转变为未成林造林地和无立木林地，面积分别为 94.11 公顷和 88.50 公顷；位于 1、4、7、22、29 等 16 个林班。未成林造林地变化面积为 90.83 公顷，由未成林造林地转变为有林地和无立木林地，面积分别为 71.99 公顷和 18.84 公顷，位于 9、11、21、28 等 11 个林班。

(3) 2012—2017 年林业用地变化

2012—2017 年，有林地面积明显增加，达 72.47 公顷；未成林造林地、无立木林地面积呈减少趋势，其中无立木林地减少最多，达 43.92 公顷，未成林造林地减少 27.74 公顷。

2012 年至 2017 年，有林地转变为未成林造林地和无立木林地分别为 88.38 公顷和 99.75 公顷，主要位于 2、11、18、21、29 等 15 个林班。共计 255.78 公顷未成林造林地和无立木林地转变为有林地，面积分别为 133.67 公顷和 122.11 公顷，主要位于 9、11、21、28 等 11 个林班。

5.5.4　林区内基本建设监测

琅琊山位于滁州市西郊，从古以来一直是皖东有名的历史胜境，现为国家 AAAA 级旅游景区，是首批国家林业局确定的国家森林公园。

自 2017 年开始修建琅琊阁，并开始从西涧路与花山西路交叉处向西，往琅琊阁方向修建道路和相关建筑房屋。以下是从 2015 年至 2018 年施工区域道路和房屋建筑的变化监测情况。

(1) 区域整体道路房屋建设

卫星图像显示，道路房屋从2015年1月至2018年12月经历了从无到有的建设过程，主要可分为两个阶段。第一阶段从2015年1月之前至2017年5月，此时间段内本区域无明显人工修建的痕迹，只有通往山林的小路，人员通行不便，详见图5-11～图5-13。

图5-11 2015年1月区域整体卫星影像

图5-12 2017年3月区域整体卫星影像

第二阶段从2017年5月以后至2018年12月，该区域道路条件明显改善，卫星图像显示，在第一阶段小路的基础上，肉眼清晰可见大路的出现，通行条件明显改善。从2018年7月影像中可以测量出已修道路的宽平均约为4.2 m，已修道路长约为3.2 km，房屋建筑修建6个（见图5-14中红框部分）。2018年12月已修道路的宽平均约4.2 m，已修道路长约为5 km，房屋建筑修建15个（见图5-15中红框部分）。

图 5-13　2017 年 5 月区域整体卫星影像

图 5-14　2018 年 7 月区域整体卫星影像

图 5-15　2018 年 12 月区域整体卫星影像

(2) 局部区域建设

卫星图像显示，房屋设施建设进程与道路建设进程基本同步，可分为两个阶段，在第一阶段时间范围内，道路连接的山下和山顶部分，建筑物均较少，山下部分建筑主体为一处简易平房，山顶部分主要为一座塔寺和几间简易平房。2018 年 7 月后，山下部分的平房拆除，并在原址新建一栋楼房，同时新建了停车场等设施，山上部分同样对原有平房进行拆除，新建了楼房，修建了琅琊阁，详见图 5－16 和图 5－17。

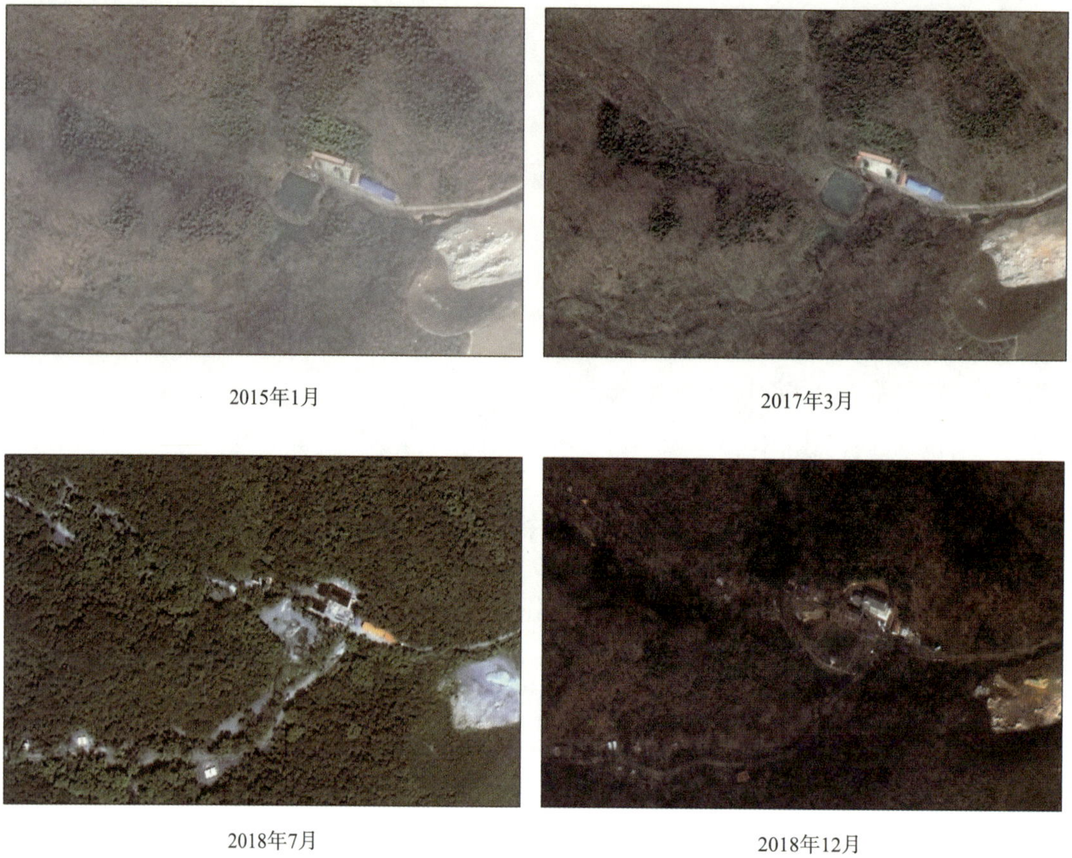

图 5－16　山下部分建设情况

卫星图像显示，2015 年 1 月和 2017 年 3 月，中下段区域为山间小道，无建筑物。2018 年 7 月和 2018 年 12 月，随着工程的实施，道路开始修建，路旁的零星建筑也出现了，在原来无道路建筑物区域，修建了道路和建筑设施，详见图 5－18。

卫星图像显示，2015 年 1 月和 2017 年 3 月，中上段区域为山间小道，无建筑物。2018 年 7 月和 2018 年 12 月，随着道路的修建，道路周边房屋设施建设也同步进行，在原来无建筑物区域，新建了房屋设施，详见图 5－19。

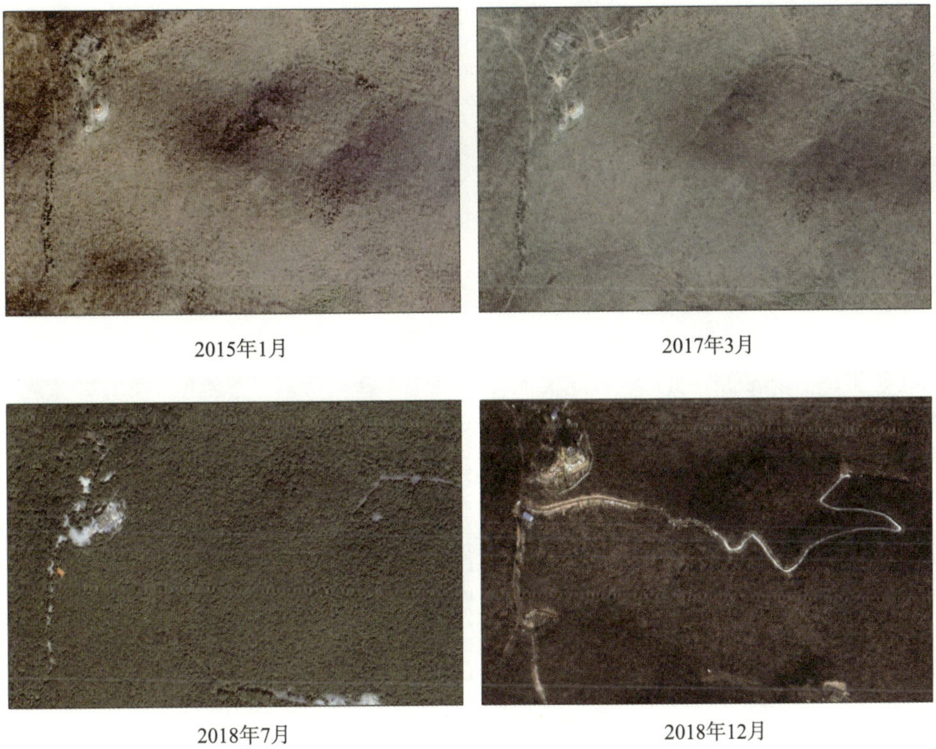

图 5-17　山上部分建设情况

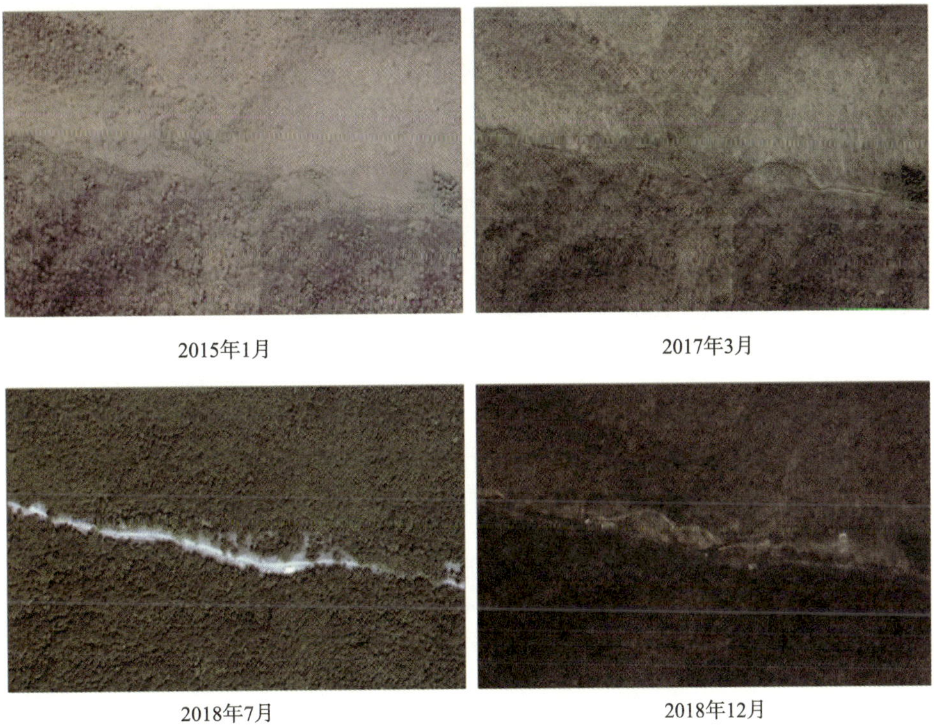

图 5-18　中下段道路及周边房屋建设情况

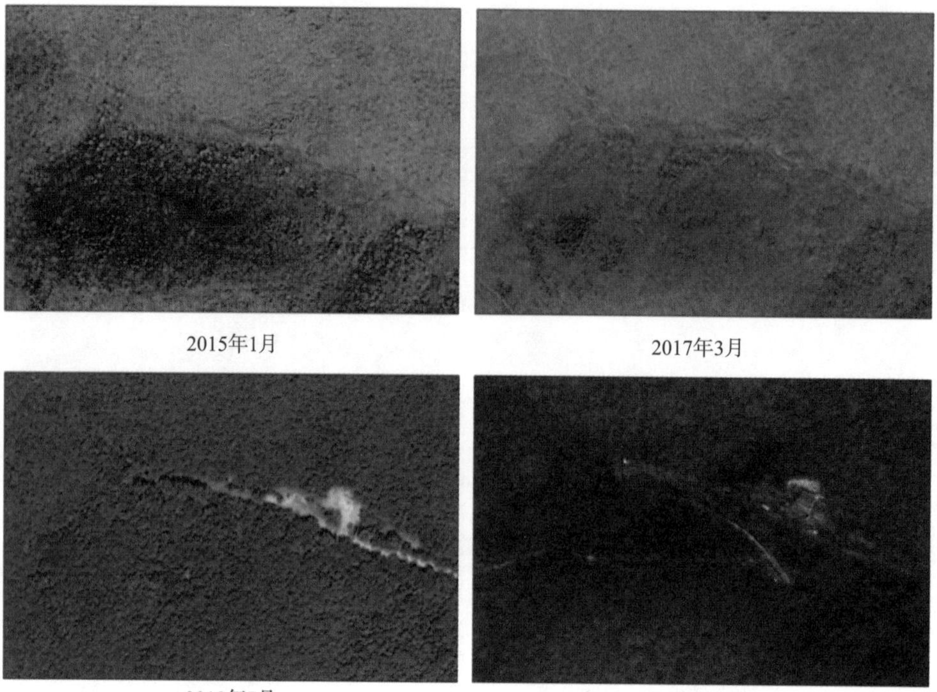

2015年1月　2017年3月

2018年7月　2018年12月

图 5-19　中上段道路及周边房屋建设情况

第 6 章　基于高分六号卫星数据的绿地信息提取

本章选用基于面向对象图像分割的 SVM 方法提取城市绿地信息。基于高分六号卫星数据进行图像预处理并提取植被指数和水体指数，利用分割算法对预处理后影像进行多尺度面向对象分割，基于支持向量机算法对分割结果进行识别分类，利用水体指数和聚类分析对识别结果进行分类后处理，去除阴影对绿地提取的影响，最后基于混淆矩阵对识别结果进行精度验证。技术流程见图 6-1。

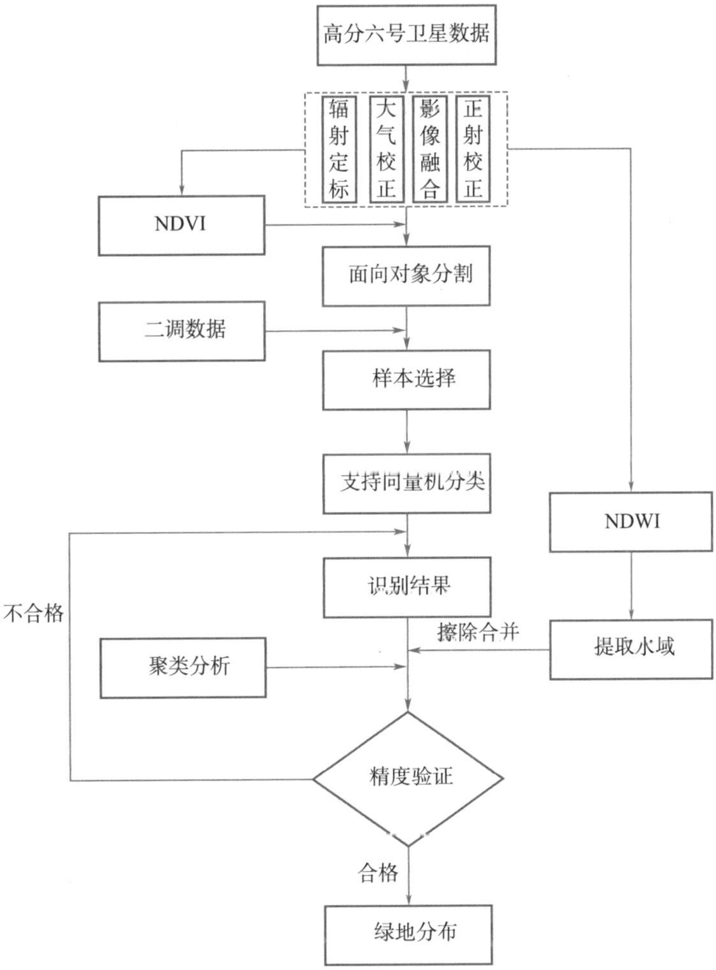

图 6-1　技术流程图

6.1　高分六号卫星数据预处理

对高分六号卫星数据预处理包括：将 *DN* 值转换为表征辐射亮度，去除部分传感器造成误差的辐射定标；去除大气影响，将表征辐射亮度转换为地物真实反射率的大气校正；消除传感器自身姿态、地球曲率、地形起伏等因素引起的几何畸变的正射校正；能够保留低空间分辨率波段影像光谱信息的同时提高影像的空间分辨率，发挥影像光谱和空间优势的影像融合。大气校正前后对比见图 6-2。

(a) 大气校正前　　(b) 大气校正后

图 6-2　大气校正前后对比

本研究中辐射定标参数来源于资源卫星应用中心；大气校正使用 6S 模型，模型所需气溶胶厚度等参数均是由 NASA 公开的 10 年气溶胶参数计算得到；正射校正使用的几何参数从数据自带的 RPC 文件中自动获取，DEM 空间分辨率为 30 m，影像校正精度控制在 1 个像元以内；融合算法使用由美国罗彻斯特理工学院（RIT）提出的 NNDiffuse Pan Sharpening 算法。影像融合前后对比见图 6-3。

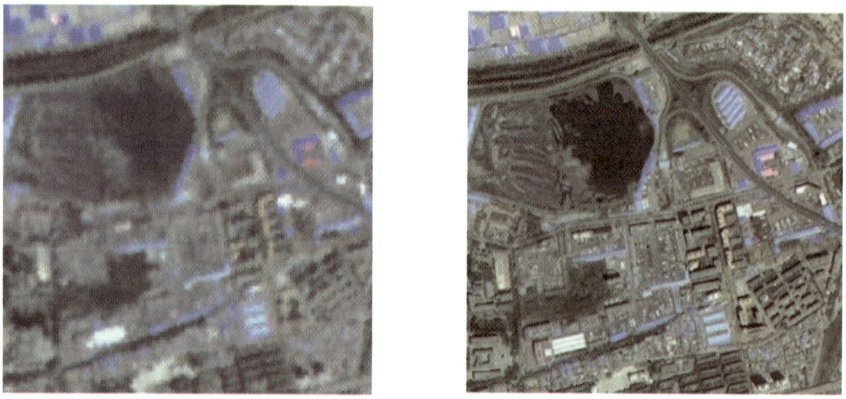

(a) 整合前　　(b) 整合后

图 6-3　影像融合前后对比

6.2　基于 SVM 的绿地信息提取

6.2.1　基于图像分割的样本集构建

近年来，遥感图像的空间分辨率得到了很大的提高，使图像的纹理、几何形状更加清晰、细致，但也使地物对应的图像更加复杂，对于如何从这些高空间分辨率图像提取有意义的信息存在不少挑战。基于地理对象的图像分析（Geographic Object - Based Image Analysis，GEOBIA）或称为基于对象的图像分析（Object - Based Image Analysis，OBIA）作为高空间分辨率遥感图像分析的有效方法，建立了高空间分辨率遥感图像与 GIS 的桥梁，近年在遥感中得到快速的发展。图像分割是 GEOBIA 的首要和关键步骤，直接影响后续分析或分类的精度。

图像分割是指将图像划分成若干个互不重叠的小区域，小区域内的像素在某种意义下具有共同属性。若 X 为图像像素集合，R 为选定区域特征一致性准则，图像分割就是依据 R 将 X 划分成多个子集 $\{X_1, X_2, \cdots, X_n\}$，这些子集满足以下五个条件：

1）$X=\sum_{i=1}^{n} X_i$；

2）$\forall i=1, 2, \cdots, n$，$X_i$ 是一个连通的区域；

3）若 $i \neq j$，$X_i \cap X_j=\varnothing$；

4）对所有子集 X_i，$R(X_i)=\text{true}$，即分割区域中的像素具有某种相似性；

5）若 $i \neq j$，且 X_i 与 X_j 相邻，则 $R(X_i \cup X_j)=\text{false}$，即分割结束，相邻区域中的像素具有某种相异性。

从上述条件可知，图像分割是将像素划分到指定的区域中，划分后的区域互不重叠。同一区域的像素具有某种相似性（或称一致性、同质性），而相邻区域具有某种相异性（或称分离性、异质性）。

图像分割，据不完全统计，到目前为止至少发展了超过 1 000 多种的分割方法。最初主要用于工业图像处理，并未被用于遥感图像处理。由于遥感图像具有多个光谱波段，且反映的地理景观对象复杂多变、具有多尺度特性，对算法的复杂性与适应性提出更高的要求，大多数的分割算法不能直接用于遥感图像的分割。直到 20 世纪八九十年代，图像分割技术才开始被用于地理空间应用。在过去的几年里，国内外众多学者对遥感图像分割技术进行了广泛的研究，许多适用于遥感图像分割的算法被相继提出。这些算法的解决方案主要集中在对原有方法进行改进，或者引入新的方法、理论或将多种有效方法进行有机结合。

区域生长方法可以结合多种特征，它首先选取一定数量的种子像素点并定义合并差异度或相似度准则，然后通过区域生长方法实现图像分割。该算法常将分割结果中斑块的平均面积或者差异度阈值定义为其分割尺度参数，通过控制不同尺度参数的阈值，实现不同尺度的分割。这一方法自提出来后，就被应用于遥感图像的研究中。后来有学者将多种特征引入该方法中，首先利用梯度信息选取种子点，然后综合利用光谱信息、全局形状信息为区域生长准则实现区域增长，Hay 等也提出基于区域增长的多尺度分割算法，该算法主要包括三个步骤：具体对象分析；具体对象大尺度变换；基于面积约束的区域增长或者基于标记的分水岭变换。

6.2.1.1 区域生长方法分析

区域生长（也称区域增长）图像分割方法以某一种子像素或区域（图像对象）为基础，通过不断合并相邻像素或区域，实现两两区域归并，是一种自底向上图像分割方法。区域生长时判断其归并前后区域的某种异质性差异是否超过设定的阈值或者判断生长后的对象的均质性是否满足设定的阈值，若超过阈值则终止生长。其基本思想和实现过程可以归纳为以下四个步骤：

1）选定种子点：根据分割图像的某些特征（如灰度、颜色等）确定某种准则自动选定种子点，或使用交互式人为选定或随机选定一个或多个种子点。

2）确定生长准则：根据待分割图像的灰度（颜色或光谱）、纹理、矩等特征，确定对象间的均质性或异质性测度。

3）区域生长：根据相似性准则与生长策略，将与种子点相邻的对象归并。

4）终止生长：根据某种特征确定终止条件，满足条件即结束区域生长过程。

区域生长图像分割方法中种子点的选取、均质性（或异质性）测度、生长策略与终止条件直接影响区域生长图像分割效率与质量，也是设计不同区域生长图像分割算法主要考虑的因素。

6.2.1.1.1 种子点选取

根据分割图像的某些特征（如灰度、颜色等）确定某种准则，自动或人工交互式选定区域生长的起始点（像素）。作为种子点的像素，必须满足以下几个条件：种子像素与其邻接像素具有高度相似性；每个区域至少由一个种子点生长生成；不同区域的种子点不能相邻；种子点应落在区域中间，而不能选择在区域的边缘。

朱俊杰等（2014）采用将分割图像生成梯度图像，选择梯度值比较小的像素点作为种子点进行区域生长，保证种子点不落在图像对象边缘，使区域生长的结果内部均质性较好。邓富亮等（2014）通过比较像素与其 3×3 邻域像素的光谱角相似性及欧氏范数比值进行种子点选取。

6.2.1.1.2 异质性测度

异质性主要是依据图像的某些特征，计算图像中不同区域的某一特征值或特征值组合的差异性，作为区域合并的准则。遥感图像中所反映的地物或地表景观具有光谱、纹理、形状、尺度、边缘等多种特征，同时，由于不同遥感图像的时空差异，导致遥感图像中的图像对象复杂、多变，为了能够较准确分割出图像中的对象，使之与地物或地表景观对象尽量保持一致，遥感图像的图像分割算法常需要用到图像的多种特征，作为评判对象内部均质性或对象间异质性的准则。

Ramos 等（1997）认为对象或区域间对比明显的边缘、区域内部的均质性和图像的纹理是图像认知的三个基本特征，并通过心理学测试，认为这三种特征对图像认识的贡献由强到弱的顺序为区域间对比明显的边缘、区域内部的均质性、图像的纹理，图像的分析与理解的研究与应用基本是围绕这三个基本特征展开。

（1）光谱特征测度

遥感图像各波段记录的灰度信息是地物反射或发射的电磁波能量，是地物光谱的反映。地物的纹理、形状、边缘等特征是光谱特征的间接反映。因此，遥感图像的光谱特征是图像分割所依据的基本特征。常用于图像分割的光谱特征见表 6-1。

表 6-1　常用的光谱特征

特征	计算方式	特征	计算方式
区域 L 波段均值	$\bar{C}_L = \left(\sum_{i=1}^{n} C_{Li}\right)/n$	区域 L 波段标准差	$\sigma_L = \sqrt{\frac{1}{n-1} \cdot \sum_{i=1}^{n} (C_{Li} - \bar{C}_L)^2}$
区域平均亮度值	$b = \left(\sum_{L=1}^{n_L} \bar{C}_L\right)/n_L$	区域亮度最大差比	$md = (\max V - \min V)/b$

注：n 为区域像素数量；C_{Li} 为区域在图像第 L 波段第 i 个像素值；n_L 为波段数；$\max V$ 为图像区域亮度最大值；$\min V$ 为图像区域亮度最小值。

（2）几何特征测度

高分辨率遥感图像中地物几何形状比较清晰，特别是人工地物的几何形状具有明显的特征，例如建筑物边界及形状相对规整、道路长宽比较大等。对于一些自然地物也有明显的几何形状特征，例如不同树种的独立树，具有不同的树冠轮廓。由于遥感图像中同物异谱、同谱异物等现象的存在，仅仅依据光谱信息难以将一些不同的地物分割或识别出来，例如，对于河流和湖泊，其光谱特征往往非常相似，从几何形状特征就可以将其较好的区别开来。常用于图像分析的几何特征见表 6-2。

表 6-2　常用的几何特征

特征	计算方式	特征	计算方式
区域紧凑性	$c = n \cdot \frac{l}{\sqrt{n}}$	面积	$a = n \cdot \mathrm{Pix}A$
区域光滑度	$s = n \cdot \frac{l}{b}$	形状指数	$sh = \frac{l}{4 \cdot \sqrt{a}}$

注：n 指区域的像素数量；l 指区域的周长；b 指区域外接矩形的周长；$\mathrm{Pix}A$ 为一个像素对应的面积。

（3）纹理特征测度

纹理特征不是图像分割能够直接利用的特征，只有将原始图像转换为纹理特征图像，再根据纹理图像的区域或边缘特征，利用基于区域或边缘的图像分割方法加以分割。在计算机视觉、计算机图形学、遥感图像解译等领域，国内外学者在纹理特征提取与分析领域进行广泛而深入的研究，提出百余种纹理特征的提取方法。这些方法大致可以分为四类：结构分析方法、统计方法、基于纹理模型的方法和数学变换（信号处理）方法。其中，Haralick 等提出基于二阶灰度级统计量的灰度共生矩阵 GLCM（gray level co-occurrence matrix）的一组纹理特征，可反映像素间的空间依赖性，该方法可以基于移动窗口生成纹理特征图像参与图像分割，或直接基于初始分割对象计算对象的灰度共生矩阵纹理特征值。因此，广泛应用于多光谱图像分割与分类中。关于 GLCM 纹理特征提取与分析在第三章有较详细的阐述。

（4）区域生长图像分割方法常用多特征作为异质性/均质性测度

基于区域的图像分割方法主要依据图像的光谱、纹理、几何等特征，来度量分割区域的均质性或异质性，决定区域生长或停止生长。为了能够较准确分割出图像中的对象，使之与地物/地表景观对象或其中的一部分尽量保持一致，遥感图像的图像分割算法常需要用到图像的多种特征，并计算一个综合测度作为评判对象内部均质性或对象间异质性的准则。

Baatz 和 Schäpe（2000）提出的多分辨率图像分割算法中利用光谱标准差与形状特征，通过加权得到综合异质性测度。其中形状特征利用区域的光滑性与紧凑性两种子特征来表征；张学良等（2012）通过引入光谱（多光谱特征向量方差及邻接区域的多光谱特征向量均值差）、形状（面积、紧凑度、质心距离）和边缘强度等图像特征，通过对特征进行标准化，并以相乘的方式组合各特征，作为区域合并条件，提出基于图像内容层次表征的遥感图像分割方法。

6.2.1.1.3　区域生长策略

基于区域生长的图像分割方法，除了需要异质性测度提供判断区域内部或区域间的差异性表征外，还需生长策略（或称合并策略）来控制区域生长的顺序与方向，即需要有一种策略或方法，找出与种子区域合并的邻接区域。区域生长策略直接影响图像分割的结果与效率。对于特定的种子区域，可以有不同的生长策略找出与其合并的区域。根据约束条件差异，可将区域生长策略分为以下四种。

（1）随机生长策略

将对象 A 与对象 B 合并，只要对象 B 与 A 合并后的新对象满足均质性条件，且与对象 A 相邻，如果有 n 个对象符合条件（$n>1$），从中任意选择一个对象进行合并，或者与 A 相邻的对象中，第一个满足条件的对象进行合并。

随机生长策略可以选择多个种子点并行生长，图像分割效率高，但生长方向随意性较大，且受种子点（对象）选择的影响，图像分割结果难以重复，而且容易受局部极值点的影响。

（2）局部最优生长策略

与种子对象 A 相邻的对象中有 n 个对象满足与 A 合并的均质性条件，从中选取均质性最好的对象 B 与对象 A 合并。

局部最优生长策略亦可选择多个种子点并行生长，图像分割效率高，且对特定的种子点其生长方向明确，但种子点（对象）选择的差异，分割结果也会有较大差异，而且容易受局部极值点的影响。

（3）局部相互最优生长策略

与种子对象A相邻的n个满足与A合并的最优合并对象为B，B的最优合并对象为C，如果A与C为相同对象，则A、B为相互最优合并对象，将其合并。如果不满足相互最优，将对象B作为种子对象，继续搜寻局部相互最优的两个对象进行合并。

局部相互最优生长策略亦可选择多个种子点并行生长，图像分割效率高，且对特定的种子点其生长方向明确，种子点选择的差异对分割结果影响相对较小。

（4）全局相互最优生长策略

整景待合并的图像对象中，有m对图像对象满足局部相互最优合并条件，这m对图像对象为候选合并图像对集合，从中选出合并后异质性变化最小或均质性最好的1对对象进行合并，候选合并图像对集合元素减一；继续判断合并后的对象是否存在局部相互最优对象，如果存在，加入候选合并图像对集合，继续判断。

全局相互最优生长策略每次循环只合并全局相互最优的一对对象，分割结果稳定；但由于每次循环只合并一对对象，只能进行串行区域生长，效率低，而且对于纹理粗糙程度差异较大的区域，造成对象大小生长失衡，即纹理较粗糙的区域分割出的对象较细，纹理较光滑的区域分割的对象较大。

6.2.1.1.4 终止条件

区域生长或合并的终止条件一般是根据生长的异质性（或相似性）测度的阈值或者区域的面积阈值来设定终止条件。Sant等（1996）提出的针对遥感图像的区域生长算法，采用设置光谱均值的欧氏距离阈值作为生长的终止条件；Baatz和Schäpe（2000）提出基于区域生长与合并的多分辨率图像分割算法，采用通过设置反映区域虚拟合并前后异质性测度（光谱与形状综合测度）变化量的阈值（尺度参数）来控制区域生长的条件；张学良等（2011）提出的基于改进区域邻接图的遥感图像多尺度快速分割方法中，设置区域允许最大标准差和区域允许最大面积两个阈值参数为区域合并的终止条件。通常通过设置终止条件的不同阈值大小，可以得到不同尺度的图像分割结果。

6.2.1.2 分割方法构建

首先利用区域生长方法，根据选择的种子点及局部最优的生长策略进行图像的初始分割，在初始分割的结果上构建区域邻接图，在此基础上以局部相互最优的策略进行区域合并。设置不同的相似性阈值，可获取多尺度分割结果。总体流程如图6-4所示。

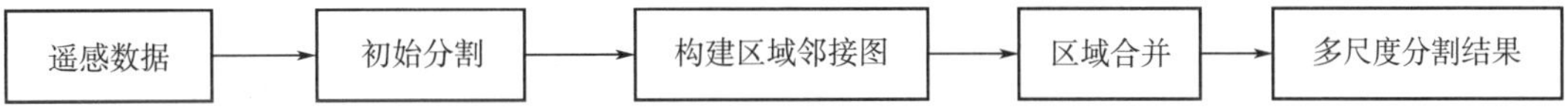

图6-4 图像分割方法总体流程

（1）初始分割

初始分割采用局部最优的区域生长，从像素开始生长，选取种子像素，将与种子像素或区域最相似的邻接像素进行生长，当相似度值大于阈值时终止该种子区域生长，进行下一个种子像素生长。当所选种子像素全部生长结束，判断是否存在未被生长的单像素，如果存在，对这些像素按照从左到右、从上到下的顺序进行局部最优区域生长，直到不存在单像素，获得初始分割结果。

为了减小种子点选取时局部噪声的影响，对参与分割的遥感图像各波段进行中值滤波。对滤波后图像进行种子点选取，种子点的选取方法为：将各波段以 3×3 移动窗口计算均值与方差图像，利用方差图像与均值图像生成比值图像，根据 $\mathrm{Max}((Std/M)i \mid i=1,2,\cdots,n)$ 将各波段的比值图像生成单波段的最大比值波段（其中 n 为波段数），选取最大比值波段中数值从小到大的前 5%像素为种子点。

初始分割得到的区域要求具有较高的均质性，允许存在过分割，在后续的区域合并处理中可将过分割区域合并，但不能出现欠分割现象。而且初始分割结果的区域形状等特征可不做限定。为此，在初始分割时，区域生长的相似性测度仅考虑光谱特征，利用参与合并的两个区域（像素也当成一个特殊的区域）的光谱均值差值绝对值 ASD 为相似性测度，差值小相似性高，计算方式见式（6-1）。式中，n 为波段数，p_i 为第 i 波段的权重，M_i 为种子区域第 i 波段均值，V_i 为邻接区域（像素）的第 i 波段均值。

$$ASD=\sum_{i=1}^{n} p_i \cdot |M_i - V_i| / \sum_{i=1}^{n} p_i \qquad (6-1)$$

（2）区域邻接图构建

图像的区域对象空间关系可以用区域邻接图（Region Adjacency Graph，RAG）来表达（Saarinen，1994；Trémeau，Colantoni，2000；张学良，等，2011；巫兆聪，等，2013），然后利用区域邻接图可进行图像对象的有效处理。在利用区域生长分割算法获得初始分割的结果上构建区域邻接图，图中每个节点代表一个区域对象，每条弧段连接两个相邻节点，表示两个相邻区域对象间的邻接关系，如图 6-5。区域邻接图定义为：$G=(V,E)$，其中 V_i 为代表区域的节点，E_{ij} 为代表具有邻接关系的区域 i 与 j 生成的弧段。一般为无向有权图，弧段的权值为两相邻区域的相似度。为了用区域邻接图表示不同区域之间的邻接关系，通过建立节点数组与弧段数组来表示区域邻接图中的节点与弧段，其数据结构如下：

```
节点数据结构
Struct node{intlinkedArcs[];//存储节点邻接的弧段号
          float nodeFeatures[];//存储区域特征
          point nodeCompose[];//存储组成区域的像素
          }
弧段数据结构
Struct arc{intadjacentNodes[2];//存储弧段邻接的节点号
        float weight;//存储弧段权重,根据合并准则计算的相似度
        }
```

以图 6-5 表示的初始分割结果为例，说明区域合并时邻接图的更新过程。假设区域 3 和 4 为满足合并条件的待合并区域，按最小生成树的合并方式将 4 合并到 3，生成新的区

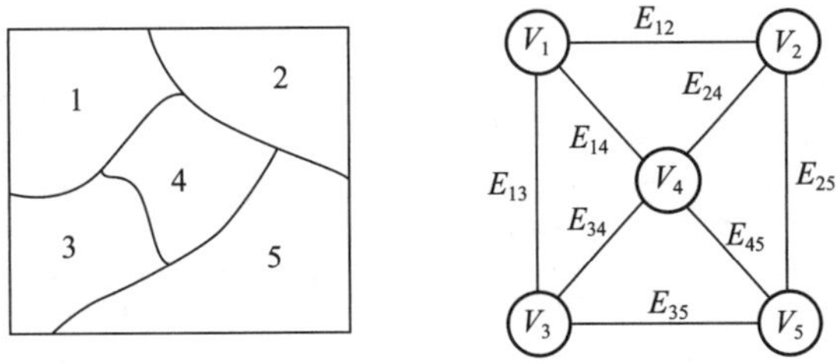

(a) 初始分割结果区域　　(b) 初始结果区域邻接图

图 6－5　初始分割结果及其对应的区域邻接图（改自肖鹏峰，等，2012）

域邻接图，如图 6－6。更新区域邻接图的节点与弧段数据：将 4 号节点存储的像素合并到 3 号节点，更新 3 号节点的区域特征与邻接弧段号信息（删除 E_{34} 弧段号，增加 E_{23} 弧段号），删除弧段 E_{34}，更新弧段 E_{13}、E_{23}、E_{35} 的信息。该过程持续进行，直到没有满足合并条件为止。

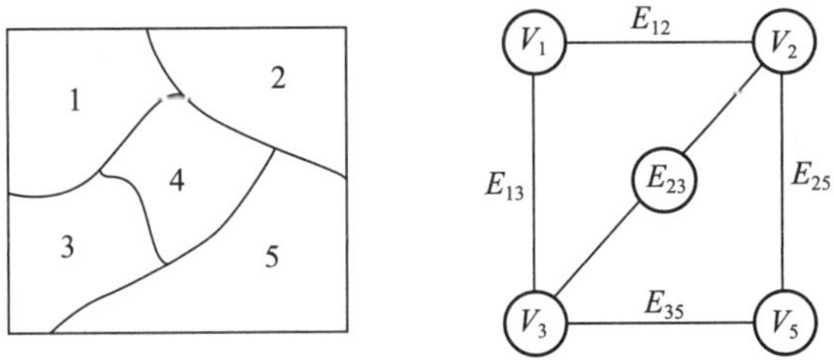

(a) 合并后区域　　(b) 合并后的区域邻接图

图 6－6　区域合并及其对应的区域邻接图

（3）区域合并

区域邻接中的权重记录了邻接区域之间的相似性或异质性。进行初始分割后，后续分割以初始分割得到的区域为基础进行区域合并，本章的区域合并采用局部相互最优的合并策略，合并过程如图 6－7 所示。

基于区域合并技术的图像分割方法，可以从区域中获取光谱、纹理、形状、结构及边缘等特征作为相似性的测度，为了提高分割的效果，这些特征已经被广泛用于遥感图像的分割（Santet al.，1996；Baatz，Schäpe，2000；Benzet al.，2004；Zhanget al.，2013；巫兆聪，等，2013）。

根据 Haralick 和 Shapiro（1985）提出的最优分割结果的准则：区域内部均质性高；区域之间异质性高；分割结果的边界简洁。区域的灰度特征标准差可以反映区域内部的均质性，标准差大，均质性低；区域边界紧凑度与光滑度可以反映分割结果边界的简洁性；同时为了考虑区域大小的影响，引入区域大小的几何参数。为此，采用与 Baatz 和 Schäpe（2000）提出的类似的方法，即用区域虚拟合并前后的灰度特征标准差变化量、形状变化量（紧凑度变化量、光滑度变化量）和区域大小来度量区域之间的相似性。

合并前后区域的灰度特征标准差变化量 ΔStd 定义如式（6－2）。式中，n 为波段数，p_i 为第 i 波段的权重，a_m 和 Std_{mi} 为合并后的区域大小和第 i 波段的标准差，a_1 和 a_2 为合

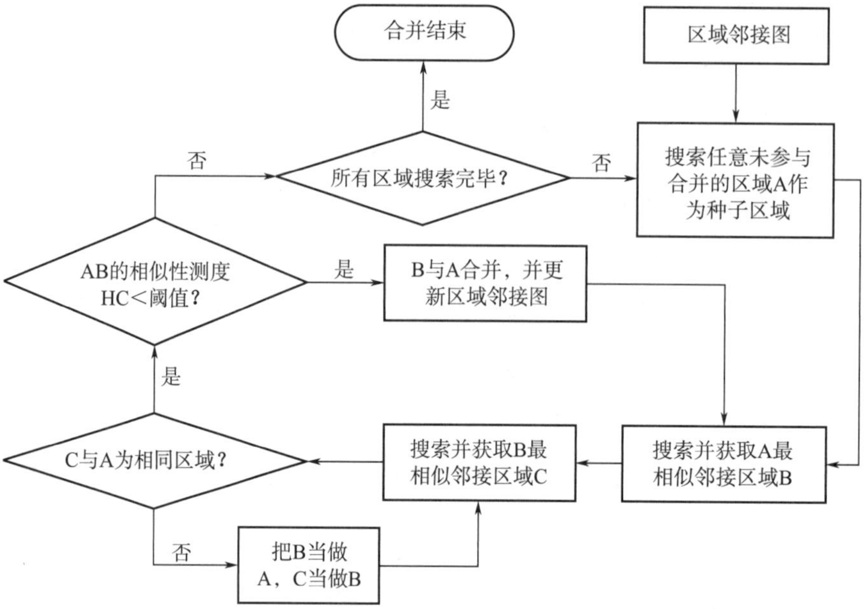

图 6-7 局部相互最优区域合并过程

并的两个区域的大小，Std_{1i} 和 Std_{2i} 为合并前两个区域第 i 波段的标准差。ΔStd 的大小可以很好度量合并前后区域均质性的变化（Baatz，Schäpe，2000；Zhang et al.，2013）。算法将各波段的权重 p_i 作为参数由用户自定义，方便灵活使用。也可采用合并后各波段灰度特征标准差占所有波段灰度特征标准差之和的比值作为权重，固定在算法中。同时，该灰度特征标准差的变化量，直接把区域大小的几何参数蕴含于其中，ΔStd 的大小不但可以反映波段灰度特征的差异，同时也可反映区域大小的影响。

$$\Delta Std = \sum_{i=1}^{n} p_i (a_m \cdot Std_{mi} - (a_1 \cdot Std_{1i} + a_2 \cdot Std_{2i})) / \sum_{i=1}^{n} p_i \tag{6-2}$$

合并前后区域的紧凑度变化量 $\Delta Comp$ 定义如式（6-3）。a_m、a_1 和 a_2 的含义同式（6-2），l_m、l_1 和 l_2 为合并后及合并前的区域边界长度。如果紧凑度变化量小，两区域合并的可能性大。

$$\Delta Comp = a_m \cdot \frac{l_m}{\sqrt{a_m}} - \left(a_1 \cdot \frac{l_1}{\sqrt{a_1}} + a_2 \cdot \frac{l_2}{\sqrt{a_2}}\right) \tag{6-3}$$

合并前后区域的光滑度变化量 $\Delta Smooth$ 定义如式（6-4）。a_m、a_1 和 a_2 的含义同式（6-2），l_m、l_1 和 l_2 为合并后及合并前的区域边界长度，b_m、b_1 和 b_2 为合并后及合并前的区域外接矩形的周长。如果光滑度变化量小，两区域合并的可能性大。

$$\Delta Smooth = a_m \cdot \frac{l_m}{\sqrt{b_m}} - \left(a_1 \cdot \frac{l_1}{\sqrt{b_1}} + a_2 \cdot \frac{l_2}{\sqrt{b_2}}\right) \tag{6-4}$$

最后将灰度特征标准差、紧凑度与光滑度变化量，通过加权得到综合异质性测度 HC，作为最终的合并准则测度，定义如式（6-5）。w_1 为灰度特征标准差变化量的权重，在算法中定义为用户的输入参数，取值范围为 [0，1]，w_2 为形状测度因子中紧凑度的权重，在算法中定义为用户的输入参数，取值范围为 [0，1]。区域邻接图中弧段的权重就是根据弧段的两个邻接区域计算出的综合异质性测度 HC，值越小，两区域越相似。

$$HC = w_1 \cdot \Delta Std + (1 - w_1)(w_2 \cdot Comp + (1 - w_2) \cdot Smooth) \tag{6-5}$$

由于该综合异质性测度使用灰度特征标准差、紧凑度与光滑度等量纲不同、不可比较的图像区域特征作为异质性测度，这种异质性测度在概念上没有明确的含义，只能当作一个无单位的测度，且具有图像依赖性，无法与分割区域的数量或大小建立明确的关系。在区域合并时，为异质性测度 HC 设置阈值，控制区域合并的程度。阈值较大时，分割得到的区域异质性较大，对应的分割区域也较大，分割结果对应较粗的尺度，反之则对应较精细的尺度。因此 HC 相当于图像分割时尺度的大小，使用时直接输入该阈值的大小作为尺度参数，可以生成不同尺度的分割结果。

(4) 多尺度层次等级分割

根据以上提出的图像分割方法，通过设置不同大小的尺度参数 HC，可以获得不同尺度的图像分割结果。但这些不同尺度的分割结果都是基于初始分割区域进行合并得到，相邻尺度分割结果的区域边界往往存在不一致现象，即会出现小尺度区域空间上跨越大尺度的两个不同区域，而且难以建立起不同尺度区域对象之间的联系，不同尺度间的信息难以相互利用。这种多尺度分割结果与森林景观不同尺度的对象之间固有的等级层次关系不相一致，难以充分利用多尺度的分割结果进行有效信息识别。

层次分割是对同一幅图像以不同的详细程度分割得到的一系列分割结果，这一系列的分割结果中，较粗尺度的分割结果是由较细尺度的分割结果合并得到，即大尺度的图像分割基于其相邻的小尺度的图像分割结果进行，实现多尺度层次图像分割。层次分割与大多数多尺度表达方法的一个重要区别是层次分割的所有尺度分割结果的边界保持一致。这样的多尺度分割结果，同一尺度的分割之间存在空间拓扑关系，相邻尺度的分割结果存在继承关系（邓富亮，等，2013），构成如图 6-8 所示的多尺度层次网络结构。

为了能够表达相邻尺度分割结果之间的这种继承关系，需要在表达初始分割结果的区域邻接图的节点数据结构增加一数据项“int sonNodes[]”，存储构成该区域的子节点号。该数据项的数据在区域合并的过程中逐次记录。也可用该数据结构存储初始分割结果，此时该数据项的数据内容为空，初始分割结果对应的子区域为像素，他们之间的继承关系可在“nodeCompose[]”数据项获取。

```
修改后的节点数据结构
Struct node{intlinkedArcs[];//存储节点邻接的弧段号
            float nodeFeatures[];//存储区域特征
            point nodeCompose[];//存储组成区域的像素
            int sonNodes[];//存储构成该区域的子节点号}
```

因此，本方法的多尺度层次分割最底层为像素层，第一层为图像初始分割的结果，第二层的分割以第一层（初始分割）为基础，在尺度参数的控制下进行局部相互最优区域合并，得到第三层的分割结果，以此类推。第 n 层的分割结果是以第 $n-1$ 层的分割结果为基础，在尺度参数的控制下进行局部相互最优区域合并。每一层分割结果的区域邻接图都必须记录在内存或者磁盘中，这样不同层之间的继承关系可通过区域邻接图查找。

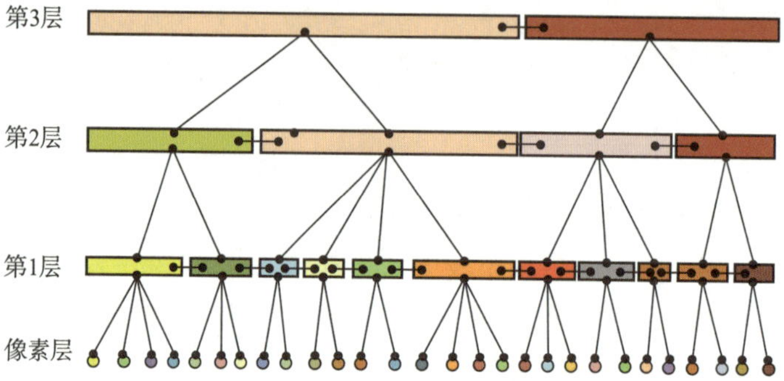

图 6-8　多尺度层次网络结构

为减少椒盐作用的影响，获取最优的分割尺度，使用 GC 算法对预处理后的 GF-6 数据进行面向对象的多尺度分割，该算法通过统计区域光谱和局部二进制纹理特征，根据光谱、纹理和形状特征计算相邻区域间的异质性，在此基础上构建区域邻接图并采用逐步迭代优化算法以光谱、纹理和形状间的异质性为准则进行区域合并以获取最终分类结果。多尺度进行分割并使用二类调查数据进行验证，以获取最优分割参数，保证分割结果能够较好地表征现实地物。

本研究使用融合后的 4 波段数据结合 NDVI 数据参与分割合并，并确定分割尺度为 35，合并因子为 85。如图 6-9 所示，分割结果能够较好地表征数据的纹理和颜色的差异。

(a) 分割尺度：75　(b) 分割尺度：50　(c) 分割尺度：35

图 6-9　多尺度分割

6.2.2　SVM 算法与绿地提取

6.2.2.1　算法描述与构建

建立在统计学习理论和结构风险最小化原理基础上的支持向量机（Support Vector Machine，SVM）方法，是一种积极地机器学习算法，SVM 根据有限的样本信息在模型复杂性和学习能力间寻求最佳折中，具有较好的泛化性能。支持向量机方法是专门针对小样本情况下的学习问题而提出的，它的推理思想是转导推力（transductive inference），从特殊到特殊，而不是传统的归纳推理所采用的从特殊到一般的思想，从而在很大程度上避免了传统学习方法可能出现的不适定（NP）问题。

（1）SVM 原理

SVM 原理是用分离超平面作为分离训练数据的线性函数。SVM 允许直接用训练数据来描述分离超平面，可以直接解决分类问题，无需把密度估计作为中间步骤。SVM 表现出很多优于传统方法的性能，在学习速度、自适应能力、特征空间高维不限制、可表达性等方面具有优势。基于 SVM 的遥感图像分割方法是提高分类精度和自动化程度的较好方法，在遥感特征提取和目标识别方面得到了广泛的应用。

支持向量机包括分类和回归两种基本形式，考虑到回归问题参数选择难度比分类问题更大，仅以回归问题为例子来阐明 SVM 参数选取的问题。首先考虑线性回归问题，对于给定训练样本（x_1，y_1），（x_2，y_2）……，（x_i，y_i）$\not\leq$（$_i=1$，$2\cdots\cdots l$），（x_i，y_i）$\in$ $R_n * R$；以线性回归函数 $f(x)=w \cdot x+\mathrm{b}$ 来逼近这些数据，根据结构风险最小化原则，该线性回归分析可等价于优化问题

$$\min \frac{1}{2}(w \cdot w)+C\sum_{i=1}^{l}(\xi_i+\xi_i^*) \tag{6-6}$$

$$\text{s. t. } y_i-(w \cdot x_i)-b \leqslant \varepsilon+\xi_i;(w \cdot x_i)+b-y_i \leqslant \varepsilon+\xi_i^*$$

$$\xi_i \geqslant 0 \quad \xi_i^* \geqslant 0; i=1,2,\cdots,l$$

其中，ξ_i，ξ_i^* 为松弛变量，C 为错误惩罚参数，ε 用于定义式（6－7）的线性不敏感损失函数

$$\mathrm{L}^{\varepsilon}(x,y,f)=\max(0,|y-f(x)|-\varepsilon) \tag{6-7}$$

式（6－6）是一个凸二次优化问题，通过引入拉格朗日函数 $L(\omega, b, \xi, \xi^*, \eta, \eta^*)$，并以 ω，b，ξ，ξ^* 对 L 函数求最小化，可得式（6－6）的对偶优化

$$\text{s.t.} \min \frac{1}{2}\sum_{i,j=1}^{l}(a_i-a_i^*)(a_j-a_j^*)(x_i \cdot x_j)+\sum_{i=1}^{l}a_i(\varepsilon-y_i)+\sum_{i=1}^{l}a_i^*(\varepsilon+y_i) \tag{6-8}$$

$$\text{s. t. } \sum_{i=1}^{l}(a_i-a_i^*)=0;\ a_i,\ a_i^* \in [0,\ C];\ i=1,\ 2,\ \cdots,\ l$$

其中，ξ，ξ^*，η，η^* 为拉格朗日乘子。

至此线性回归问题转化为一个二次规划问题，求解该问题后可得线性回归方程的显式为

$$f(x)=w \cdot x+b=\sum_{i=1}^{l}(a_i-a_i^*)(x \cdot x_i)+b \tag{6-9}$$

上式中的 $a_i-a_i^*$ 将只有小部分不为 0，其对应的向量样本就是支持向量。

对于非线性回归问题，SVM 的基本思想是首先将样本数据通过非线性变换 ϕ 映射到高维特征空间，然后再在高维空间进行线性回归。根据泛函理论，满足 Mercer 条件的函数 $K(x_i,\ y_j)$，就对应某一高维空间的内积；所以可直接将式（6－9）转化为 SVM 非线

性回归的一般表达式

$$L^{\varepsilon}(x,y,f)=\max(0,|y-f(x)|-\varepsilon) \tag{6-10}$$

SVM 中不同的内积核函数将形成不同的算法。目前用得最多的核函数主要有下面四个：

1）线性核

$$K(x,x_i)=x\cdot x_i \tag{6-11}$$

2）q 阶多项式核函数

$$K(x,x_i)=[(x\cdot x_i)+1]^q \tag{6-12}$$

3）径向基核函数

$$K(x,x_i)=\exp\left\{-\frac{\|x-x_i\|^2}{\sigma^2}\right\} \tag{6-13}$$

4）Sigmoid 核函数

$$K(x,x_i)=\tanh(v(x\cdot x_i)+c) \tag{6-14}$$

（2）SVM 参数

虽然 SVM 回归计算不用考虑高维特征空间的具体特点，但其选用的核函数与高维空间的具体特征直接相关，并影响样本数据映射到高维空间后的分布情况，从而决定非线性回归分析的精度和质量，所以不同的核函数形式和参数就直接决定了 SVM 的性能。不失一般性，选用径向基核函数做 SVM 的回归分析，并分析其参数优选问题。根据 Keerthi 等人的研究结果，径向基核函数中核宽度的选择应该视学习样本的输入空间范围而定，如果核宽度过小，SVM 容易出现过学习现象，从而降低其推广能力，反之则可能欠学习。

SVM 性能参数还包括不敏感系数 ε 和错误惩罚系数 C，不敏感系数 ε 直接控制数据回归分析的精度，决定着支持向量的数量和 SVM 的推广能力；它的具体数值通常根据样本所含噪声水平而确定。而错误惩罚系数 C 则表示对超出误差 ε 的惩罚程度，一般而言，较大的 C 值可将样本误差控制在较小的范围，而较小的 C 值则对应着较大的误差；不过，为了确保 SVM 的泛化能力，C 值的正确选取应该在 SVM 的经验风险和置信范围间做出较好的折中。

6.2.2.2　绿地提取结果及精度分析

（1）高光谱影像分类结果

所选高光谱影像研究区所用的四种分类方法中，基于样本的面向对象的 SVM 分类方法的精度最高，达到 100%；SVM 法的总精度为 96.167 9%；最大似然法的总精度为 95.438 0%；神经网络法的总精度为 95.255 5%；可见基于样本的面向对象的 SVM 法的分类精度最高，该方法中的林地的制图精度和用户精度均为 100%，所以绿地类型边界提取的最佳方法为基于样本的面向对象的 SVM 法。高光谱四种分类方法精度评价见表 6-3。

表 6-3　高光谱四种分类方法精度评价表

分类方法	评价指标	林地	草地	未利用地
神经网络法	制图精度	92.86%	93.51%	99.45%
	用户精度	93.37%	92.51%	100%
	总精度	95.255 5%		
	Kappa 系数	0.928 8		
最大似然法	制图精度	88.46%	97.84%	100%
	用户精度	97.58%	89.6%	100%
	总精度	95.438 0%		
	Kappa 系数	0.931 5		
SVM 法	制图精度	90.11%	98.38%	100%
	用户精度	98.2%	91%	100%
	总精度	96.167 9%		
	Kappa 系数	0.942 5		
基于样本的面向对象的 SVM 分类	制图精度	100%	100%	100%
	用户精度	100%	100%	100%
	总精度	100%		
	Kappa 系数	1		

(2) 高分二号分类结果

根据表 6-4 的内容可得，高分二号分类，最大似然法的总精度最高，达到 99.934 7%，基于样本的面向对象的 SVM 分类法总精度仅次于最大似然法，为 98.888 9%，SVM 法分类精度第三，为 95.126 6%，神经网络法的总精度最低，为 93.055 4%。林地分类精度最高的为基于样本的面向对象的 SVM 分类法，制图精度和用户精度均为 100%，草地分类神经网络方法较差些，后三种方法精度均较高。水域分类最大似然法和基于样本的面向对象的 SVM 分类法精度较高。建设用地分类神经网络方法较差些，后三种方法精度均较高。高分二号影像提取绿地类型边界的最佳方法为基于样本的面向对象的 SVM 分类。

表 6-4　高分二号四种分类方法分类精度评价表

分类方法	评价指标	林地	草地	水域	建设用地
神经网络法	制图精度	91.86%	100%	50.40%	44.11%
	用户精度	93.90%	92.51%	90.25%	100%
	总精度	93.055 4%			
	Kappa 系数	0.869			

续表

分类方法	评价指标	林地	草地	水域	建设用地
最大似然法	制图精度	99.83%	100%	99.90%	100%
	用户精度	100%	100%	99.31%	98.93%
	总精度	99.934 7%			
	Kappa 系数	0.998 8			
SVM 法	制图精度	99.43%	100%	0.20%	91.34%
	用户精度	88.71%	99.61%	100%	98.54%
	总精度	95.126 6%			
	Kappa 系数	0.909 1			
基于样本的面向对象的 SVM 分类	制图精度	100%	100%	100%	95%
	用户精度	100%	100%	95.24%	100%
	总精度	98.888 9%			
	Kappa 系数	0.984 9			

（3）分类后处理

由于城市建筑较高，在影像上易产生阴影。阴影对城市绿度的提取产生很大影响，具体来说主要有两点：第一，城市内较深的水域在影像上表现出黑色的颜色特征且整体纹理平滑，与阴影图像特征极其相似，所以大部分阴影被划分为水域；第二，林分密度大的针叶林在影像上也表现出黑色的颜色特征，又因乔木高度较高，也产生很多细碎的阴影，导致林地内有阴影和针叶林被错分为水域。

为解决阴影造成的影响，本研究展开两步分类后处理。第一，将支持向量机分类结果内的水体全部改为建筑。提取水体指数，利用水体指数将研究区内水域提取出来，将提取出的水体和分类结果进行擦除，擦除结果与提取出的水体进行合并。这样就将建筑物产生的阴影由水域改为建筑用地，此类分布和现实情况比较一致（见图 6－10）。第二，通过上一步的处理将乔木产生的阴影和错分为水域的林地划分为建筑用地，此类错分多分布在林分密度大的大面积林地中，且错分对象较小。因此利用聚类处理（clump），将临近的类似分类区域聚类并进行合并，以此将成片林地中的错分地物划归到林地中。

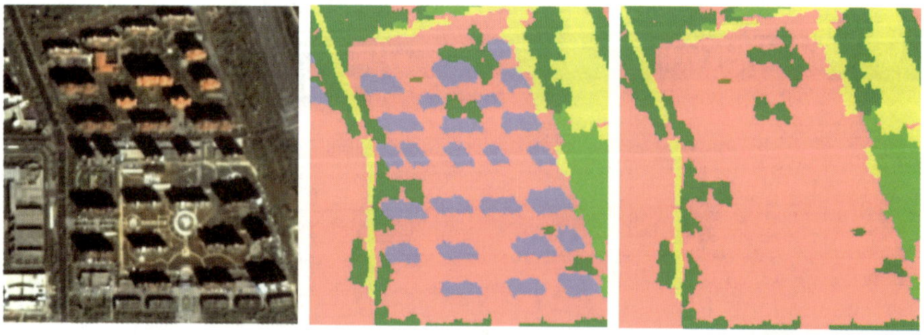

(a) 原始数据　　(b) 处理前　　(c) 处理后

图 6－10　建筑阴影处理

（4）识别结果及精度验证

以滁州市老区为研究区，滁州市老区位于滁州市东南部，北纬 32.24°～32.32°，东经 118.27°～118.36°，大部分区域划归琅琊区，区域内有东门街道、西门街道、南门街道、北门街道、琅琊街道、龙蟠街道、清流街道、凤凰街道和扬子街道，共计 9 个街道，56 个社区。属亚热带季风气候，整个区域面积约 52.6 km²，常住人口 27.8 万余人。滁州老城区如图 6-11 所示。

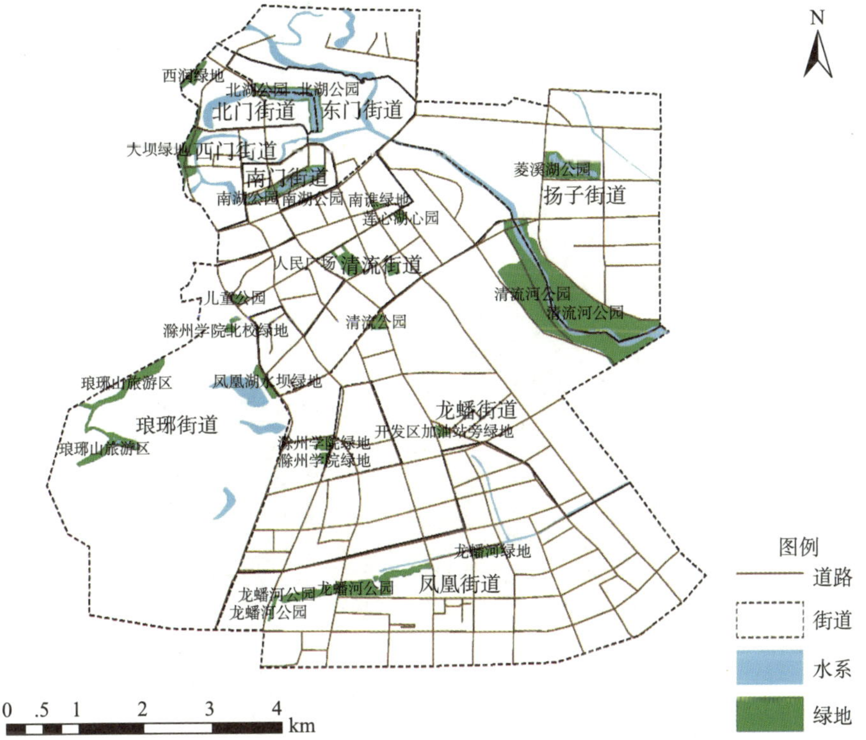

图 6-11　滁州市老城区

使用 GF-6 数据按照上文技术流程对滁州老城区 2019 年 5 月绿地分布进行提取，识别结果如表 6-5 和图 6-12 所示。研究区共 52 469 200 m²，其中建筑用地 25 487 652 m²、绿地 18 255 080 m²、水域 1 700 760 m²、道路 5 287 408 m²、未利用地 1 387 296 m²、耕地 3 510 046 m²，城区绿地覆盖率 34.79%。分类总体精度 95.15%，kappa 系数 0.938，表明分类精度可信且稳定。其中绿地的制图精度 98.34%，用户精度 94.04%，能够达到应用要求。在绿地的识别中，错分集中在未利用地、水域和建筑用地中，漏分集中在道路和建筑用地。绿地与水域的错分是因为上文提到的高度较高的乔木在影像中形成的阴影被错分为水域；绿地与建筑用地的错漏分类是因为分类后处理将阴影转换为建筑用地，然后进行聚类分析的过程中，存在部分散生乔木阴影转化的建筑用地，在聚类分析时未合并到成片绿地中；绿地与道路用地的错漏分类，则是因在面向对象分割的过程中，部分道路旁绿地因面积较小纹理不清晰未能与道路分隔开，与道路作为一个对象在后续的分类中被识别为道路。

表 6－5 识别精度验证表

分类＼实际	绿地	水域	道路	耕地	建筑用地	未利用地	用户精度(%)
绿地	4 040	70	0	0	46	140	94.04
水域	0	6 436	0	0	0	0	98.98
道路	59	30	1 328	49	36	92	83.31
耕地	0	0	0	373	121	0	75.51
建筑用地	9	0	66	0	3 783	126	96.55
未利用地	0	0	0	23	0	1 044	89.46
制图精度(%)	98.34	98.43	95.27	83.82	94.91	74.74	—
总体精度:95.15% Kappa:0.938							

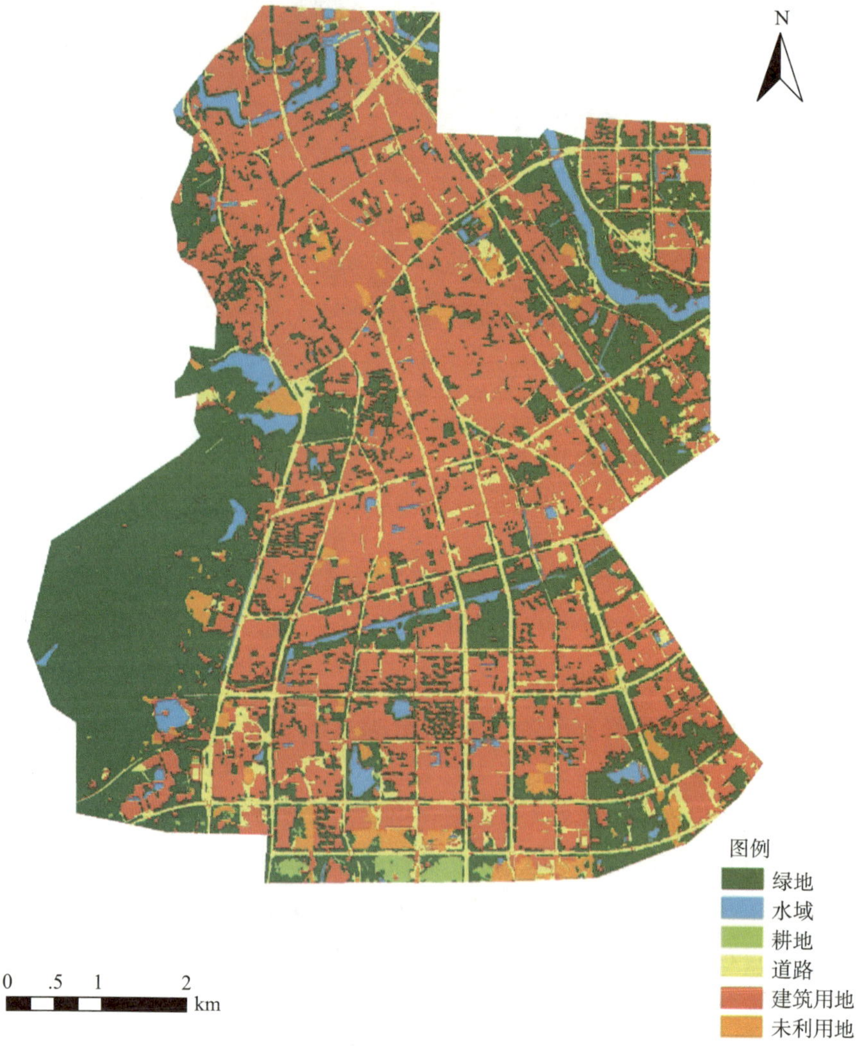

图 6－12 2019 年滁州市老区绿地分布图

6.3　基于高分六号卫星数据的植被覆盖率估算

首先，进行数据收集和预处理，其次，计算归一化植被指数和对影像进行分类，然后，求阈值，获取 $NDVI_{veg}$ 和 $NDVI_{soil}$ 参数文件，利用像元二分模型估算植被覆盖度，与实测植被覆盖度结合对模型进行精度验证，最后，进行制图，获取研究区植被覆盖度分布图，具体如图 6－13 所示。

6.3.1　基于像元二分模型的城市绿地植被覆盖度提取原理

通常把包含几种地物的像元称为混合像元，而把只包含一种地物类型的像元称为纯像元。由于每一像元被分配为单一地表覆盖类型（它的特征光谱反应最接近该像元的光谱反应），因而混合像元成为传统分类的主要不利因素。如果每一混合像元能够被分解而且它的覆盖类型组分（通常称为端元组分）占像元的百分含量（丰度）能够求得的话，分类将更精确，这一处理过程称之为混合像元分解。

像元二分模型假设像元只由两部分构成：植被覆盖地表与无植被覆盖地表。所得的光谱信息也只由这两个组分因子线性合成，它们各自的面积在像元中所占的比率即为各因子的权重，其中植被覆盖地表占像元的百分比即为该像元的植被覆盖度。因而可以使用此模型来估算植被覆盖度。

假设一个像元的信息可以分为土壤与植被两部分，通过遥感传感器所观测的信息 S，就可以表达为由土壤成分所贡献的信息 S_s 和由植被成分所贡献的 S_v 两部分

$$S = S_s + S_v \tag{6-15}$$

对于一个由土壤和植被两部分组成的混合像元，像元中有植被覆盖的面积比例为该像元的植被覆盖度 f_c，而土壤覆盖的面积比例为 $(1-f_c)$。设全由植被覆盖的纯像元所得的遥感信息为 S_{veg}，则混合像元的植被成分所贡献的信息 S_v 可以表示为

$$S_v = S_{veg} \times f_c \tag{6-16}$$

同理，如果全部由土壤覆盖的纯像元所获得的遥感信息是 S_{soil}，则混合像元的土壤成分贡献的信息 S_s 可以表示为

$$S_s = S_{soil} \times (1 - f_c) \tag{6-17}$$

$$S = S_{veg} \times f_c + S_{soil} \times (1 - f_c) \tag{6-18}$$

在公式（6－18）中，混合像元 S 可视为纯植被覆盖像元 S_{veg} 和纯土壤覆盖像元 S_{soil} 的线性组合，它们在混合像元中的面积比例就是各自的权重。对式（6－18）进行变换，可以得到计算植被盖度公式为

$$f_c = \frac{S - S_{soil}}{S_{veg} - S_{soil}} \tag{6-19}$$

其中，S_{soil} 和 S_{veg} 都是参数。S_{soil} 包含了土壤的信息，S_{veg} 包含了植被的信息。

像元二分模型只是提出了一个利用遥感信息对植被覆盖度进行估算的思路，但具体使用哪种遥感信息并没有给出明确的规定。

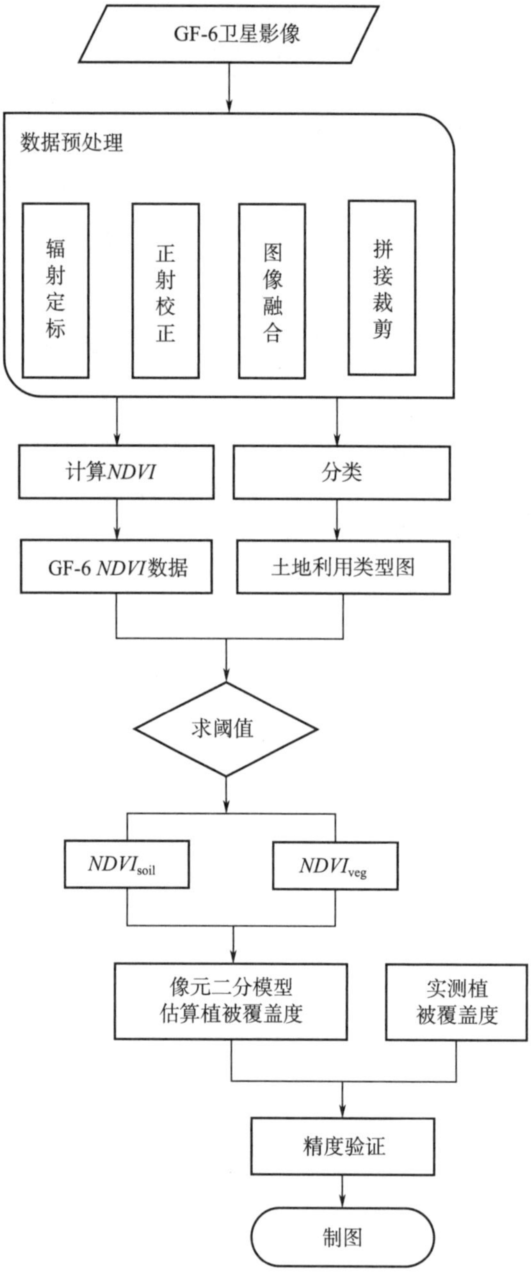

图 6－13　植被覆盖度估算流程图

6.3.2　适宜植被指数选择

植被指数以波段组合的方式，消除了大气、土壤等因素的影响，并且与植被覆盖度有很好的相关性，因此被很多人用于植被覆盖度的估算。虽然前面提到很多新的植被指数，它们考虑了大气、土壤背景等因素的影响，但应用最多最广的还是归一化植被指数。学者们对归一化植被指数和植被覆盖度进行了相关性分析，结果表明，归一化植被指数与植被盖度之间的相关性很好，且二分模型本身就有削弱大气和土壤背景等因素的作用，可以弥补这方面的不足。学者们通过该方法用 Lansat TM、Spot、Alos 等不同卫星数据对不同区域进行了检验，结果表明此方法适用于不同空间分辨率数据的估算，且具有良好的推广性。因此归一化植被指数可以作为有效遥感信息带入像元二分模型。

根据像元二分模型，将归一化植被指数（*NDVI*）带入式（6-18）可以被近似为

$$NDVI = f_c \times NDVI_{veg} + (1 - f_c) \times NDVI_{soil} \quad (6-20)$$

式中　*NDVI* ——遥感所观测到的像元信息；

$NDVI_{soil}$ ——裸土或无植被覆盖区域的 *NDVI* 值，即无植被像元的 *NDVI* 值；

$NDVI_{veg}$ ——完全被植被所覆盖的像元的 *NDVI* 值，即纯植被像元的 *NDVI* 值。

利用上面的公式（6-20）进行变换可得下面的利用 NDVI 计算植被覆盖度的公式

$$f_c = \frac{NDVI - NDVI_{soil}}{NDVI_{veg} - NDVI_{soil}} \quad (6-21)$$

可见，只要确定了 $NDVI_{soil}$ 和 $NDVI_{veg}$ 的值，植被覆盖度便可求算出来。对于给定区域的任何 2 个像元 a_1 和 a_2，它们的植被覆盖度已知分别为 f_{c1} 与 f_{c2}，将这两个像元代入（6-21）式，可得

$$f_{c1} = \frac{NDVI_1 - NDVI_{soil}}{NDVI_{veg} - NDVI_{soil}} \quad (6-22)$$

$$f_{c2} = \frac{NDVI_2 - NDVI_{soil}}{NDVI_{veg} - NDVI_{soil}} \quad (6-23)$$

对上述公式（6-22）、（6-23）中的 $NDVI_{soil}$ 和 $NDVI_{veg}$ 求解可得

$$NDVI_{soil} = \frac{f_{c2} \times NDVI_1 - f_{c1} \times NDVI_2}{f_{c2} - f_{c1}} \quad (6-24)$$

$$NDVI_{veg} = \frac{(1 - f_{c2}) \times NDVI_2 - (1 - f_{c1}) \times NDVI_1}{f_{c2} - f_{c1}} \quad (6-25)$$

式（6-24）、（6-25）中，像元 a_1 可为区域中具有 *NDVI* 最小值的像元，a_2 可为区域中具有 *NDVI* 最大值的像元。此时用 f_{cmin} 来表示 f_{c1}，用 f_{cmax} 来表示 f_{c2}，对 $NDVI_{soil}$ 和 $NDVI_{veg}$ 的确定便转化为 f_{cmin}、f_{cmax}、$NDVI_{min}$、$NDVI_{max}$ 4 个参数的确定，可分为两种情况来讨论：

1）当 f_{cmax} 可以近似取值 100%，且 f_{cmin} 可以近似取值 0%时

$$NDVI_{soil} = NDVI_{min}\text{；}NDVI_{veg} = NDVI_{max} \quad (6-26)$$

2）当 f_{cmax} 与 f_{cmin} 不能近似取值 100%与 0%时，如果有实测数据，可以取实测数据中的植被覆盖度的最大值和最小值作为 f_{cmax} 和 f_{cmin}，这两个实测数据对应的图像的 NDVI 作为 $NDVI_{max}$ 和 $NDVI_{min}$。当没有实测数据时，取一定置信度的置信区间中的上限值、下限值作为 $NDVI_{veg}$ 和 $NDVI_{soil}$。

$NDVI_{soil}$ 理论取值应该为 0，然而由于受到大气影响，以及地表温度、湿度等条件的改变，导致 $NDVI_{soil}$ 会随着时间而变化；受到土壤类型、粗糙度等的影响，$NDVI_{soil}$ 还会

随着空间而变化，变化范围一般为－0.1～0.2。由于研究所用的每一景影像采集时间不同，因此不能采用一个确定的 $NDVI_{soil}$ 值。$NDVI_{veg}$ 为全植被像元的最大值，理论取值应为 1。但是由于受到植被类型、植被覆盖季节变化、叶冠背景的污染等因素制约，$NDVI_{veg}$ 值也存在着与 $NDVI_{soil}$ 值相似的不确定性，因此不能采用一个相同的 $NDVI_{veg}$ 值。因此，本研究利用土地覆盖类型图分别求解不同土地覆盖类型内的 $NDVI_{max}$ 和 $NDVI_{min}$ 作为 $NDVI_{veg}$ 和 $NDVI_{soil}$，可以得到 $NDVI_{veg}$ 和 $NDVI_{soil}$ 的参数文件。由于高分六号卫星影像的空间分辨率较高，因此存在全植被覆盖像元和全裸土像元的概率很高，故本研究选取 NDVI 频率累计表上 0.5% 频率对应的值为 $NDVI_{soil}$，选取 NDVI 频率累计表上 99.5% 频率对应的值为 $NDVI_{veg}$。

6.3.3 $NDVI_{veg}$ 和 $NDVI_{soil}$ 的确定

基于土地利用分类结果，最终需要统计 NDVI 的土地利用类型主要包括：耕地、林地、草地、建设用地、未利用地和水体。由于水体的植被覆盖很小，故本对植被覆盖度的估算，不包含水域及水利设施用地这一类型，因此把它的覆盖度设置为 0 值。$NDVI_{veg}$ 和 $NDVI_{soil}$ 参数文件的制作流程如图 6－14，具体操作步骤在下面进行解释。

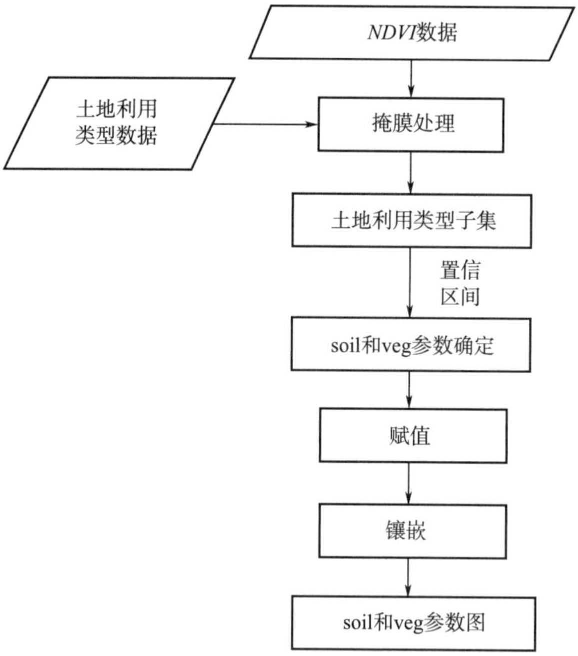

图 6－14　$NDVI_{veg}$ 和 $NDVI_{soil}$ 参数的制作流程

制作 $NDVI_{veg}$ 和 $NDVI_{soil}$ 参数图。第一步，赋值。根据上面的参数，对掩膜提取出的子集进行赋值。在 ENVI 中利用波段运算工具，输入公式（b1 ne 0）* C，b_1 代表提取出的每种土地利用类型的子集，C 代表该子集对应的 $NDVI_{veg}$ 和 $NDVI_{soil}$ 参数，这样每个子集都变成了同一个参数值。第二步，镶嵌。赋值后的子集图，利用 Map 下的 Mosaic 工具，基于地理坐标系进行镶嵌，镶嵌时选择忽略掉 0 值。经过上面操作，最终得到研究区的 $NDVI_{veg}$ 和 $NDVI_{soil}$ 参数图。

制作掩膜文件。第一，提取矢量数据。在 ArcGIS 中，将耕地、林地、草地、建设用地和未利用地 5 种矢量数据分别提取出来，并保证这些数据的投影和遥感影像的投影相同。第二，在 ArcGIS 中利用每种土地利用类型矢量对 *NDVI* 栅格掩膜裁剪，提取每种土地利用类型的 *NDVI* 子集。第三，对掩膜得到的子集进行直方图统计，查看他们的概率分布情况，每种土地利用类型累积概率值接近 0.5%所对应的 *NDVI* 值即是该土地利用类型的 $NDVI_{soil}$，每种土地利用类型累积概率值接近 99.5%所对应的 *NDVI* 值即是该土地利用类型的 $NDVI_{veg}$。研究区的 $NDVI_{veg}$ 和 $NDVI_{soil}$ 参数具体如图 6 - 15 和图 6 - 16 所示。

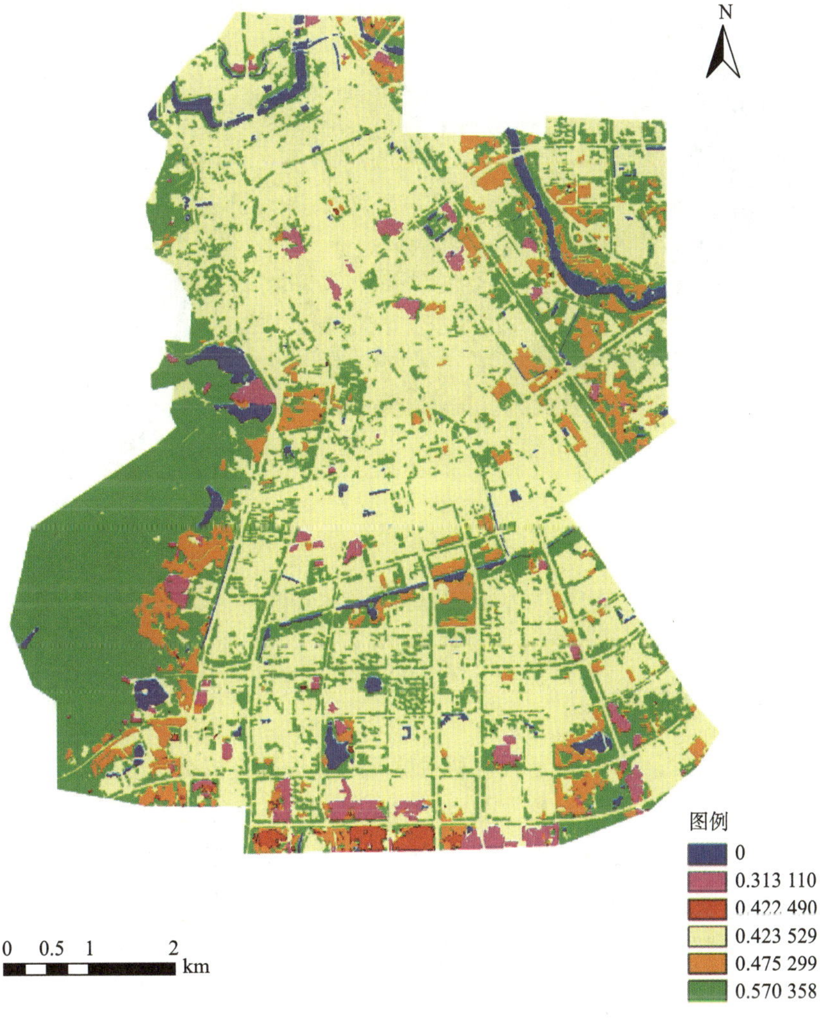

图 6 - 15　$NDVI_{veg}$ 参数图

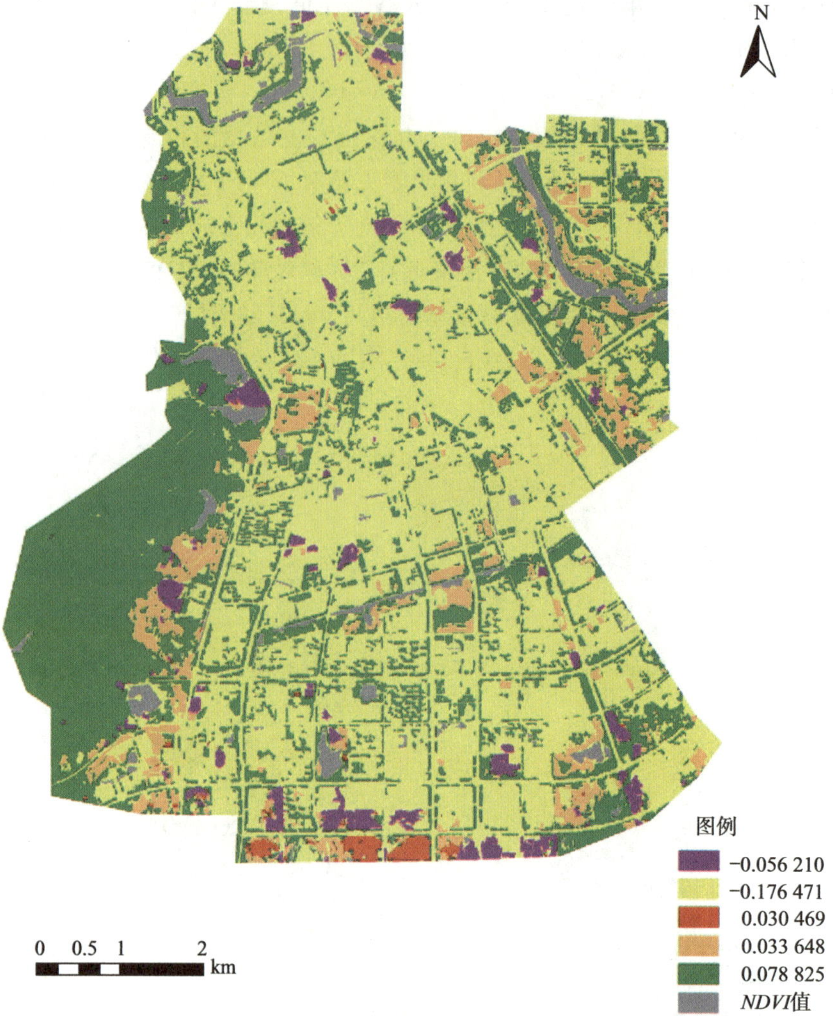

图 6 - 16　$NDVI_{soil}$ 参数图

6.3.4 植被覆盖度估算

$NDVI_{veg}$ 和 $NDVI_{soil}$ 参数确定后，利用像元二分法进行植被覆盖度的遥感估算。根据公式（6 - 21），在 ENVI 波段运算工具中，输入公式 $(b_1 - b_2)/(b_3 - b_2)$，b_1 是全区的 *NDVI* 文件，b_2 是 $NDVI_{soil}$ 参数图文件，b_3 是 $NDVI_{veg}$ 参数图文件，逐个像元计算出植被覆盖度。对计算后的数据参照中华人民共和国水利部批准的《土壤侵蚀分类分级标准》(SL190—2007)，同时根据研究区植被分布特征，将植被覆盖进行盖度分级，共分为 5 个等级如表 6 - 6 所示，再对每级进行着色设置，最后得到该区的植被覆盖度如图 6 - 17 所示。

表 6-6　植被覆盖度分级标准

分级	植被覆盖度
高覆盖	＞75％
中高覆盖	75％～60％
中覆盖	60％～45％
中低覆盖	30％～45％
低覆盖	＜30％

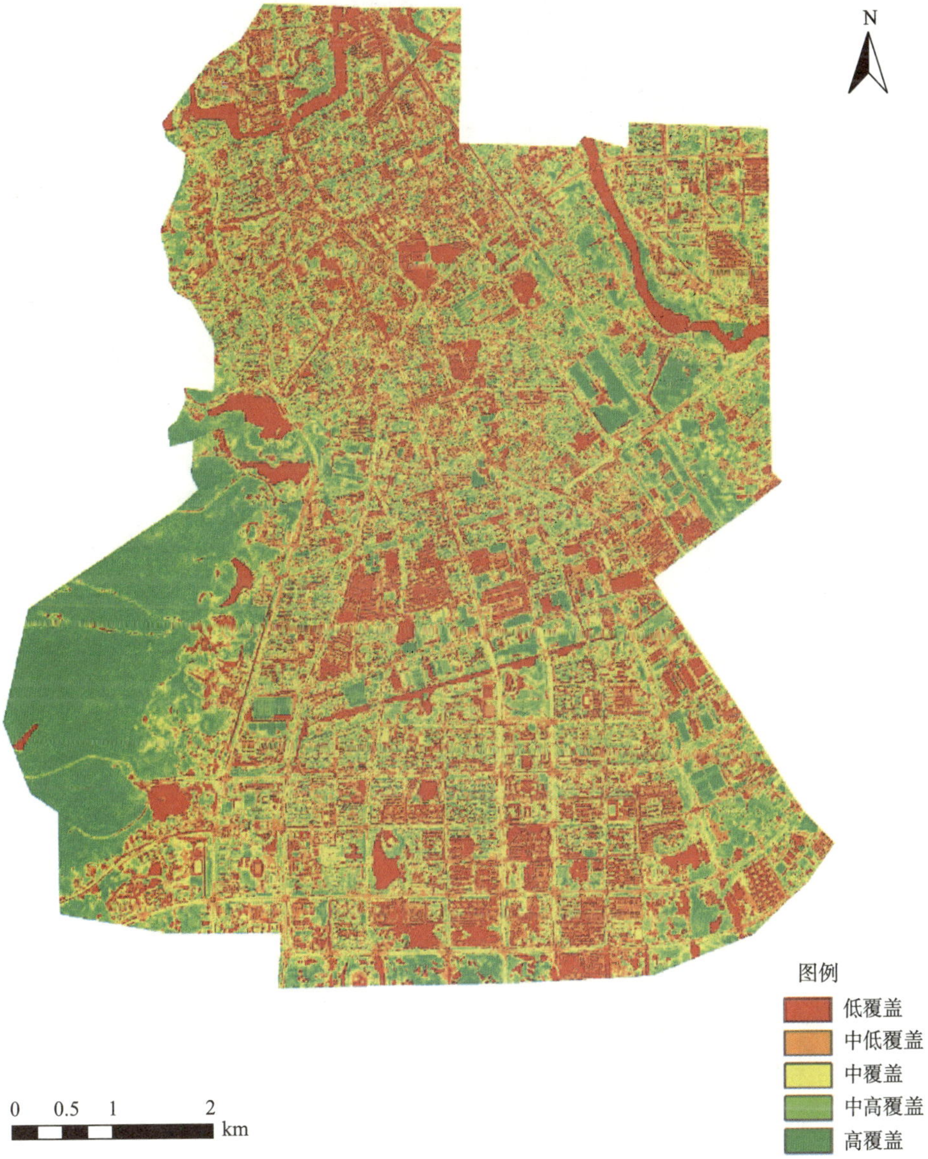

图 6-17　植被覆盖度分级图

研究区植被覆盖度情况统计结果如下。研究区总面积是 52.47 km^2，经过统计计算，最后得到：低覆盖的面积是 9.79 km^2（包含水域及水利设施用地），占总面积的 18.66%；中低覆盖的面积是 13.08 km^2，占总面积的 24.92%；中覆盖的面积是 12.78 km^2，占总面积的 24.36%；中高覆盖的面积是 9.04 km^2，占总面积的 17.23%；高覆盖的面积是 7.78 km^2，占总面积的 14.83%。研究区各级植被覆盖度面积分布见图 6-18，各级植被覆盖度面积占总面积比例见图 6-19。

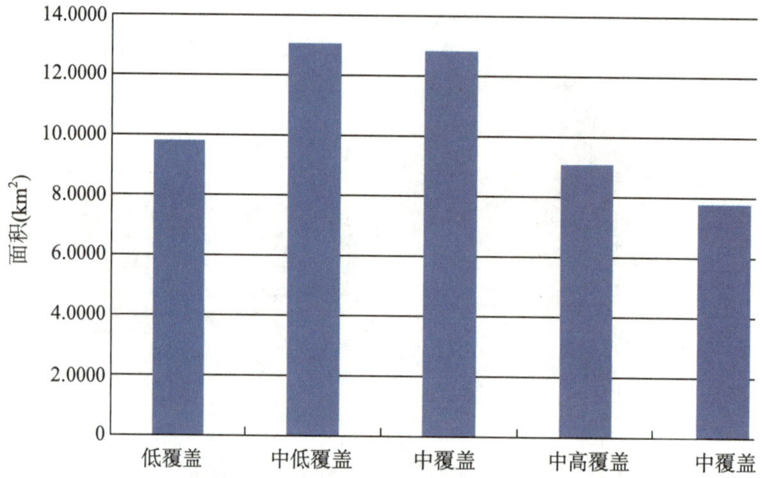

图 6-18　各级植被覆盖度面积分布图

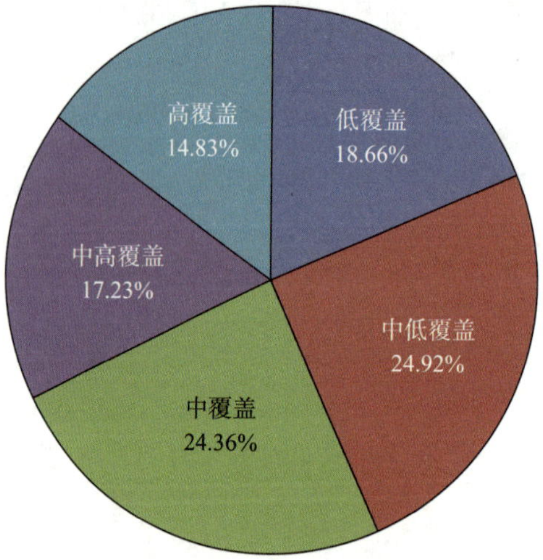

图 6-19　各级植被覆盖度面积占总面积比例分布图

由图 6-18 和图 6-19 可知，研究区各级植被覆盖度面积：中低覆盖＞中覆盖＞低覆盖＞中高覆盖＞高覆盖，中低覆盖面积最多，高覆盖面积最少。

6.3.5　估算精度评价

通过基于高分六号卫星数据提取的植被覆盖度与样地数据对比验证，模型精度用决定

系数 R^2、均方根误差 $RMSE$ 和估计精度 EA 3 个指标进行评价。R^2 是对回归直线拟合优度的检验，R^2 值越大，表明自变量与因变量之间的相关性越高；$RMSE$ 是实测值与预测值之间的均方根误差，$RMSE$ 值越小，表明模型预测的效果越好；EA 为估测精度，EA 越大，表明模型的估测精度越高。各指标计算公式如下

$$R^2 = 1 - \left[\sum_{i=1}^{n} (y_i - x_i)^2 / \sum_{i=1}^{n} (y_i - \overline{x_i})^2\right]$$

$$RMSE = \sqrt{\frac{1}{n}\sum_{i=1}^{n}(y_i - x_i)^2}$$

$$EA = (1 - RMSE / \overline{y_i}) \times 100\%$$

式中　y_i ——第 i 个训练样本值；

$\overline{y_i}$ ——训练样本的平均值；

x_i ——对应第 i 个训练样本的估测值；

$\overline{x_i}$ ——模型估测值的平均值；

n ——样本数。

本研究通过利用 2017 年滁州森林资源小班数据从中获取覆盖度样本，开展滁州市建城区植被覆盖估算精度验证。本研究共获取了 210 个样本，在 ArcGIS 中通过统计获取样本覆盖范围内所有像元的覆盖度平均值作为该样本的估测值，与样本实测值计算以上三个评价指标。通过计算得出：决定系数 $R^2 = 0.43$、均方根误差 $RMSE = 0.13$ 和估计精度 $EA = 80.14\%$。由此可以看出，利用像元二分模型估算滁州市建城区植被覆盖度估算精度在 80%以上，说明国产高分六号卫星应用于植被覆盖度的估算精度较高，能达到定量遥感估算的标准。

第 7 章　林地资源监测高分业务化系统

林地资源监测高分业务化系统旨在推动林业管理部门（包括各林业局、国有林场、国家级森林自然保护区）全面掌握本区域林业概况，提升林业信息化管理水平，明确并落实各级林地资源管理任务，掌握林业实时动态，提高林业从业人员（林业管理人员、林业调查人员等）工作和管理效率，降低林业调查工作强度，提高林业信息更新灵活度。建立更加智能化、信息化、现代化的面向政府和林业管理部门、林业从业人员和社会公众的森林资源信息管理、信息查询、信息发布管理的信息服务平台。为进一步落实保护发展森林资源的目标责任，加快智慧林业体系构建提供支撑。

7.1　系统需求分析

7.1.1　卫星数据需求分析

卫星数据主要包括多时相系列高分辨率卫星数据、高光谱卫星数据和雷达数据。

（1）多时相系列高分辨率卫星数据

多时相系列高分辨率卫星数据是指多时相下空间分辨率优于 10 m 系列卫星数据。多时相系列高分辨率卫星数据主要包括空间分辨率为 0.8 m、2 m、8 m 和 16 m 等系列卫星数据，多时相系列高分辨率卫星数据主要满足制作多层级的林业资源现状底图、森林资源调查工作底图、连续的森林资源变化监测、林业用地非法征占监测、林区道路管理、重大工程征占用林地管理等需求。

（2）高光谱卫星数据

高光谱卫星数据不同于多光谱数据，它具有图谱合一、光谱分辨率极高和对地物光谱变化敏感的特点。高光谱卫星数据以其光谱极窄的特点，可以探测到很小的变化，从而满足森林火灾监测、森林病虫害监测、森林资源变化监测、特殊树种识别等需求。

（3）雷达数据

光学数据主要依靠可见光进行成像，而雷达数据利用微波进行成像，可不受天气的影响，因此具有全天时、全天候工作的优势，并且可以反映地物的结构优势。滁州市位于季风气候区，夏季多云、雨，雷达数据可以满足在云、雨天气条件下的森林资源监测、林分调查因子的估算（树高、冠幅等）需求。

结合多时相系列高分辨率卫星数据、高光谱数据和雷达数据，可以在发挥各类型数据自身优势的同时，形成不同类型数据间的互补优势，从而构建多位一体的市级林长森林资源卫星监测体系。

7.1.2　用户需求分析

系统的角色，在总体上可以分为：林业管理人员、林业调查人员和系统管理员。分别对应不同的功能权限（见表 7－1）。

林业管理人员主要是面向林业的管理人员，如林长、市级林业局管理人员、林场管理人员，所提供的功能主要包括：对已经入库的数据进行查询、分析和显示，包括林场的二维信息、三维信息，并且能够使用系统提供的信息，进行辅助决策。

林业调查人员主要是面向具体的业务人员，所提供的功能较多，主要是对数据的修改、上传、更新、下载等具体业务，但仅限于业务人员所在林场的数据。

系统管理员，主要是面向系统的管理人员，所提供的是系统日常维护和管理功能，包括数据库的备份、数据库以及系统权限的分配与管理等。

表 7－1　用户角色权限表

角色名称	权限描述
林业管理人员	对系统中所有数据的查询、分析和显示
林业调查人员	对所在林场数据的数据上传、更新、查询、分析和显示
系统管理员	数据库的维护和管理、数据的备份、数据库和系统权限的分配与管理

7.1.3　业务需求分析

（1）森林资源卫星监测需求

滁州森林在地理分区上属亚热带常绿、落叶阔叶林的北部边缘和暖温带落叶阔叶林的南端，由于地处南北植被类型的过渡地带，以原始次生林为主的植被类型多样，加之人类活动频繁，林地和森林资源变化明显，对多时相系列高分辨率卫星数据、高光谱卫星数据和雷达数据的应用具有迫切需求。利用遥感技术获取林地信息是一个多因素交织的复杂过程，基于遥感技术的森林资源监测面临诸多问题需要解决。从滁州森林资源特点看，一是森林资源空间分布范围广、立地条件复杂，在时空分布上具有多样性，遥感数据光谱特征变幅较大；二是林地变化原因既有自然因素也有人为因素，变化原因复杂，遥感影像色彩、纹理和形态各异；三是林地分类系统监测指标既有林地自然属性因子也有社会属性因子（或者称为林地利用因子），遥感数据有低、中和高不同空间尺度层次，采用不同空间分辨率的遥感数据进行林地监测，结果会有显著差异。

林地资源监测的主要内容包括地类、优势树种（组）、郁闭度（覆盖度）、空间位置、面积、蓄积量等。卫星遥感数据经过处理可以合成假彩色或真彩色影像图，目视解译或人机交互便能提取大部分林地状况信息。经过对遥感数据进行专业处理和分析，与专家知识结合，可以获取更深层次、具有专业性的信息，如林分蓄积量。通过对覆盖同一区域的两期或多期遥感影像进行分析，运用一定算法或人工解译可以获取林地资源本底信息和变化信息，确定林地与非林地之间、林地内部之间的变化类型，测算林地变化区域、范围、面积以及其他林分因子的变化程度，实现森林资源的定性和定量化监测。

（2）林地变更监测需求

林地变更监测是对林地利用状况、权属变化，以及各类森林经营活动、自然灾害损害、非森林经营活动等用地情况进行调查的活动。目的在于掌握林地利用现状及其消长变化情况，保持林地调查数据和林地数据库的真实性、准确性和时效性，以支撑林地保护管理和生态建设的需要。将卫星遥感监测和林业执法检查相结合，能有力地提高林业执法的精确度和精细度，使执法工作由被动变为主动，达到及时发现、制止和查处各类涉及林地的违法行为的目的。对存在争议的监测点，由林政稽查大队的执法人员进行现场勘查，并将掌握的每宗占用林地的现状、位置、面积、地类、成因等情况逐一登记造册。

（3）林长制管理需求

首先，需要通过两期或三期建设，升级、开发滁州各级森林资源管理、造林绿化管护、林业灾害应急等业务化系统功能，为森林资源保护、推进城乡绿化、提升森林质量效益、预防森林灾害等工作提供信息情报服务。其次，要通过多期建设，完成林长制大数据服务平台的任务流程与结构、系统功能与性能、运行管理等各方面的需求分析，为各级林长工作职责、林长会议成员单位工作职责、社会监督和考核问责等工作的落实提供辅助决策服务。

按照两步走的战略部署。首先，建立市、县、乡、村四级森林资源管理系统，满足林地资源监测与管护、提升森林质量效益、七大增绿行动、强化执法监督等业务需求。其次，必须构建林长制大数据服务平台，满足辅助决策、日常工作、部门协调、考核监督等辅助决策需求。具体业务包括系统规范设计、功能设计分析、硬件配置、运行运维等方面。

7.2 系统总体设计与功能设置

7.2.1 系统总体设计

（1）需求调研先行

在总体任务实施前明确、细化系统应用与数据需求。

（2）以规范体系为实施准则

在项目实施前，根据需求报告，制定全面的规范体系，包括系统设计标准、数据产品类标准、质量评估类标准、服务接口类标准以及工程实施类标准，来指导和保证项目实施的一致性和标准化。

（3）边建设、边对接

为配合行动计划中其他系统建设进度，尤其是行业示范系统建设，在实施期间强化与行业用户和其他系统建设单位的协调对接，在技术方案设计中提供相应的支撑模式和服务接口，通过系统联调实现与其他系统的有效衔接。

（4）自顶向下设计

按照需求报告与规范体系，由上至下分模块进行设计，设计按照上述设计依据和设计原则，经过总体设计方案论证后，开始具体模块实现。

（5）关键技术模块并行开发

组织国内优势科技力量，切实做好科技攻关，有效解决载荷应用中的海量数据处理、多类型影像融合、多星协同参数反演、高精度自动化信息提取、数值同化等关键技术问题，增强在模型算法方面的核心技术储备。

（6）集成测试与完善

分模块实现后进行集成测试与完善，通过对各模块进行反复集成测试与完善确保系统功能健全与运行稳定。

（7）业务化应用示范

为促进遥感信息在区域应用、社会公众服务方面的整体能力，利用区域应用原型系统，开展森林资源遥感监测卫星产业化应用示范。

（8）产业化推进

通过专项应用系统形成的成熟技术带动信息产品加工、软件产品生产、空间信息服务型企业快速增长，形成服务于专项和自主遥感卫星数据应用的产业化基地和企业集群，带动遥感信息社会化应用服务。

7.2.2　系统功能设置

基于高分载荷的林地资源监测系统由基于高分载荷的林地资源监测原型系统、林地资源管理与服务平台、高分卫星林地资源监测移动终端系统三部分组成。

（1）原型系统：基于高分载荷的林地资源监测原型系统

该系统是面向林业管理部门，为区域林地资源监测量身打造的综合业务运行系统。该系统可运行于 Windows 平台上，可实现对国产高分卫星遥感数据进行预处理、信息提取、产品生产等功能，及基于国产高分卫星数据的林地信息识别、林地郁闭度估计、林种识别、生物量/NPP 估算、林业资源信息统计与分析、森林资源消长动态显示与查询等功能，以及基于互联网＋云平台的信息即时推送及同步更新、多形式用户信息接收等功能，能够满足林业部门专题产品生产。

（2）业务化系统：林地资源管理与服务平台

该系统形成“终端设备＋森林资源管理与服务平台运营＋市级林长制监测服务专题产品”模式，构建了森林资源监测体系，实现了森林资源二三维展示、现状森林资源数据统计与分析、林地工程统计与分析、森林资源消长动态监测等功能，为滁州市各级林长、市县林业局提供资源监测、森林管护、增绿护绿督察、辅助决策等卫星监测服务。

（3）移动终端系统：高分卫星林地资源监测移动终端系统

该系统可为各级用户提供其管辖林场林地资源数据的现状、消长变化数据查询。为专业技术工作人员提供林区内定位，以及数据核对与快速定损与证据采集等服务。基于云平台+移动终端模式的森林资源监测的业务目标，实现遥感林业大数据的多期无缝显示，通过定期的数据更新，进行连续遥感数据的显示，为直观监测林地资源消长变化提供依据。

7.2.3 原型系统

1）《国产高分辨率对地观测系统区域应用先期示范攻关》项目、国家卫星应用产业专项《国产高分载荷新疆森林资源环境遥感监测系统》等项目已经就森林资源环境建立了森林资源背景数据库、森林防火信息管理系统等专题系统。因此本次研究一是利用 GIS 软件对此次采集的各类高分遥感信息数据进行输入与编辑处理及业务化功能开发，二是将本次监测的数据库与前期的背景数据库在统一的 GIS 与地理基础平台上集成，构建统一的遥感监测业务化系统。

2）按照建立的对地观测元数据标准，基于面向空间实体及其相互关系的智能化关系对象模型，建立元数据库。

3）建立国产遥感卫星影像库、DEM 库和矢量数据库，汇总集成地图数字化成果、野外实测数据、试验数据、历史数据、统计普查数据、分析成果数据和成果专题图等。

4）研究建立空间数据库模型。通过模块设计和功能开发，实现森林资源的监测与管护、森林草原火灾监测评价、国有公益林的监测评价等业务化功能。

7.2.4 业务化系统与移动终端系统

（1）森林资源数据库

由遥感影像数据库、基础地理信息数据库、森林资源数据库、林业工程数据库、林长负责单元数据库等构成。

（2）森林资源监测系统

由现状森林资源数据统计与分析模块、林地工程统计与分析模块、森林资源消长动态监测模块、林长制监测移动终端系统组成，并具备数据更新、推广示范接口、移动终端接口、视频接入接口。

（3）业务逻辑（功能）架构

设备设施层：基于已有的和新添置的硬件资源平台搭建整个硬件平台，为系统提供网络、硬件与安全支撑。

数据层：汇集基础地理信息、遥感影像、森林资源、林业工程及林长制管理数据，按相关标准规范体系建立数据库，为系统服务提供数据支撑。

服务层：根据数据服务层提供的数据，利用 GIS 服务器，通过构建相应的地图、数据与专业分析服务，为应用层提供地图、数据与专业分析服务。

应用层：通过使用和开发相应应用软件，实现森林资源消长监测相关业务功能、数据服务功能，为用户提供服务（其中卫星遥感数据服务支持系统是承担单位已有系统）。

用户层：各级、各部门用户通过相应的平台软件、APP 或接口服务，使用系统提供的业务功能与数据、地图服务。业务逻辑架构见图 7－1。

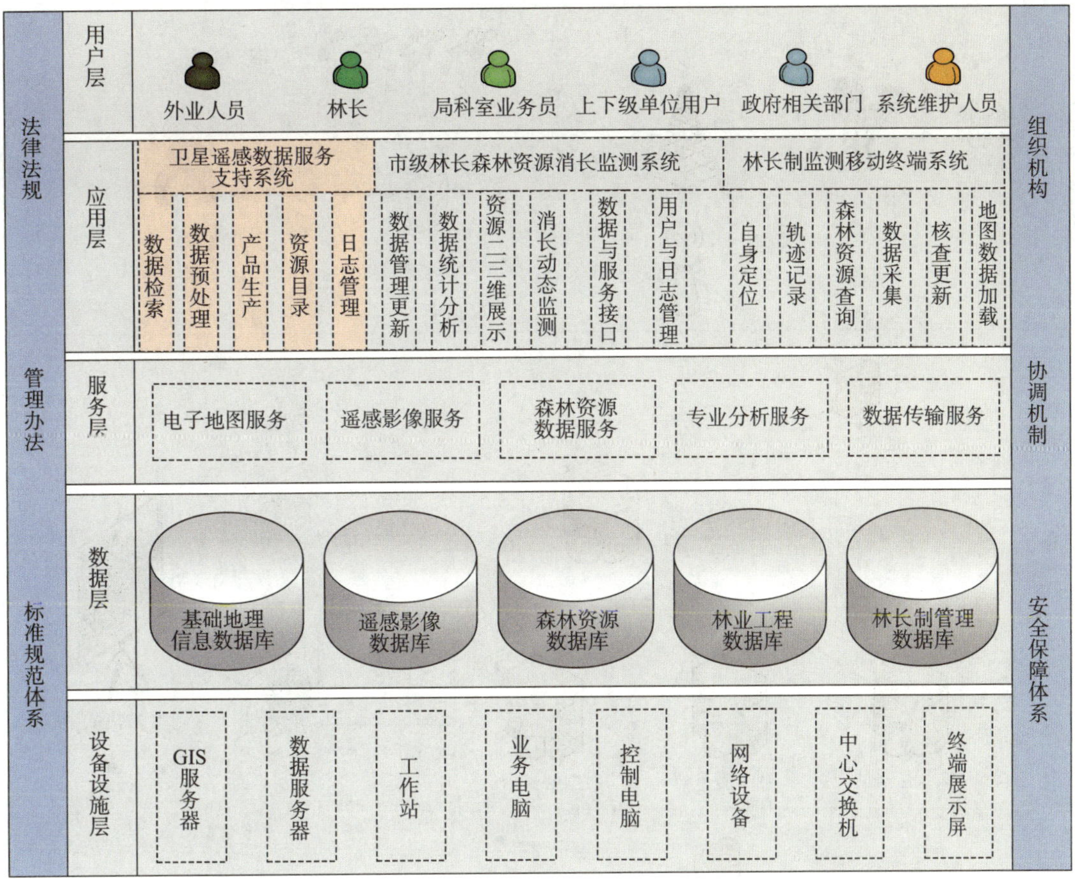

图 7－1　业务逻辑架构

（4）平台物理架构

如图 7－2 所示，森林资源管理与服务平台基于滁州市林业局及社会基础服务设施已有的物理架构和网络架构，利用已建设的成熟的网络、安全、机房等基础设施来提供基础物理支撑。

GIS 服务器与数据服务器部署于林业局现有的机房，通过现有的网络与局领导及各个科室的业务客户端计算机实现数据与服务的交互。

移动终端与林场现场监测设备通过移动通信网络或 WIFI 等无线网络接入系统服务平台，实现数据的交互。

平台设计预留接口，实现市局服务平台与省级、县市级、林场等林业管理和经营单位、大数据局与自然资源局等社会推广应用单位的数据与服务共享。

（5）系统总体技术架构

利用数据库存储技术、数据提取转换与加载技术、数据传输技术、地图与数据服务技术、空间分析技术、组件 GIS 开发技术、二三维信息显示技术为系统提供数据访问、计算、信息展示及业务定制支撑。通过数据接入、数据资源、分析计算与业务服务等分配与

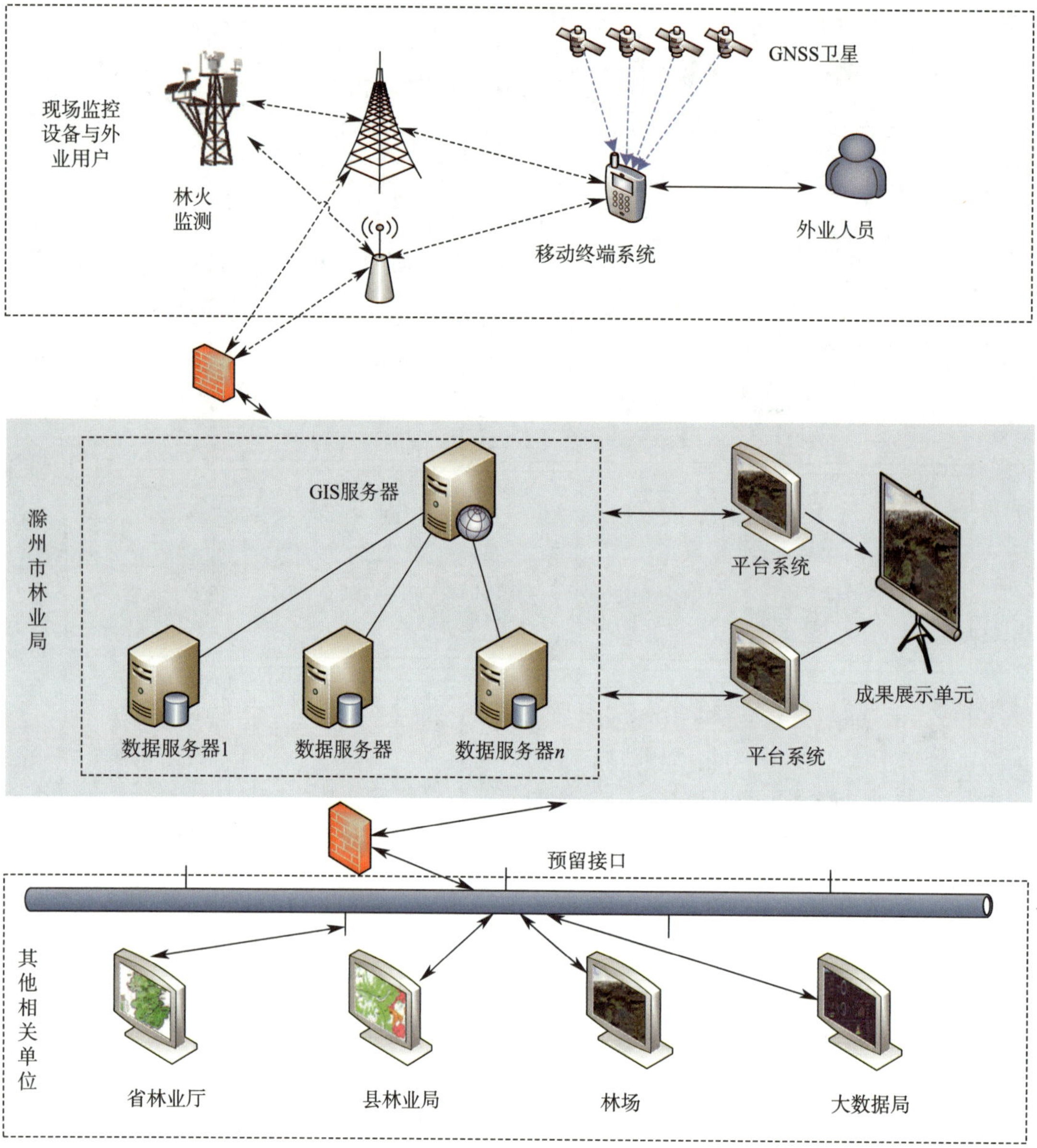

图 7-2 平台物理架构

管理技术，对数据接入与访问、计算资源的分类与业务功能协调进行有效管理。系统总体技术架构见图 7-3。

用户层：通过统一身份认证技术识别用户的合法性及其使用的软件管理与业务功能；通过标准访问接口，实现不同部门、不同系统之间的数据与服务交互；通过数据缓存与显示缓存技术，实现数据与计算结果的快速展示。

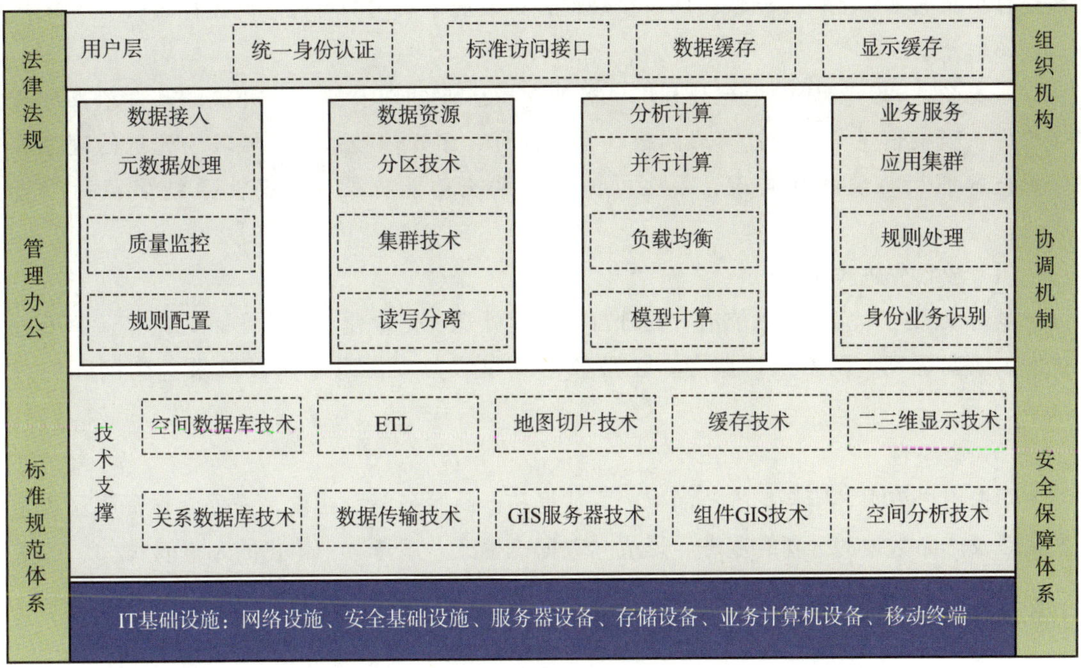

图 7－3 系统总体技术架构

7.3 基于高分载荷的林地资源监测原型系统

基于高分载荷的林地资源监测原型系统是面向林业管理部门，为区域林长制遥感监测量身打造的综合业务运行系统。该系统可运行于 Windows 平台上，可实现对国产高分卫星遥感数据进行预处理、信息提取、产品生产等功能，基于国产高分卫星数据的林长制专题信息识别、林业资源信息统计与分析、林地工程统计与分析、森林资源消长动态显示与查询、外业调查等功能，以及基于互联网+云平台的信息即时推送及同步更新、多形式用户信息接收等功能，具备满足林业不同层次业务需求、不同用户需求的能力。

7.3.1 系统设计原则

（1）高可靠性

系统参照民用航天系统工程建设要求，进行系统工程化设计与管理。采用科学的开发体系，严格按照 CMM 和 ISO 9001 标准，控制软件开发过程，保证软件质量。

完善的测试方案，采用标准的软件测试工具和测试方法，通过第三方测试机构对软件进行全面测试，同时启动标准软件缺陷跟踪系统，对软件的缺陷进行跟踪，保证软件缺陷的及时更正，保证应用系统能高可靠性运行。

（2）实用性

本系统各个组成部分功能模块上相互独立同时数据信息又相互联系，从而保证了系统在现有功能的基础上，方便快捷的可扩展性，以及简单易用的可持续利用性。

（3）开放性

系统设计和开发建设中充分利用已有的遥感影像处理模型算法开源的开发组件和支撑软件，吸纳信息科学、计算机网络、服务计算、多媒体技术等领域较为先进的理念和成熟技术成果，设计开放式、柔性可扩展的系统功能框架，支持多系统多载荷综合应用。

（4）成熟先进技术

紧密跟踪国际应用技术前沿，提升自动快速处理、定量化应用水平，无论是遥感处理技术、数据管理、网络通信服务，还是数据发布服务确保系统建设成果达到国际先进水平。

（5）完整性

根据用户需求，围绕标准产品生产、数据和产品服务能力建设，提供森林资源监测生产线以及产品数据的分析和服务，形成“数据—生产—服务”一体化的完整模式。

7.3.2 系统总体设计

（1）业务流程

中心节点将共性技术成果、基础信息产品、标准样本数据等存储于中心遥感应用时空综合信息仓库，通过遥感应用综合共享服务系统向各应用节点信息产品处理、验证、服务系统提供技术与信息服务；按照共享要求，通过专项门户网站为社会公众提供服务；行业、区域数据与专题产品存储于行业、区域系统专题数据库。综上所述，业务流程主要包括数据产品获取流程、信息产品与示范应用流程以及对于行业和公众的云服务流程等。

数据产品获取流程：通过专网提交订单与用户需求，获得各类载荷 1—2 级数据产品及相关辅助数据，按照专项涉密数据管理要求进行存储、转换与相应处理。

信息产品与示范应用流程：建立应用共享与服务网络，由中心作为网络主节点，进行 3—5 级基础标准信息产品生产处理，各示范系统节点进行相应 3—6 级专题信息产品处理与示范区业务示范。

云服务流程：行业、公众等各领域用户通过互联网与国内其他开放网络访问应用云服务平台，获得各类数据、信息资源与应用服务。

（2）技术流程

系统通过数据中心接收 1—2 级数据产品，并通过辐射/几何精纠正处理、信息提取与分类技术、定量信息反演处理生成基础信息产品，存储于数据库，再通过专题处理技术、专题产品模型算法处理生成专题产品，存于产品数据库。

（3）产品流程

数据中心将 1～2 级数据产品提供给应用系统，实现基础信息产品的处理、生成专题产品。

7.3.3　系统功能模块

基于高分载荷的林地资源监测原型系统由文件管理模块、专题图模块、森林资源动态监测模块、林地变更信息监测模块、森林火灾应急与决策模块、GPS 点跟踪模块、地图定位模块、统计信息模块、工具模块、电子沙盘模块、帮助模块组成。具体功能如图 7－4 所示。

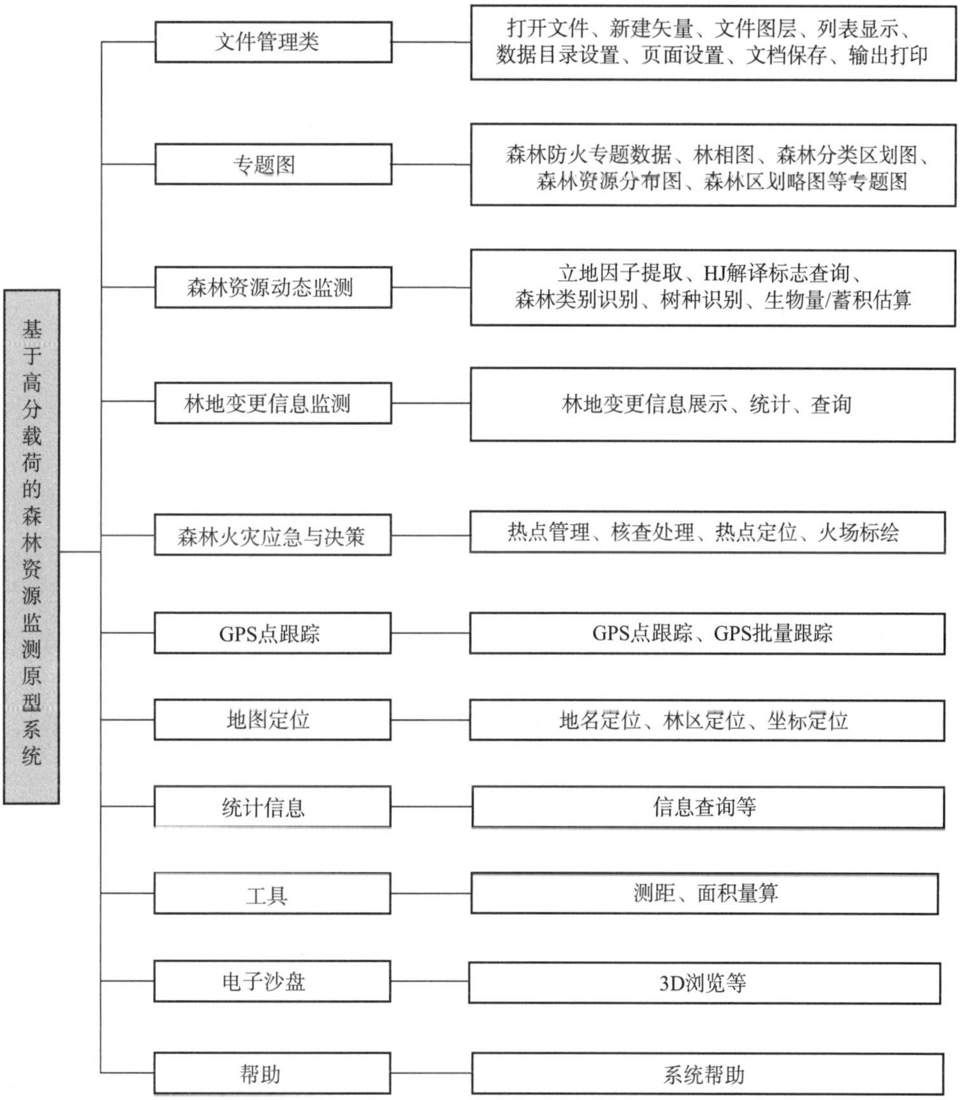

图 7－4　基于高分载荷的林地资源监测原型系统功能图

(1) 文件管理模块

文件管理主要用于打开基于高分载荷的森林资源监测原型系统文件，设置专题图初始路径及文档的存储、输出、打印等工作，为此系统的专业模块提供基础的文件管理功能。

（2）专题图模块

以森林二类调查数据、森林防火归档数据为基础数据制作出林业专题图（林相图、森林区划略图、森林资源分布图等）、森林防火专题图，按滁州市林业局所管辖的下属林场进行各个专题图管理。用户可以在查看各专题图的同时，根据所选择的影像类型（高分一号卫星、高分二号卫星、高分六号卫星）查看卫星影像和立体电子地图。

（3）林地资源动态监测模块

立地因子提取，根据输入的DEM数据，进行坡度、坡向和地形起伏度的自动提取。

林地信息提取，输入高分影像，通过边界自动提取功能实现林地信息提取。

郁闭度提取，输入高分影像，通过自动提取功能实现林分郁闭度提取。

树种识别，输入高分影像，通过自动提取功能实现树种识别。

生物量/蓄积估算，输入高分影像、树种分布文件，通过自动提取功能实现生物量/蓄积估算。

（4）森林火灾应急与辅助决策模块

热点管理，对热点信息进行数据库管理操作，并可将已保存的热点信息根据热点编号和经度、纬度地理坐标信息进行查询。

核查处理，主要是管理热点的核查信息，对热点核查数据进行数据库操作及计算热点的核查位置与热点接收的地理位置之间的误差距离。

热点定位，允许用户根据热点的经纬度信息或热点编号信息，在当前视图中定位，并标识出来。

实现对火势线、无烟区、火烧迹地以及火场的标绘，这些要素的标绘，可以用于辅助森林火灾应急决策。

（5）林地变更信息监测模块

按林场、地类、优势树种、公益林类型等不同内容的林地面积，显示专题地图。

（6）地图定位模块

地名定位：依据输入的地名查看相应地区的电子地图，并支持模糊查询。

林区定位：用户通过输入林班号及小班号，就可以实现在电子地图上高亮显示所包含的小班。

坐标定位：用户可以输入具体的坐标值（如经纬度或方里网坐标）来查看该点一定范围内的电子地图。

（7）工具模块

在“工具”菜单栏中，系统提供了各类操作地图的功能。其中，工具分为对二维地图的操作和对三维地图（电子沙盘）的操作。例如：放大、缩小、测距、标识等。

（8）电子沙盘模块

可以利用电子沙盘提供的工具（放大、缩小、漫游等）以三维电子地图方式模拟从空中察看整个林场。并可按任意路径和用户指定的路径飞行。让用户可以更加直观地从多角度全方位地观察林场的地形、地貌和火情等情况。

7.3.4　实现效果分析

基于国产高分系列卫星影像数据，构建基于卫星遥感、卫星导航定位、卫星通信及移动终端于一体的森林资源环境监测原型系统，在安徽滁州开展示范应用，实现“数据—信息—知识—智慧—作业”的完整链路，为高分遥感影像识别多种林分因子提供可能，为森林资源动态监测、森林资源管理提供工具与数据支持。具体实现效果见图 7－5～图 7－8。

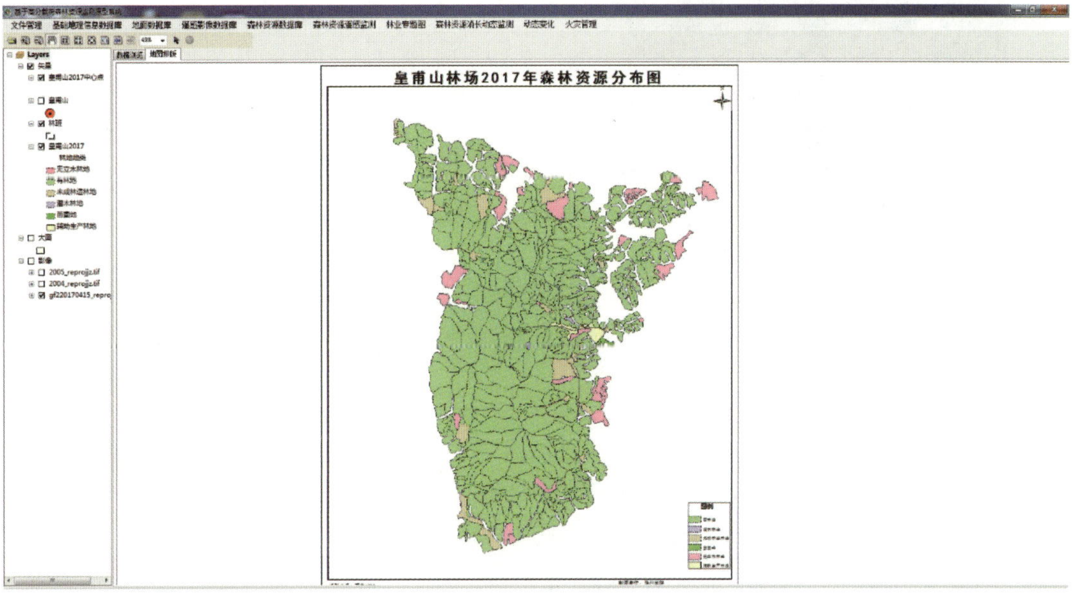

图 7－5　森林资源分布显示

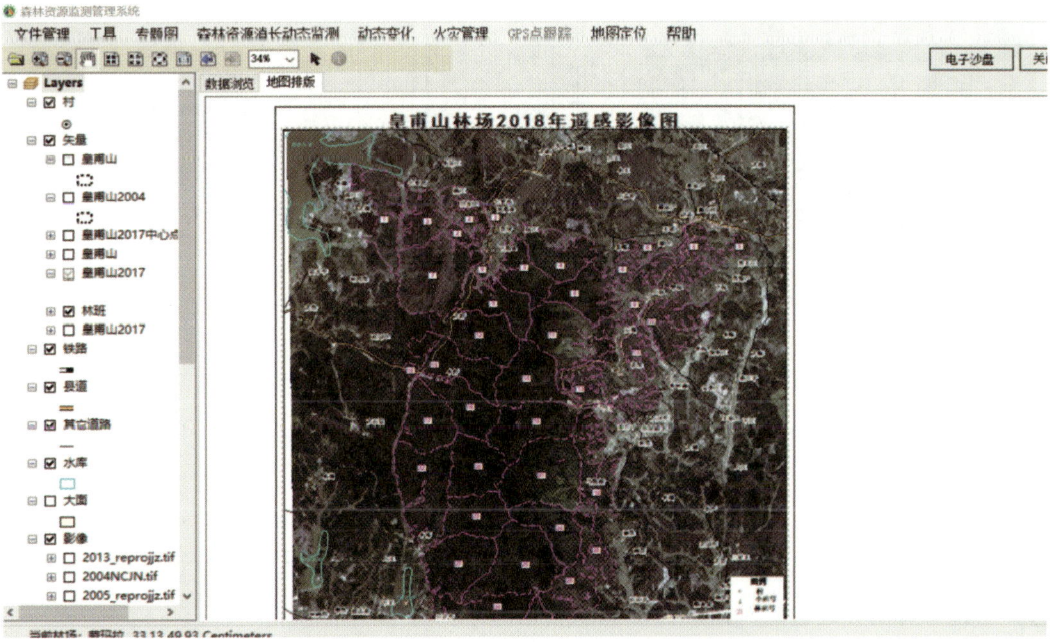

图 7－6　遥感影像图显示

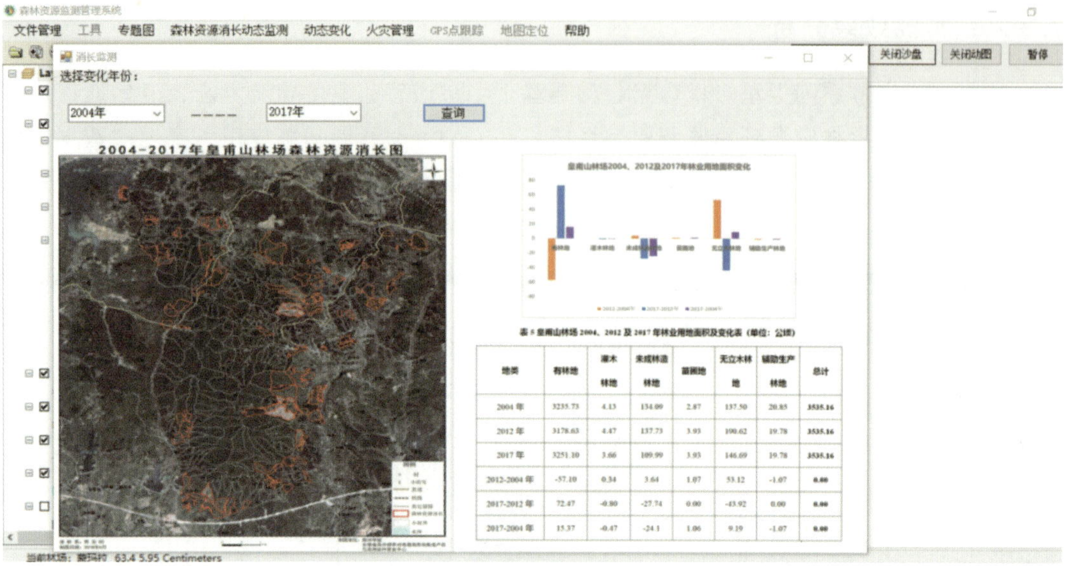

图 7-7　统计分析显示

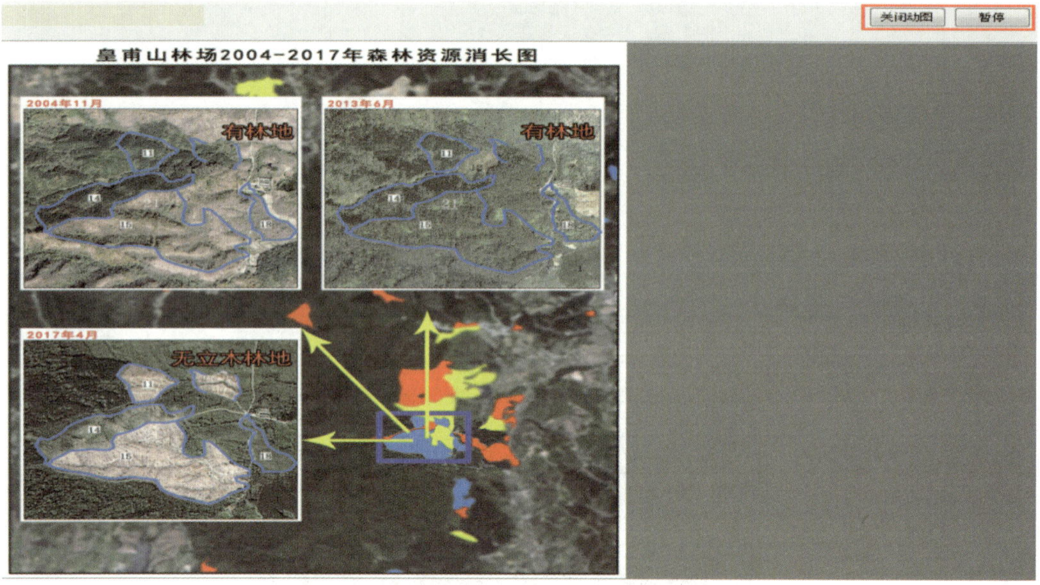

图 7-8　森林资源动态监测显示

7.3.4.1　森林资源动态监测模块

（1）功能描述

根据输入的 DEM 数据，进行坡度、坡向和地形起伏度的自动提取；实现对高分影像中土壤类型、土地利用类型以及植被类型的解译标志进行查询和地图定位；识别林地信息；通过与前期林地边界对比，自动提取变化部分。

（2）输入输出项

森林资源动态监测模块输入输出项见表 7－2。

表 7－2　森林资源动态监测模块输入输出项

项名称	输入/输出	说明	类型
新数据	输入	遥感影像数据、前期森林资源数据，DEM 数据等	栅格数据、矢量
产品	输出	两期森林分布图、森林变化分布图、森林立地因子等	矢量、栅格数据

（3）算法流程

森林资源动态监测主要包括林区坡度、坡向和地形起伏度的立地因子自动提取，对森林类别的自动识别，通过边界的自动提取，与前期森林资源数据对比，自动提取林地变化部分。针对高分辨率遥感影像的森林类别识别，通过基于小班边界约束的大尺度分割、小班影像对象赋类、小班对象内的细尺度分割，完成基于小班边界约束的高分遥感影像多尺度分割分类；通过林地变化遥感解译标志，开展小班内变化区对象分类；最后进行分类对象合并、碎斑滤除、边界平滑、变化图斑属性添加，形成变化小班。

（4）接口

内部接口主要为数据库读写、文件读写等接口，系统接口设计依托接口设计原则进行。

（5）结果图

基于异质性最小的多尺度区域分割流程如图 7－9 所示。

7.3.4.2　树种识别模块

（1）功能描述

实现高分影像的主要优势树种识别。

（2）输入输出项

树种识别模块输入输出项见表 7－3。

表 7－3　树种识别模块输入输出项

项名称	输入/输出	说明	类型
新数据	输入	遥感影像数据、林地分布范围数据等	栅格、矢量数据
产品	输出	树种分布图	栅格数据

（3）算法流程

基于尺度分割原理，开展随机森林算法和最小距离法构建基于高分卫星载荷的森林树种识别模型。根据研究区的森林植被分布特点和地物分类提取准则，本项目确定了高分辨率遥感、基于面向对象分层提取、随机森林算法和支持向量机算法相结合的森林植被提取方法。首先，通过利用改进的多尺度分割方法、最优分割尺度选择方法和预处理后的遥感影像数据，获取分割后的影像对象；其次，在汇总遥感影像中各地物类型的主要表现形式基础上，分析不同地物表现形式下的光谱特征、纹理特征、专题指数特征，并通过分析这些影像特征选取研究区适宜的遥感影像数据以及有利于地物分类提取的特征指标，根据森

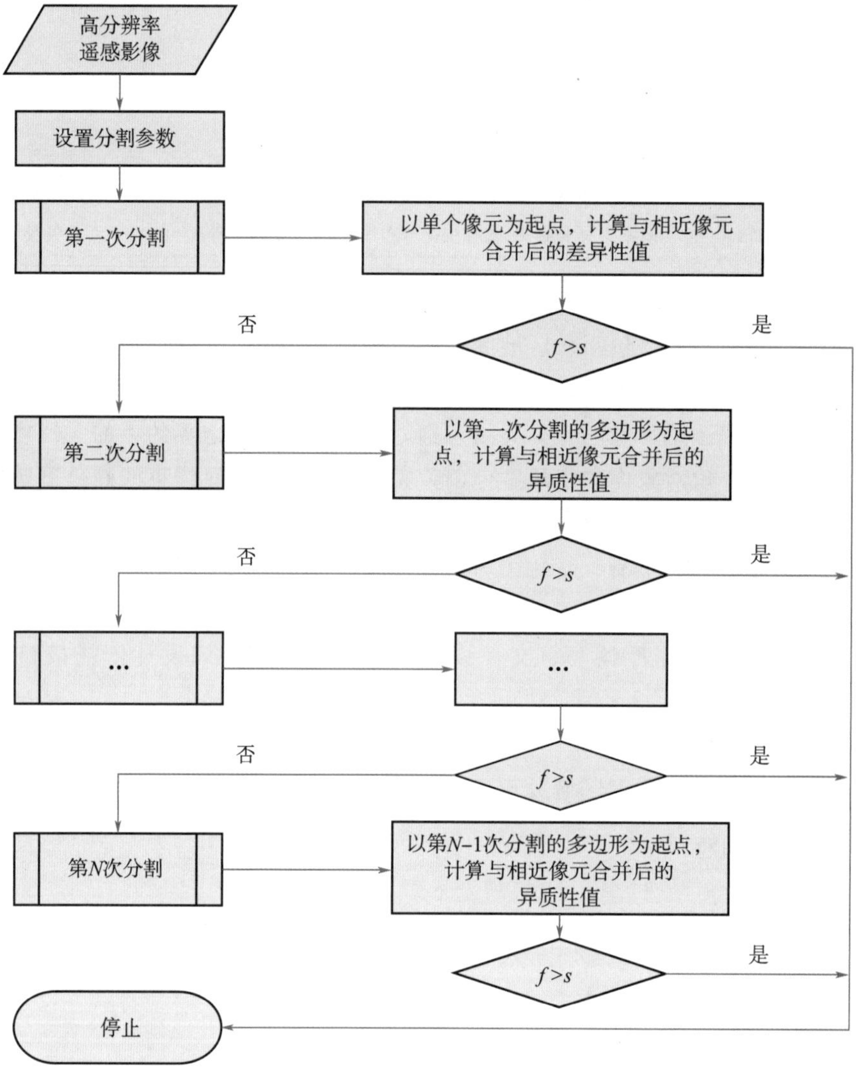

图 7-9　基于异质性最小的多尺度区域分割流程图（其中：f 为异质性值，s 为分割尺度的阈值）

林植被的空间分布特点，结合 DEM 数据，将整个研究区域分为平原区和山地丘陵区，并选取合适遥感影像进行分区域的最优尺度分割，结合地物在遥感影像中各表现形式下的光谱特征、纹理特征、专题指数特征采用随机森林的方法和最小距离法进行分类规则集构建；最后，根据分类规则集获取研究区的分类结果，并应用混淆矩阵验证设计的森林植被提取方法的分类精度。软件模块操作：输入高分遥感影像、森林资源分布数据，输出林分树种分布产品。基于深度学习的森林树种识别流程见图 7-10。

（4）接口

内部接口主要为数据库读写、文件读写等接口，系统接口设计依托接口设计原则进行。

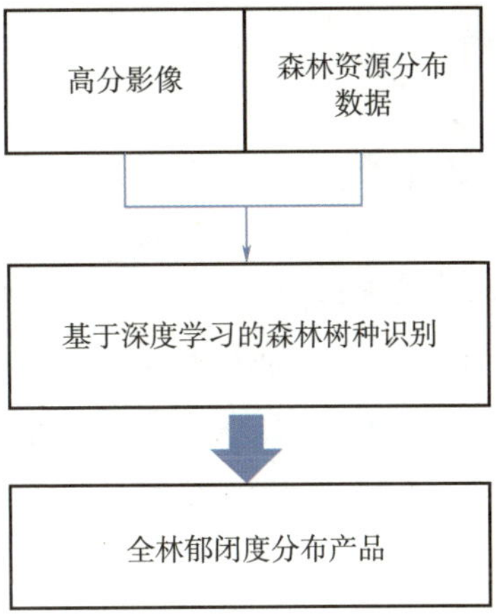

图 7－10　基于深度学习的森林树种识别流程图

(5) 结果图

森林树种识别分布如图 7－11 所示。

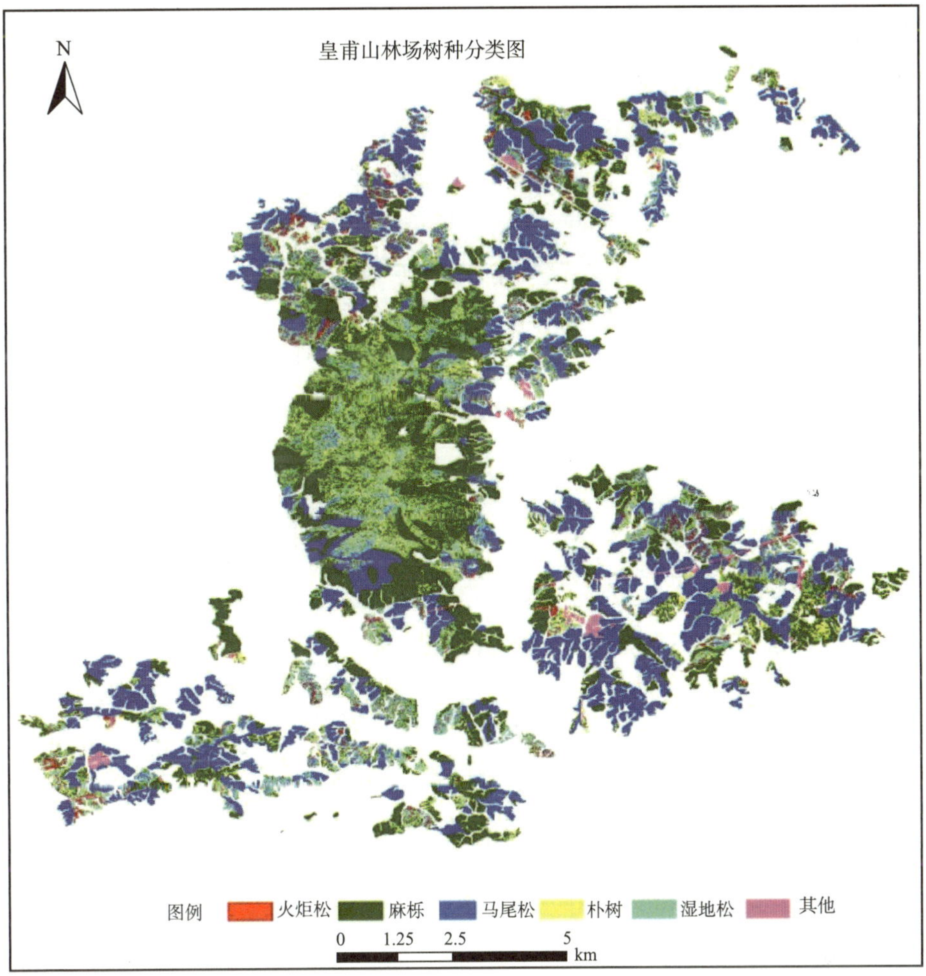

图 7－11　森林树种识别分布图

7.3.4.3 林分郁闭度估计模块

（1）功能描述

实现高分影像的主要优势树种识别。

（2）输入输出项

森林资源动态监测模块输入输出项见表 7-4。

表 7-4　森林资源动态监测模块输入输出项

项名称	输入/输出	说明	类型
新数据	输入	遥感影像数据、林地分布范围数据等	栅格、矢量数据
产品	输出	树种分布图	栅格数据

（3）算法流程

森林郁闭度遥感估计的关键是如何从海量遥感数据中提取出实用的信息和参数，确定通过何种模型运算与处理。本项目主要采用改进的径向基神经网络模型（RBF 神经网络模型）郁闭度估计模型（见图 7-12），从遥感影像中提取灰度共生矩阵纹理特征、归一化植被指数、差值植被指数、比值植被指数、垂直植被指数、土壤调节植被指数和图像缨帽变换后的亮度、绿度、湿度以及基于 DEM 提取的高程、坡度、坡向等关联因子。使用云模型理论改进径向基神经网络，在森林二类调查小班尺度上构建非线性统计模型，拟合和估计林分郁闭度。重点研究使用云变换方法产生多条云期望曲线，叠加拟合输入因子的概率密度分布曲线，构建高维云模型，进而建立径向基神经网络中心和宽度的自动确定算法。

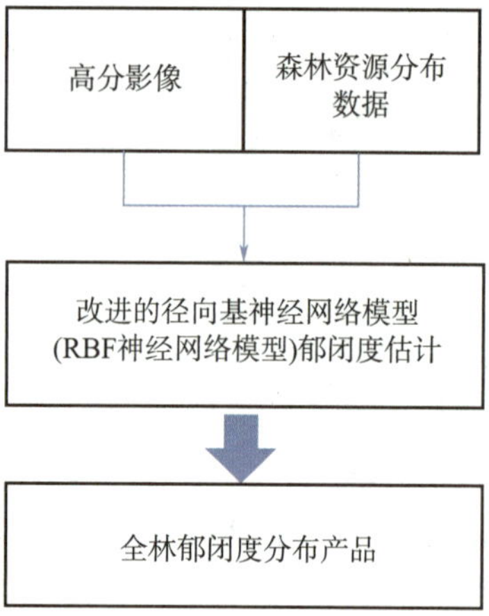

图 7-12　改进的径向基神经网络模型（RBF 神经网络模型）郁闭度估计流程图

（4）接口

内部接口主要为数据库读写、文件读写等接口，系统接口设计依托接口设计原则进行。

（5）结果图

林分郁闭度估计分布如图 7-13 所示。

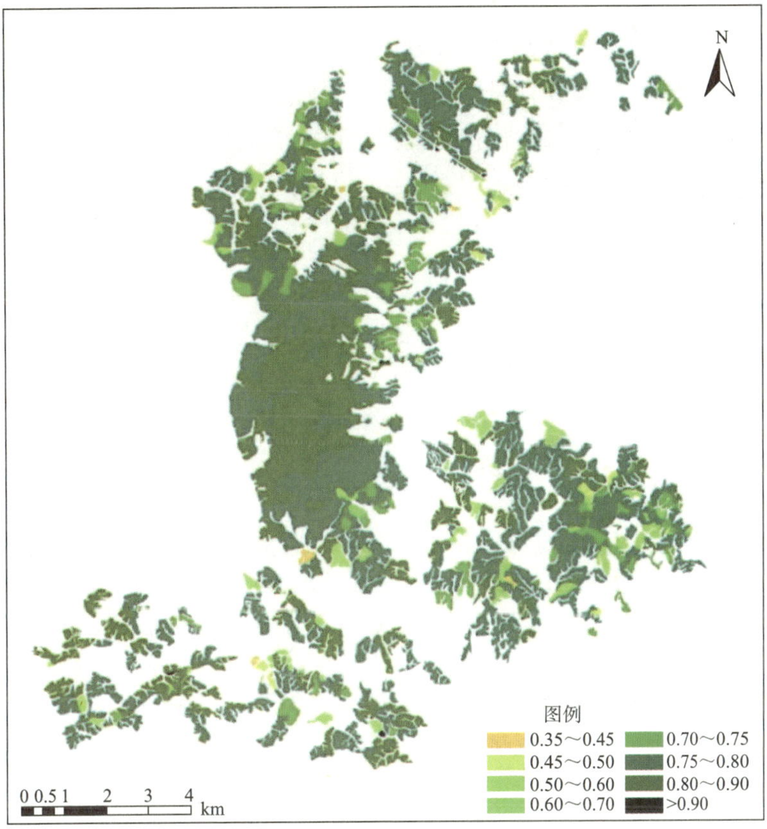

图 7-13　林分郁闭度估计分布图

7.3.4.4　森林生物量/NPP 估算模块

(1) 功能描述

实现高分影像的生物量/NPP 估算，主要包括斑块尺度森林生物量估算模块和区域尺度森林 NPP 估算模块。

(2) 输入输出项

斑块尺度森林生物量估算模块输入输出项见表 7-5；区域尺度森林 NPP 估算模块输入输出项见表 7-6。

表 7-5　斑块尺度森林生物量估算模块输入输出项

项名称	输入/输出	说明	类型
新数据	输入	遥感影像数据、林地分布范围数据、树种分布数据等	栅格、矢量数据
产品	输出	全林生物量分布图、不同树种生物量分布图	栅格数据

表 7-6　区域尺度森林 NPP 估算模块输入输出项

项名称	输入/输出	说明	类型
新数据	输入	遥感影像数据、温度数据、降水数据、蒸发数据等	栅格数据
产品	输出	全林 NPP 分布图	栅格数据

（3）算法流程

斑块尺度森林生物量估算模型原理是基于地统计学的模型，先提取遥感特征值，利用特征量的向量空间模型来计算两向量之间的距离，然后得出相似度，选取建模因子。分全林、分树种两种情况分别建立遥感因子团模型（见图 7－14）。

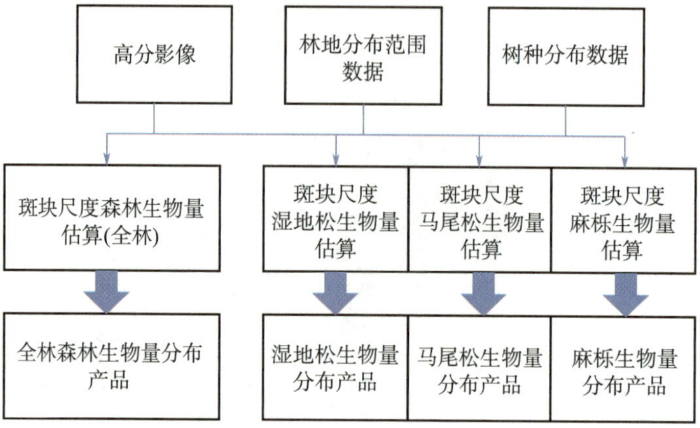

图 7－14　斑块尺度森林生物量估算流程

区域尺度森林 NPP 估算模型是集气候模型、光能利用率模型以及遥感模型于一体的综合生产力模型，包括气候要素空间分布子模型、辐射子模型、FPAR 子模型、潜在蒸散子模型、温度胁迫系数子模型、垂直地带极化子模型。其中，气候要素空间分布子模型主要用来求算气象要素分布（尤其是气温），辐射子模型主要用来求算陆表总辐射以及净辐射，FPAR 子模型主要用来求算植被冠层对接收的所有 PAR（400～700 nm）的吸收比例，潜在蒸散子模型主要用来求算潜在蒸散以便估算水分胁迫因子，温度胁迫系数子模型主要用来估算温度胁迫因子，垂直地带极化子模型主要用来求算坡度坡向与生产力的关系。区域尺度森林 NPP 估算流程见图 7－15。

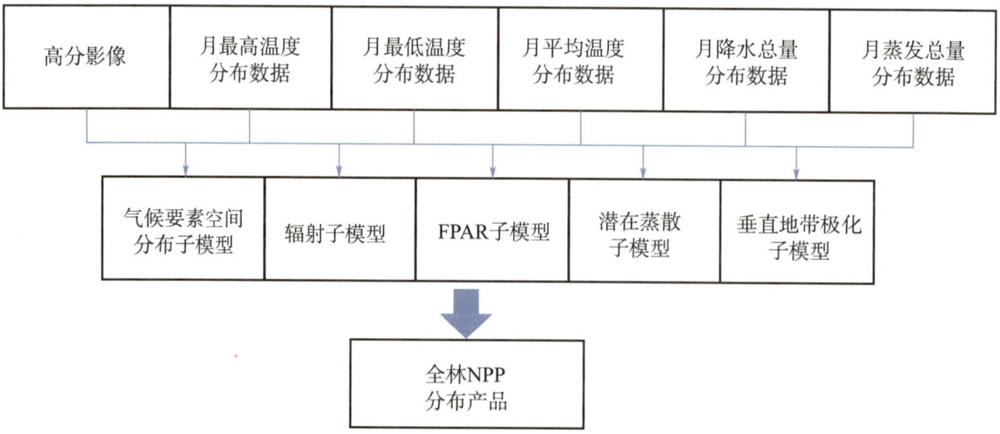

图 7－15　区域尺度森林 NPP 估算流程

（4）接口

内部接口主要为数据库读写、文件读写等接口，系统接口设计依托接口设计原则进行。

（5）结果图

生物量（蓄积量）反演分布如图 7－16 所示。

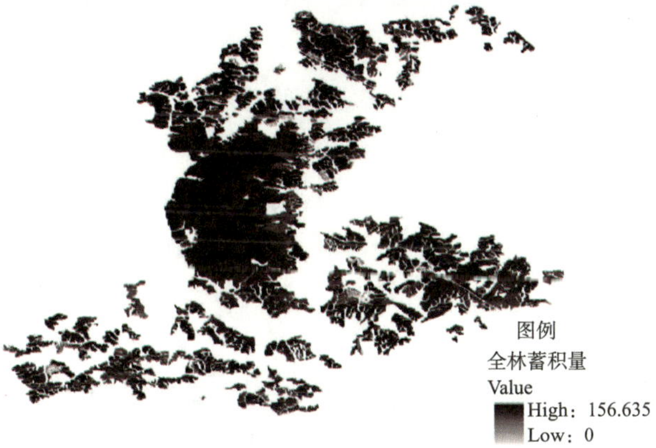

(a) 蓄积林总单因素B3*B4分析模拟图

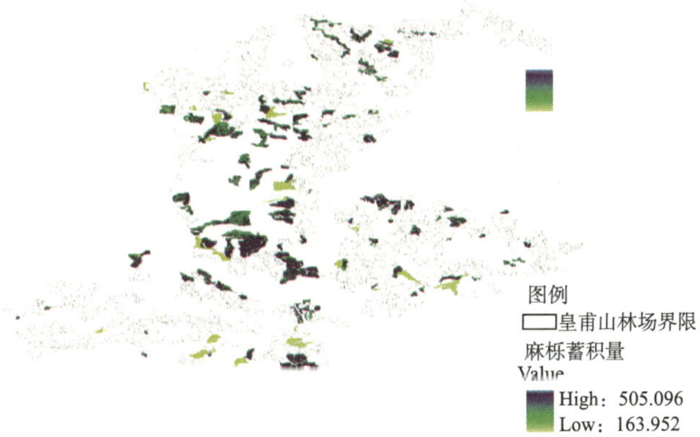

(b) 麻栎多因素分析模拟图

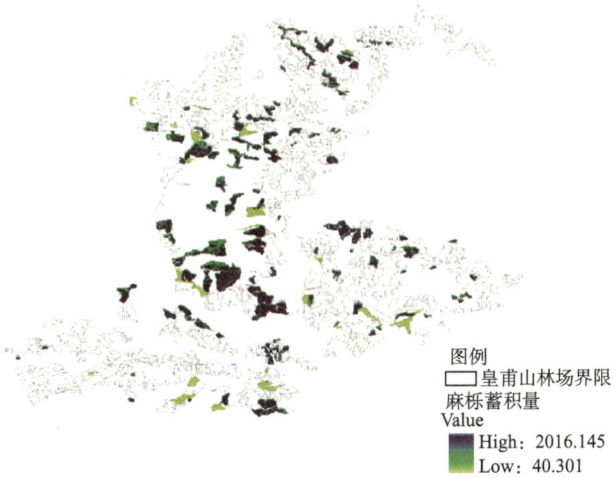

(c) 麻栎EVI单因素分析模拟图

图 7－16　生物量（蓄积量）反演分布图

7.4 森林资源管理与服务平台

该系统是面向林业管理部门、林场等应用对象，为区域林长制遥感监测量身打造的综合业务运行系统。项目以“互联网＋天基信息＋林长制”为核心，结合智慧林业发展，开展分阶段进行的运行模式。

总体呈现：形成“终端设备＋林长森林资源管理与服务平台运营＋市级林长森林资源管理与服务平台运营＋县（区）级林长森林资源管理与服务平台运营＋镇级林长森林资源管理与服务平台运营＋村级林长森林资源管理与服务平台运营＋林长制监测服务专题产品”模式，构建“市、县（区）、镇、村”四级林长制监测体系，为市、县（区）、镇、村四级林长，滁州林业局，林场，镇，村提供资源监测、森林管护、增绿护绿督察、辅助决策提供卫星监测服务。

本期建设呈现：形成“终端设备＋市级林长森林资源管理与服务平台运营＋市级林长制监测服务专题产品”模式，构建市级林长制监测体系，为市级林长、滁州林业局提供资源监测、森林管护、增绿护绿督察、辅助决策等卫星监测服务。

7.4.1 系统设计原则

1）建成一个服务当地信息化建设的、具有自主运行能力的、统筹当地林业信息资源的空间信息服务系统。

2）建成创新、协调、绿色、开放与共享、充分利用国家资源与其他资源的区域性空间信息服务系统。

7.4.2 系统总体架构

设备设施层：基于已有的和新添置的硬件资源平台搭建整个硬件平台，为系统提供网络、硬件与安全支撑。

数据层：汇集基础地理信息、遥感影像、森林资源、林业工程及林长制管理数据，按相关标准规范体系建立数据库，为系统服务提供数据支撑。

服务层：根据数据服务层提供的数据，利用GIS服务器，通过构建相应的地图、数据与专业分析服务，为应用层提供地图、数据与专业分析服务。

应用层：通过使用和开发相应的应用软件，实现森林资源消长监测相关业务功能、数据服务功能，为用户提供服务（其中卫星遥感数据服务支持系统是承担单位已有系统）。

用户层：各级、各部门用户通过相应的平台软件、APP或接口服务，使用系统提供的业务功能与数据、地图服务。

7.4.3　系统功能模块

7.4.3.1　现状森林资源数据统计与分析模块

本模块实现对各类森林资源进行二三维展示、各类森林资源信息的查询与统计分析。现状森林资源数据统计与分析模块组成见图 7－17。

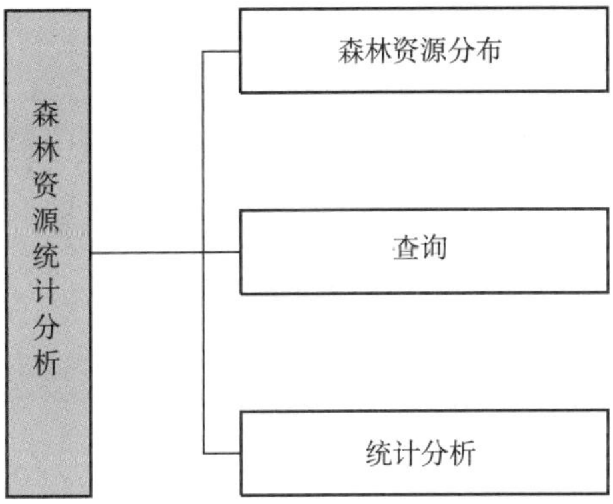

图 7－17　现状森林资源数据统计与分析模块组成

(1) 森林资源数据分布二三维展示

按林业制图规范，将森林资源分布、林相分布、森林蓄积量分布、优势树种分布、古树名木分布等通过二三维电子地图（沙盘）的方式显示。

(2) 森林资源信息的查询

小班信息查询：用户可以按照一个条件或按照多个条件对小班信息进行检索查询。如可按林班与小班号、地类、林种、树种组成、森林立地类型等进行关键字快速检索，并对检索出的结果进行快速地图定位。

古树名木查询：用户可以按照一个条件或按照多个条件对古树名木库进行检索查询。如可按编号、中文名、拉丁名、地区和保护级别等对古树名木及相关信息进行关键字快速检索，并对检索出的结果进行快速地图定位。

(3) 森林资源信息的统计分析

实现包含林业用地类型、地类、林种、树种组成、森林立地类型等面积统计及统计图表输出功能。

7.4.3.2　林地工程统计与分析模块

林地工程统计与分析模块包括：林地工程分布二三维展示、采伐查询与分析、征占查询与分析（见图 7－18）。

(1) 林地工程分布二三维展示

根据林地工程名称，将林地工程的分布位置、林地工程的环境现状等通过二三维电子地图（沙盘）的方式显示。

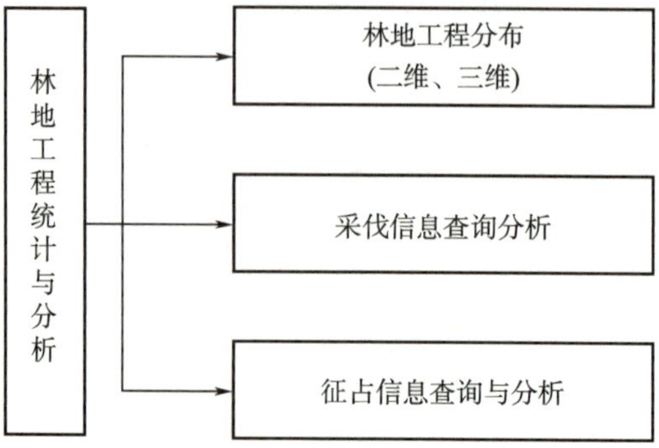

图 7－18 林地工程统计与分析模块组成

(2) 采伐查询与分析

通过操作数据库，对已经入库的采伐信息进行查询，并将查询结果显示在地图上，可按照采伐时间、采伐的地理范围等条件进行统计分析，并可输出统计图表。

(3) 征占查询与分析

可以进行所辖区域内征占信息的查询，查询已经入库的信息中，计划征占的范围、实际征占的范围，并将征占信息与遥感影像叠加显示，可与其他森林资源信息结合，统计分析征占范围中占用了多少森林资源，并可将统计图表输出。

7.4.3.3 森林资源消长动态监测模块

结合专项监测（征占、造林、采伐、火灾、病虫害、林政案件等）成果，并辅以外业核查，进行叠加分析，形成资源消长动态变化监测成果，通过特定的更新机制实现资源档案更新，及时掌握森林资源消长情况，为森林资源更新管理提供有力支持。

包含历年与现状年各类森林资源（含专项监测信息）的查询、统计分析、两期影像变化分析、森林消长统计分析及森林消长变化分布图等模块（见图 7－19）。

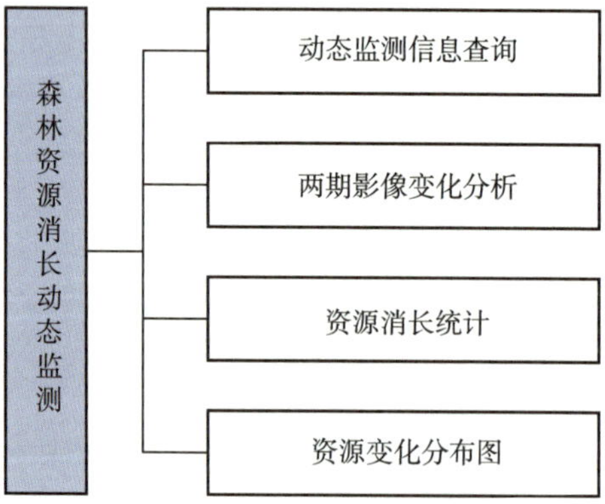

图 7－19 森林资源消长动态监测模块组成

(1) 动态监测信息查询

历年与现状年各类森林资源（含专项监测信息）林业用地类型、地类、林种、树种组成、森林立地类型、变更类型等的查询，并将查询结果定位显示于电子地图。

（2）两期影像变化分析

通过将不同时期的遥感影像同步显示，并叠加各类森林监测数据，查看、分析变化情况。

（3）森林资源消长统计

统计不同森林资源变更类型的面积。森林消长区域小班林业用地类型、地类、林种、树种组成、森林立地类型、蓄积量等数据统计分析。

（4）森林资源消长变化分布

将各类森林消长变化情况在电子地图上显示。

7.4.4　实现效果分析

实现了森林资源、林地工程数据的更新、管理、统计、分析与展示，森林资源消长动态监测等功能。

1）现状森林资源数据统计与分析功能：满足滁州六个林场的森林资源分布二三维展示、森林资源二类数据查询与分析。

2）林地工程统计与分析功能：包括林地工程分布二三维展示、采伐查询与分析、征占查询与分析。

3）森林资源消长动态显示与查询功能：包含历年、现状年森林资源林业用地类型、地类、林种、树种组成、森林立地类型等的查询、统计分析；森林消长区域小班林业用地类型、地类、林种、树种组成、森林立地类型等数据查询、统计分析；森林消长变化分布图查询与展示。

具体实现效果如图 7－20 至图 7－23 所示。

图 7－20　森林资源管理与服务平台显示界面

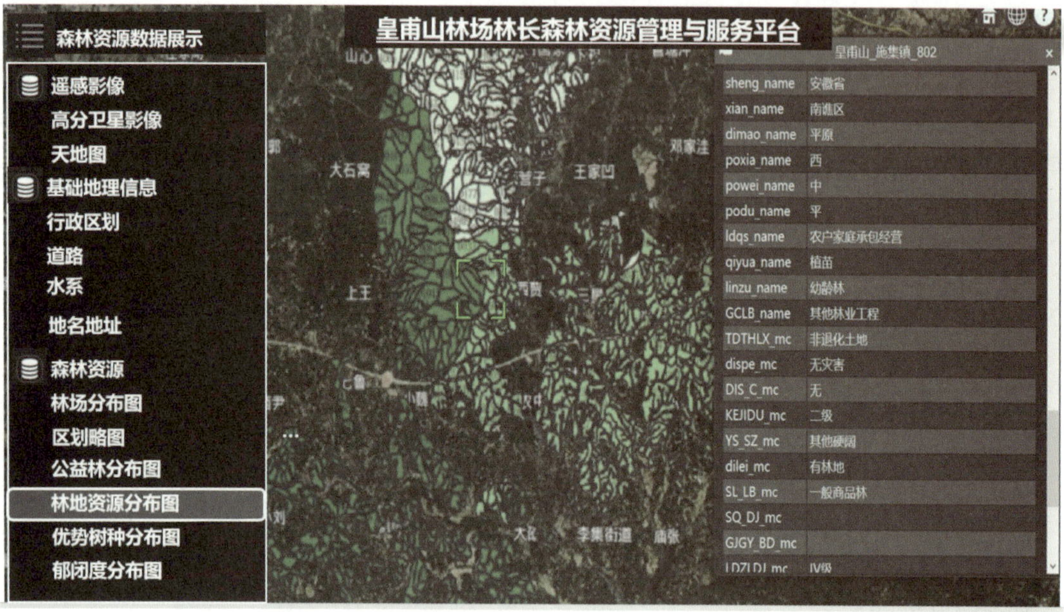

图 7-21　森林资源管理与服务平台二三维显示

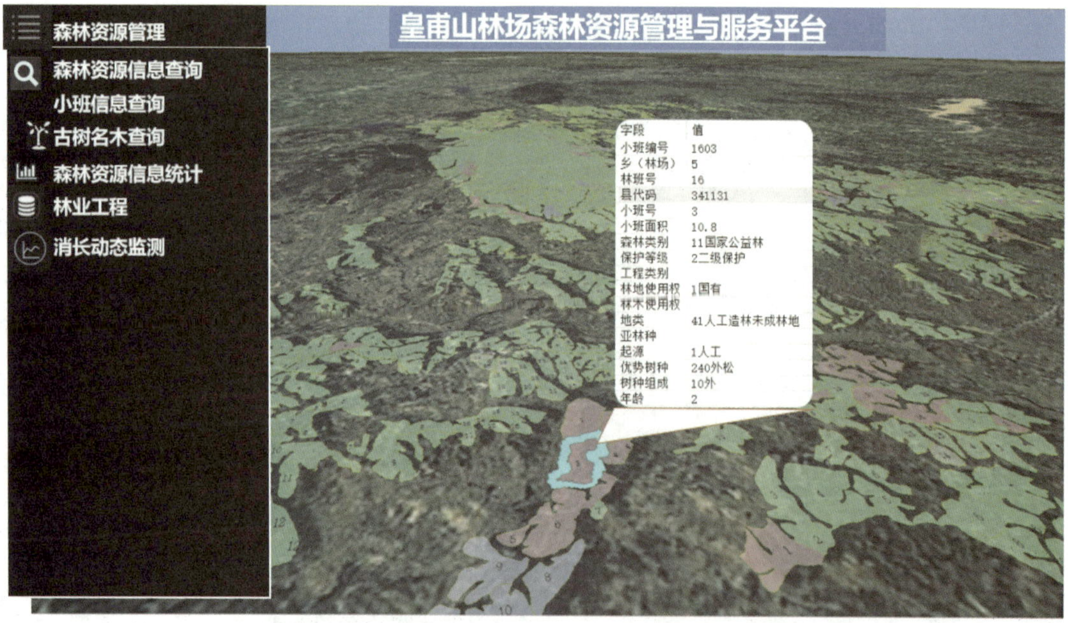

图 7-22　森林资源管理与服务平台小班查询显示图

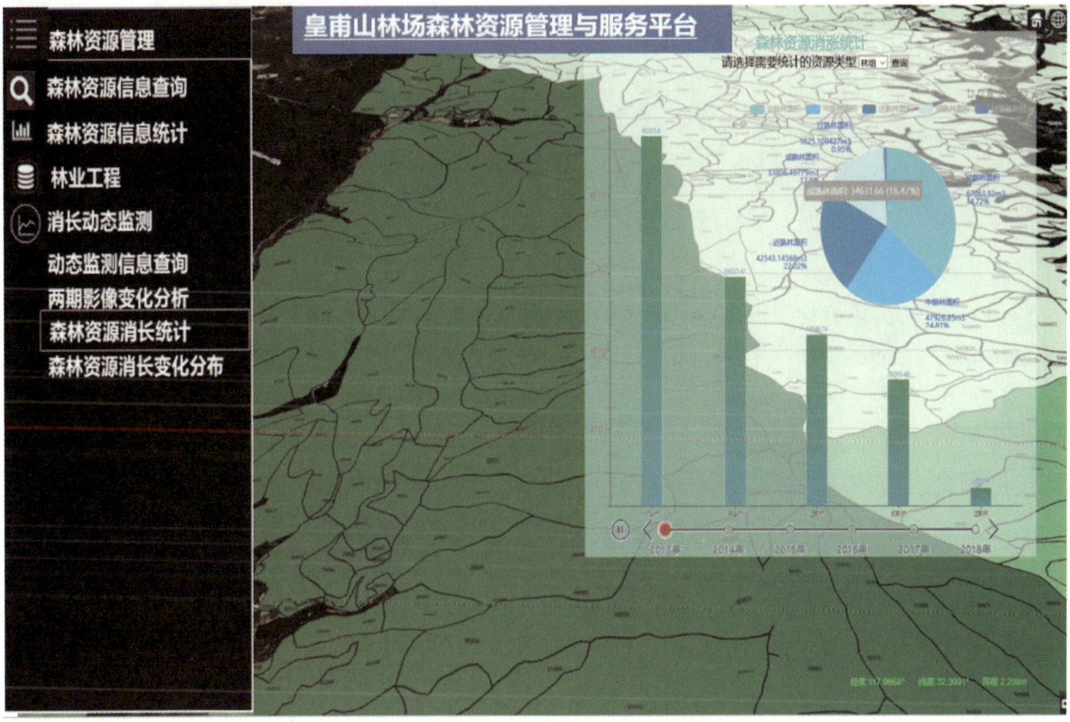

图 7-23　森林资源管理与服务平台森林消长变化显示图

7.5　高分卫星森林资源监测移动终端系统

7.5.1　系统设计原则

高分卫星森林资源监测移动终端是以林长森林资源管理与服务平台为依托，结合移动终端开发技术，以林业信息化业务为目标，按照一定的设计原则开发的森林资源监测移动端系统，实现了基于云平台＋移动终端模式的森林资源监测的业务目标。

系统的设计遵循了先进性、开放性、兼容性、安全性、保密性可靠性原则，实现信息的快速查询采集交互服务。

（1）实用性和易用性原则

系统平台提供美观实用、友好直观的中文图形化用户管理界面，在系统设计时充分考虑林业工作人员的习惯，方便易学、易于操作。

（2）先进性原则

在保证应用移动端系统实用性前提下，系统在设计思想、系统框架、应用技术上均要尽可能采用最先进的技术、方法、软件、硬件设备等。

（3）高效性原则

系统运行、响应速度快，各类数据组织合理，信息查询、更新顺畅，很大程度上提高林业业务工作效率。

（4）集成性原则

本项目所涉及的服务平台之间应产生有机衔接，通过数据库关联、业务数据整合、数据交换等技术实现数据的共享和服务。

（5）标准化和开放性原则

在系统构架、应用技术、平台选用等方面都必须遵循相关标准，具有良好的开放性。数据库建设方面，数据交换体系和格式严格参照国家及行业的相关标准。

（6）高可靠性、稳定性原则

在建设平台上，必须保证本次工程的可靠性和安全性，设计中应有适量的冗余及其他保护措施，平台应具有容错性、稳健性等。

（7）可扩展性原则

可扩展性是本系统平台建设的一个重要原则，包括业务功能扩展和软硬件升级等。应采用结构化、组件化设计等开发建设思路。整体构架要考虑系统与平台的无缝连接，为今后系统扩展和集成留有扩充余量。

7.5.2 系统总体架构

高分卫星森林资源监测移动终端是以森林资源管理与服务平台为依托，由应用层、中间层和数据层三个层次构成（见图 7-24）。数据层为移动端提供所需数据，包括林业资源数据以及遥感影像数据。中间层负责数据层与移动端的交互响应，该层包括了 ArcGIS for Server 以及 Web Service 服务。应用层提供了“地图操作”“应用工具”“数据管理”“数据查询”“人员管理”五个功能模块，以便用户交互实现林业业务目标。

7.5.3 系统功能模块

基于 Android 智能手机，在 ArcGIS for Android 10.2.9 移动 GIS 软件平台上设计、开发、实现了一套自主灵活轻便的移动 GIS 基础软件平台，系统分为“地图操作”“应用工具”“空间数据管理”“属性数据查询”“人员管理”等功能模块（见图 7-25）。

地图操作：实现多期遥感影像的加载、林业资源数据的叠加以及对地图的浏览、移动和缩放等功能。

应用工具：为用户提供了 GPS 定位、移动轨迹的记录以及距离和面积的测量功能。

空间数据管理：实现了林业信息采集、林班和小班的林业资源的属性编辑以及图形编辑、支持信息采集信息同步上传。

属性数据查询：实现了小班、林班、管护站等林业相关信息的统计查询，实现森林资源的监测。

人员管理：能够完成身份认证、日常考勤和一键报警功能。

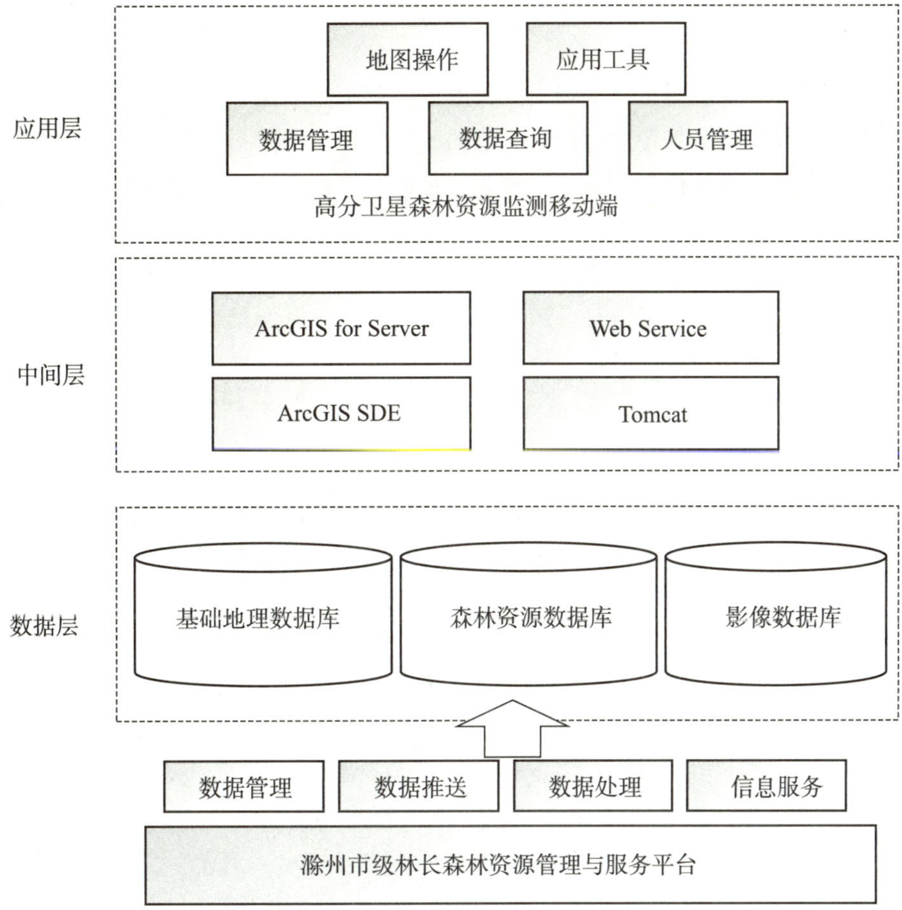

图 7-24　系统总体架构图

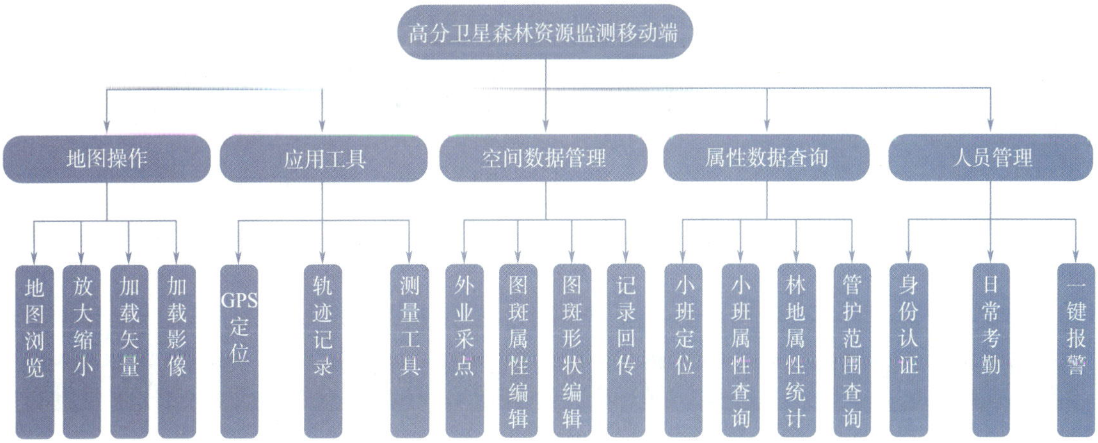

图 7-25　系统功能图

7.5.4 系统实现效果

高分卫星森林资源监测移动终端主要服务于林业工作人员，为用户在数据浏览、林业信息查询统计以及数据采集等方面提供有效的服务支持。用户可以随时随地、实时快速地获取地区遥感影像和林业信息数据，对林业信息进行查询编辑和森林资源监测，及时地对林业信息进行采集和反馈。

手机端系统实现了“地图操作”“应用工具”“数据管理”“数据查询”“人员管理”等功能模块，方便用户了解位置信息、影像图层信息、林业资源信息、基本量测，也提供林地信息采集功能，一方面用户可以现地采集林业数据，另一方面能够及时监测林业信息的变化。系统效果如图 7－26 至图 7－32 所示。

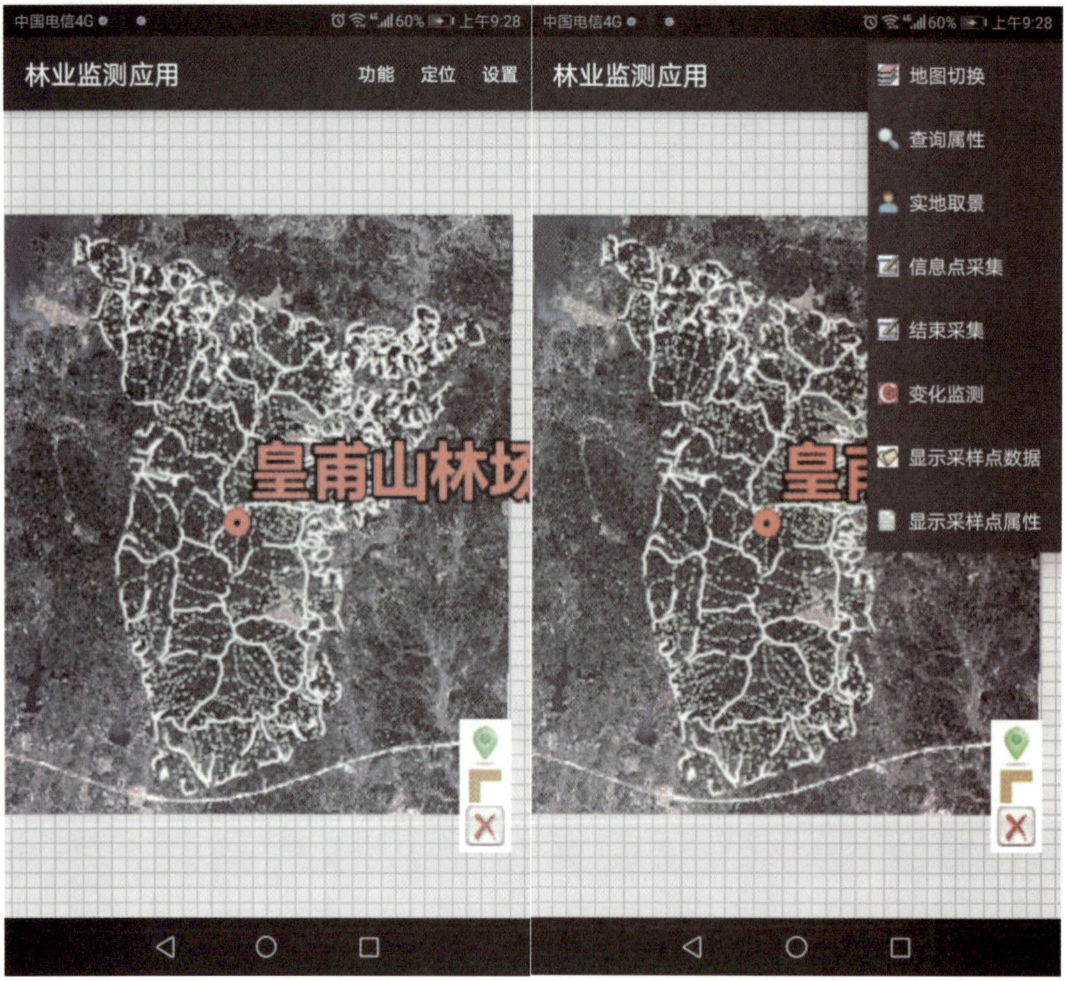

图 7－26　系统功能

图 7－27　森林资源查询

图 7－28　林业信息查询

图 7－29　林业信息采集

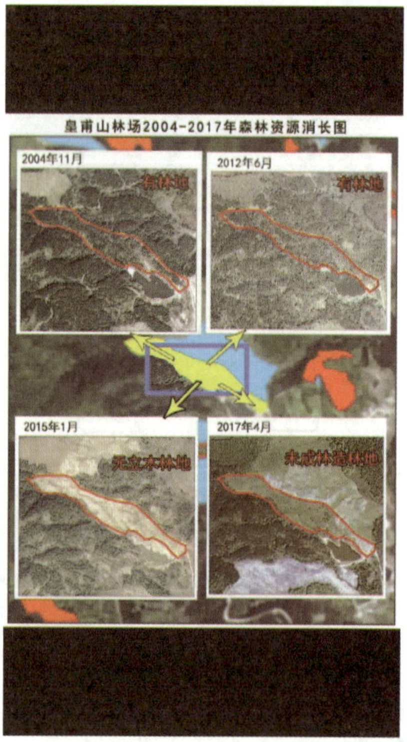

图 7－30　林业信息监测

图 7-31　轨迹信息采集

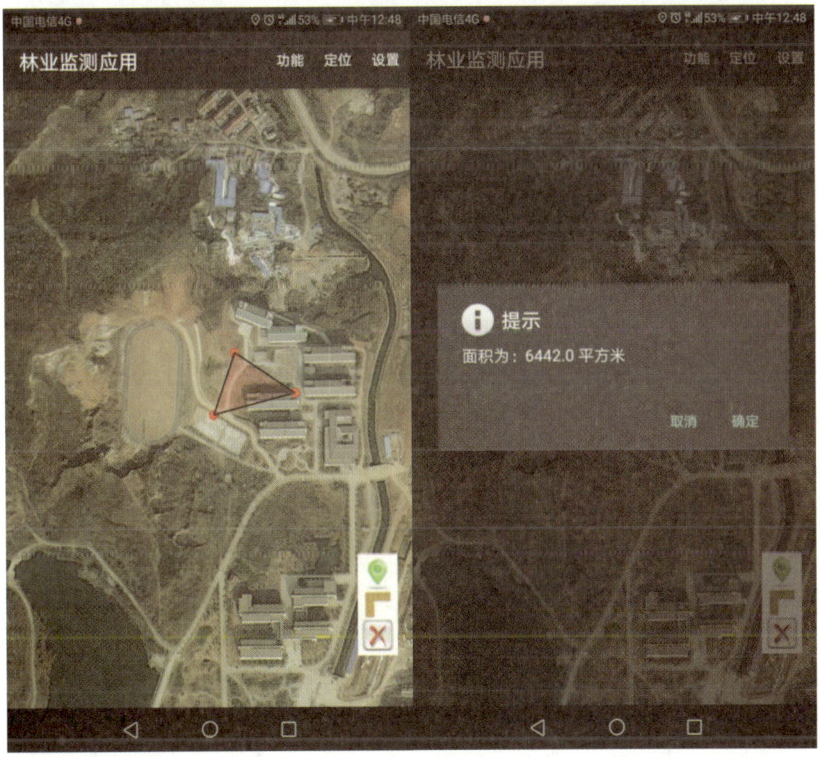

图 7-32　测量

7.6 系统研发关键技术

7.6.1 海量数据快速分发技术

空间信息数据单线传输受机器性能、网络带宽、网络时段等多种因素影响，使得空间信息大数据即时推送时效性降低。为解决这一问题，本项目基于云存储理念，通过可伸缩的 Web 节点集群来提供海量数据的并发传输分享服务，使超大规模的海量信息的快速分发成为可能。

海量数据快速分发系统面临的挑战是要同时满足对动态渲染的和静态缓存的海量遥感影像数据的高并发访问请求。静态 Web 服务器提供对静态资源（如静态图片和只读文档）的访问，而动态 Web 服务器主要是提供动态资源（如表单、实时渲染的图片等）的访问。考虑到单服务器不能承载，因此使用了分布式架构。数据快速分发机制如图 7－33 所示。

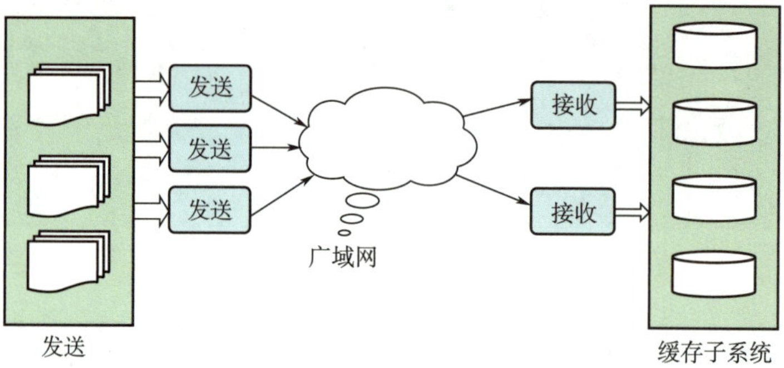

图 7－33　数据快速分发机制

分布式哈希表（DHT）是分布式计算系统中得到广泛应用的一个体系结构，主要用来将数据的计算和处理分散到分布式系统中的各个物理节点进行。其技术特点是高容错性和高可伸缩性，技术上足够成熟，在实现上也比较简单。

大规模分布式计算系统都有一些相同的特点，其中之一就是为了节省成本，一般都将集群搭建在大量的 PC 服务器上。这样一来随着集群规模的增大，发生机器故障的概率也随之增长。所以此时在设计系统时，将机器故障视为一种常态。作为一个分布式的快速分发系统，必须能够将用户的请求分配到集群中的不同机器中处理，在机器出现故障时及时将请求自动迁移到其他正常运行的机器上。

通过“一致性哈希”可以比较好地解决这个问题，其基本思想是将整个影像数据的哈希空间看作一个环，每一个物理节点都有一个 Token，拥有不同 Token 值的节点将处于环的不同位置。当一个用户访问请求到来时，应用路由层会将这个用户请求做一个哈希计算，从而映射到环上，然后在环上按照固定顺序往下寻找，找到的第一个物理节点即为对这个请求对应的服务节点。当要向集群中增加机器时，首先为这个新节点分配一个 Token，然后将他下游机器上原来的请求转交给本机上就算完成了迁移。每当增加一个新的机器节点时只会影响一小部分现有的物理节点，用户访问迁移的代价很低。通过这种方式就实现了系统的高可伸缩性。考虑到每份影像数据的处理不是仅存在一个物理节点中，而是可以分别在下游的多个机器节点上进行，这些机器节点的数量是可以配置的。这样当一个物理节点失效时，可以继续沿环寻找下一个物理节点，从而保证影像数据的高可用性，如图 7－34 所示。

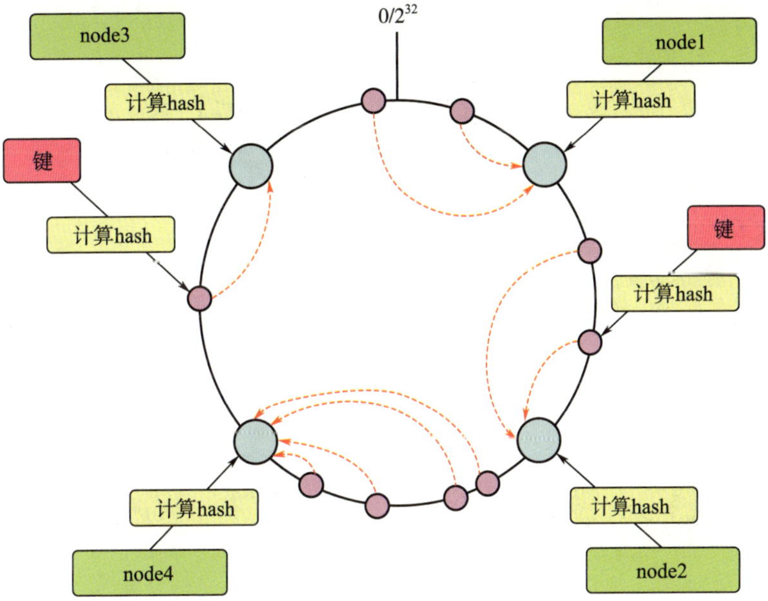

图 7－34　分布式哈希表

7.6.2　林业专题应用系统集成技术

为实现卫星综合产业化应用的目标，本项目在统一服务平台下和云运算服务系统下，集成专题应用系统的遥感应用成果和技术，开发智能化定制服务终端，实现在统一平台下对各个专题应用的移动终端服务。

研究在网络环境下多源海量空间信息的快速可视化技术及其快速表现、漫游和交互技术，三维虚拟场景建模可视化技术及网络环境下的综合信息可视化表达技术，实现多源海量空间信息的同化整合、集成共享、快速查询显示。以空间位置为基础关联点，以地球场景立体展示为基本特征，建立以国产高分辨率卫星影像为主体的空间信息集成平台，叠加并整合基础地理信息、森林资源信息，形成可搜索、可查询、可扩展、可更新并可提供广泛应用的空间信息基础平台；在此基础上完成以海量数据管理、快速信息搜索、多级数据缩放、多源信息整合等一系列关键技术研究。

7.6.3　前后端数据同步协同技术

在网络应用环境中，空间信息大数据和专题用户节点组成了分布式的网络结构，为了实现前后端数据的同步协同，建立了一种空间联网服务，及时发现数据的更新状态。通过这个服务完成元数据服务的发现、分布式服务注册，远程数据获取，多级高速缓存系统，分布式空间数据索引等级制，实现异地、多服务器的全局空间数据联网服务。通过该系统，对用户屏蔽后台的空间数据的复杂物理存储结构和数据获取方法的差异，提供针对全网内分布式空间数据访问的统一接口和集中管理视图。

在待同步资源的管理服务中，采用一种分布式数据信息联网的系统结构如图 7－35 所示。

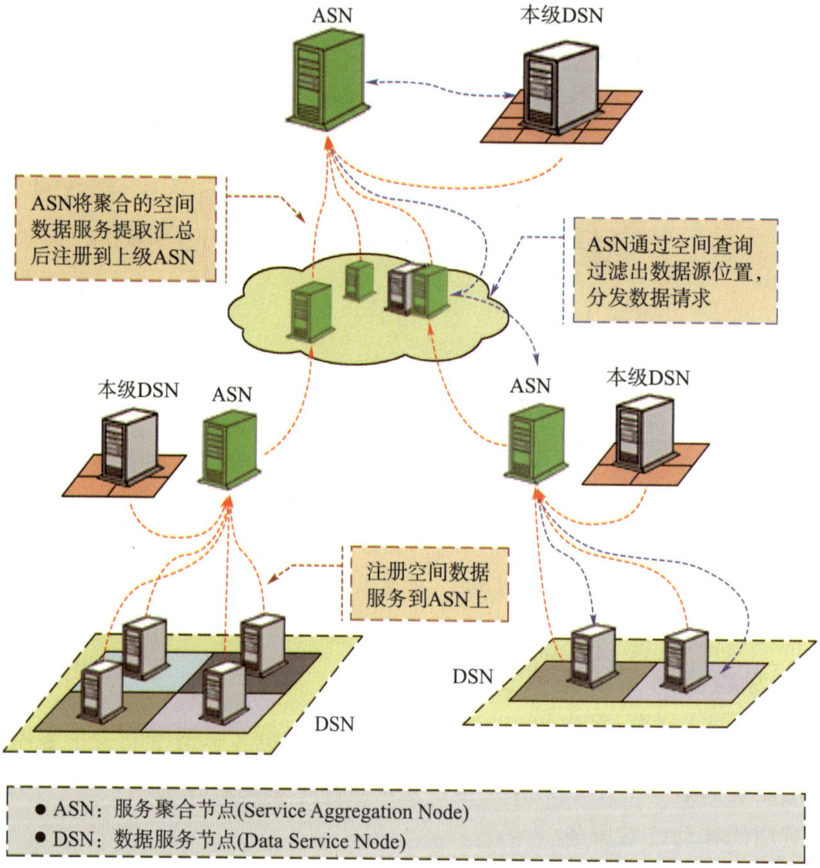

图 7－35　一种分布式数据信息联网的系统结构

参考文献

[1] 安徽森林编委会．安徽森林 [M]. 中国林业出版社、安徽科技出版社，1984.

[2] 顾行发，余涛，等．面向应用的航天遥感科学论证理论、方法与技术 [M]. 科学出版社，2018.

[3] 王照利，张敏中．卫星遥感在林地监测中的应用分析 [J]. 林业资源管理，2015，3：125-129.

[4] 樊明怀，周云峰，夏兴萍，等．安徽省江淮分水岭地区综合治理的思路和对策 [J]. 中国农业资源与区划，2008，4 (04)：22-26.

[5] 张建春．安徽江淮丘陵区水土流失危害及其防治对策 [J]. 中国水土保持，2006，4 (04)：35-36+44.

[6] 张致胜．关于建立江淮分水岭地区生态屏障实现安徽林业中部崛起的战略构想 [J]. 安徽林业科技，2015，41 (02)：8-11+19.

[7] 王孟和，何桂芳，徐建辉，等．基于 GIS 的安徽省江淮分水岭区域气象干旱研究 [J]. 水土保持研究，2018，25 (04)：162-167.

[8] 王桂琴．江淮分水岭地区林业生产的不利因素及对策 [J]. 安徽农业科学，2002，4 (05)：799-802.

[9] 戴仕宝，王春，叶雷，等．江淮分水岭地理内涵辨析 [J]. 滁州学院学报，2015，17 (05)：1-4.

[10] 王晓鹏．皇甫山自然保护区药用植物资源保护与利用 [J]. 中草药，2001，4 (07)：95-96.

[11] 顾翠花．中国紫薇属种质资源及紫薇、南紫薇核心种质构建 [D]. 北京林业大学，2008.

[12] 范斌，陈旭，李碧岑，等．"高分五号"卫星光学遥感载荷的技术创新 [J]. 红外与激光工程，2017，46 (01)：16-22.

[13] 李晓彤，覃先林，刘倩，等．高分六号宽幅数据在森林火烧迹地识别中的应用--以内蒙古大兴安岭汗马自然保护区为例 [J]. 卫星应用，2019，4 (9)：41-44.

[14] 陈燕丽，莫伟华，莫建飞，等．基于面向对象分类的南方水稻种植面积提取方法 [J]. 遥感技术与应用，2011，26 (2)：163-168.

[15] 付辉敬，田铮．遥感图像分割中的信息割算法 [J]. 中国图象图形学报，2019，16 (1)：135-140.

[16] 谭倩，赵永超，童庆禧，等．植被光谱维特征提取模型 [J]. 遥感信息，2001 (01)：14-18.

[17] 杨可明，郭达志，陈云浩，等．高光谱植被遥感数据光谱特征分析 [J]. 计算机工程与应用，2006，42 (31)：213-215.

[18] 张盼，马孝义，赵龙，等．基于不同植被指数和分类回归树的关中地区土地利用分类 [J]. 水土保持研究，2018，25 (3)：310-316.

[19] 田庆久，闵祥军．植被指数研究进展 [J]. 地球科学进展，1998，13 (4)：327-333.

[20] 苏岫，耿杰，马晓瑞，等．基于多种植被指数信息与联合稀疏表示的红树林种类识别 [J]. 海洋环境科学，2017，036 (001)：114-120.

[21] 栗旭升，李虎，陈冬花，刘玉锋，刘赛赛．联合 GF-5 与 GF-6 卫星数据的多分类器组合亚热带

树种识别［J］. 林业科学，2020，56（10）：94-104.
［22］ 栗旭升，陈冬花，刘赛赛，张乃明，李虎．基于改进3D-CNN的多源遥感数据树种识别．激光与光电子学进展，2020，57（24）：242804-1-242804-10.
［23］ 靳茗茗，王瑞瑞，郑鑫，等．基于高分辨率遥感影像多维度特征的树种识别方法研究［J］. 中南林业调查规划，2017，36（03）：32-38.
［24］ 于泉洲，王绍强，黄昆，等．基于Hyperion高光谱数据的温带森林不同冠层结构的光谱特征分析［J］. 光谱学与光谱分析，2015，35（7）：1980-1985.
［25］ 方晓雨．阔叶红松林3个主要树种垂直结构上的光合光谱研究［D］. 北京林业大学，2012.
［26］ 刘平，宋岩，陆秀君，等．美国红枫和元宝枫幼叶春季转色期生理特性研究［J］. 生态环境学报，2018，027（003）：452-458.
［27］ 许丽颖，王庆芬，张俊晟，等．九种不同类型彩叶植物色素含量的季节性变化研究［J］. 北方园艺，2013（6）：59-62.
［28］ 赵翔．12种园林树种抗旱性的研究［D］. 中南林业科技大学，2015.
［29］ 吴见，陈泰生，潘立新．不同含水量条件下树种叶片光谱差异分析［J］. 光谱学与光谱分析，2015，35（7）：1961-1966.
［30］ 李亚峰，唐立松．中国北方典型荒漠区生长季降水特征和归一化植被指数的关系［J］. 干旱区研究，2019，36（5）：1229-1237.
［31］ 杜春雨，范文义．叶面积指数与植被指数关系研究［J］. 林业勘查设计，2013（02）：79-82.
［32］ 李亚丹，杜华强，周国模，等．雷竹叶绿素与高光谱植被指数关系及其反演模型［J］. 浙江农林大学学报，2015，32（03）：335-345.
［33］ 吴朝阳，牛铮．光化学植被指数估算植物光能利用率的研究进展［J］. 植物生态学报，2008，32（03）：734-740.
［34］ 梁亮，杨敏华，邓凯东，等．一种估测小麦冠层氮含量的新高光谱指数［J］. 生态学报，2011，31（21）：293-304.
［35］ 李志婷，王昌昆，潘贤章，等．基于模拟Landsat-8 OLI数据的小麦秸秆覆盖度估算［J］. 农业工程学报，32（S1）：145-152.
［36］ 王福民，黄敬峰，王秀珍．水稻叶片叶绿素、类胡萝卜素含量估算的归一化色素指数研究［J］. 光谱学与光谱分析，2009，29（04）：202-206.
［37］ 阿布都瓦斯提·吾拉木，李召良，秦其明，等．全覆盖植被冠层水分遥感监测的一种方法：短波红外垂直失水指数［J］. 中国科学（D辑：地球科学），2007，4（07）：957-965.
［38］ 郑淑丹，郑江华，石明辉，等．基于分形和灰度共生矩阵纹理特征的种植型药用植物遥感分类［J］. 遥感学报，2014，18（4）：868-886.
［39］ 袁博．空间与谱间相关性分析的NMF高光谱解混［J］. 遥感学报，2018（02）：265-276.
［40］ 秦方普，张爱武，王书民，等．基于谱聚类与类间可分性因子的高光谱波段选择［J］. 光谱学与光谱分析，2015，35（05）：211-218.
［41］ 王长耀，刘正军，颜春燕．成像光谱数据特征选择及小麦品种识别实验研究［J］. 遥感学报，2006，10（02）：107-113.
［42］ 周亚文，董广军，薛志祥，等．基于稀疏判别分析的高光谱影像特征提取［J］. 测绘科学技术学报，2017，34（04）：43-48.
［43］ 牛英宇，聂瑞杰，李丽娟．基于FPG的红外图像非均匀校正实现方法［J］. 激光与红外，2016，

46 (08): 1029-1033.

[44] 陆永帅，李元祥，刘波，等. 基于深度残差网络的高光谱遥感数据霾监测 [J]. 光学学报，2017，37 (11): 314-324.

[45] 陶秋香，张连蓬，李红梅. 植被高光谱遥感分类中训练样本的选择方法 [J]. 国土资源遥感，2005，64 (02): 36-38+84.

[46] 王番，芮杰，金飞等. 旋转和平移不变纹理特征的遥感影像居民地提取 [J]. 测绘科学，2010，35 (05): 204-206.

[47] Li J，Zhang H，Wan W，et al. Two-class 3D-CNN classifiers combination for video copy detection [J]. Multimedia Tools and Applications，2020，2020 (79): 4749-4761.

[48] 周飞燕，金林鹏，董军. 卷积神经网络研究综述 [J]. 计算机学报，2017，40 (6): 1229-1244.

[49] 许夙晖，慕晓冬，赵鹏，等. 利用多尺度特征与深度网络对遥感影像进行场景分类 [J]. 测绘学报，2016，45 (7): 834-840.

[50] 刘雨桐，李志清，杨晓玲. 改进卷积神经网络在遥感图像分类中的应用 [J]. 计算机应用，2018，038 (004): 949-954.

[51] 张睿，马建文. 支持向量机在遥感数据分类中的应用新进展 [J]. 地球科学进展，2009，24 (5): 555-562.

[52] 祝曙光，钱丽艳，樊卫兵，等. 非线性支持向量机若干关键问题研究 [J]. 计算机工程与科学，2010，32 (5): 41-44.

[53] 于新洋，赵庚星，常春艳，等. 随机森林遥感信息提取研究进展及应用展望 [J]. 遥感信息，2019，34 (02): 11-17.

[54] 马玥，姜琦刚，孟治国，等. 基于随机森林算法的农耕区土地利用分类研究 [J]. 农业机械学报，2016，49 (1): 297-303.

[55] 胡伍生. 神经网络理论及其工程应用 [M]. 测绘出版社，2000.

[56] 李崇贵，赵宪文，李春干. 森林蓄积量遥感估测理论与实现 [M]. 科学出版社，2006.

[57] 刘志华，常禹，陈宏伟. 基于遥感、地理信息系统和人工神经网络的呼中林区森林蓄积量估测 [J]. 应用生态学报，2008，(9): 1891-1896.

[58] 胡佳. 基于 GF-1 遥感影像的湖南省典型湿地类型信息提取研究 [D]. 中南林业科技大学，2015.

[59] 贺威. 传感器与遥感影像的辐射校正方法探索 [D]. 燕山大学，2005.

[60] 谢玉娟，梁洪有，余涛，等. 基于沙漠场景的可见近红外遥感器辖射定标研究进展 [J]. 安徽农业科学，2011，39 (20): 12581-12583.

[61] 赵文吉. PCI 图像处理教程 [M]. 中国环境科学出版社，2007.

[62] 张峰. 遥感图像融合方法探讨 [J]. 环球人文地理：理论版，2011，(12): 32-33.

[63] 赵红，贾永红，张晓萍，等. 遥感影像融合方法在 ALOS 影像水体信息提取中的应用研究 [J]. 水资源与水工程学报，2010，21 (3): 56-58.

[64] 赵英时. 遥感应用分析原理与方法 [M]. 科学出版社，2003.

[65] Roujean，J. L.，Breon，F. M. Estimating PAR Absorbed by Vegetation from Bidirectional Reflectance Measurements [J]. Remote sensing of Environ，1995，51: 375-384.

[66] Richardson，A. J.，Wiegand，C. L. Distinguishing Vegetation from Soil Background Information [J]. Phote Engin & Remote Sens. 1977，43 (12): 1541-1552.

[67] 杨宏兵，董霁红，陈建清，等. 植被覆盖度模型研究进展 [J]. 安徽农业科学，2012.40 (12):

7580 - 7585.

[68] Huete, A. R. A Soil - adjusted Vegetation Index [J]. Remote Sensing of Environment. 1988, 25: 295 - 309.

[69] Qi, J., Chehbouni, A., Huete, A. R., et al. A Modified Soil Adjusted Vegetation Index [J]. Remote Sensing of Eniviron, 1994, 48: 119 - 126.

[70] Birth, G. S., McVey, G. R. Measuring the Color of Growing Turf with a Reflectance Spectrophotometer [J]. Agronomy Joumal. 1968, 60 (6): 640 - 643.

[71] Colombo, R., Bellingeri, D., Fasolini, D., et al. Retrieval of Leaf Area Index in Different Vegetation Types Using High Resolution Satellite Data [J]. Remote Sensing of Environment. 2003, 86 (1): 120 - 131.

[72] Haralick, R. M., Shanmugam, K., Dinstein, I. Textural Features for Image Classification [J]. Systems Man & Cybernetics IEEE Transactions on, 1973, smc - 3 (6): 610 - 621.

[73] 黄昕. 高分辨率遥感影像多尺度纹理、形状特征提取与面向对象分类研究 [D]. 武汉大学, 2009.

[74] 徐辉, 潘萍, 杨武, 等. 基于多源遥感影像的森林资源分类及精度评价 [J]. 江西农业大学学报, 2019, (5): 1 - 12.

[75] 郝宁燕. 基于 GF - 1 影像的森林分类及景观格局分析—以凉水自然保护区为例 [D]. 2016.

[76] 李明诗, 谭颖, 潘洁, 等. 结合光谱、纹理及地形特征的森林生物量建模研究 [J]. 遥感信息, 2006, (06): 6 - 9+66.

[77] 吴英, 张万幸, 张丽琼, 等. 基于 DEM 的地形与植被分布关联分析 [J]. 东北林业大学学报, 2012, 40 (11): 96 - 98.

[78] Pan Y, Birdsey R A, Fang J, et al. A large and persistent carbon sink in the world' sforests [J]. Science, 2011, 333 (6045): 988 - 993.

[79] Herold M, Carter S, Avitabile V, et al. The Role and Need for Space - Based Forest Biomass - Related Measurements in Environmental Management and Policy [J]. Surveys in Geophysics, 2019, 40 (4): 757 - 778.

[80] Houghton R A. Aboveground forest biomass and the global carbonbalance [J]. Global Change Biology, 2005, 11 (6): 945 - 958.

[81] Yang J, Dai G, Wang S. China's national monitoring program on ecological functions of forests: An analysis of the protocol and initialresults [J]. Forests, 2015, 6 (3): 809 - 826.

[82] Fang J, Chen A, Peng C, et al. Changes in forest biomass carbon storage in China between 1949 and 1998 [J]. Science, 2001, 292 (5525): 2320 - 2322.

[83] Jia K, Li Y, Liang S, et al. Combining estimation of green vegetation fraction in an arid region from Landsat 7 ETM+ data [J]. Remote Sensing, 2017, 9 (11): 1 - 15.

[84] 李德仁, 王长委, 胡月明, 等. 遥感技术估算森林生物量的研究进展 [J]. 武汉大学学报: 信息科学版, 2012, 37 (6): 631 - 635.

[85] Olesk A, Praks J, Antropov O, et al. Interferometric SAR coherence models for Characterization of hemiboreal forests using Tan DEM - X dssata [J]. Remote Sensing, 2016, 8 (9): 1 - 23.

[86] 庞勇, 蒙诗栎, 李增元. 机载高分辨率遥感影像的傅氏纹理因子估测温带森林地上生物量 [J]. 林业科学, 2017, 53 (3): 94 - 104.

[87] 刘聪芳. 江淮分水岭森林生物量遥感估算及时空分布特征分析 [D]. 新疆师范大学, 2021.

[88] Berninger A, Lohberger S, Stängel M, et al. SAR - based estimation of above - ground biomass and its changes in tropical forests of Kalimantan using L - and C - band [J]. Remote Sensing, 2018, 10 (6): 1 - 22.

[89] Goodenough D G, Bannon D. Hyperspectral forest monitoring and imaging implications [C]. Spectral Imaging Sensor Technologies: Innovation Driving Advanced Application Capabilities, 2014, 9104 (2): 1 - 9.

[90] 申鑫，曹林，佘光辉．高光谱与高空间分辨率遥感数据的亚热带森林生物量反演 [J]. 遥感学报，2016，20 (6)：1446 - 1460.

[91] Halme E, Pellikka P, Mõttus M. Utility of hyperspectral compared to multispectral remote sensing data in estimating forest biomass and structure variables in Finnish borealforest [J]. International Journal of Applied Earth Observation and Geoinformation, 2019, 83 (101942): 1 - 10.

[92] 黄克标，庞勇，舒清态，等．基于 ICESat GLAS 的云南省森林地上生物量反演 [J]. 遥感学报，2013，17 (01)：165 - 179.

[93] 张加龙，胥辉．基于遥感的高山松连清固定样地地上生物量估测模型构建 [J]. 北京林业大学学报，2020，42 (7)：1 - 11.

[94] 王轶夫，孙玉军，郭孝玉．基于 BP 神经网络的马尾松立木生物量模型研究 [J]. 北京林业大学学报，2013，35 (2)：17 - 21.

[95] Cao, Pan, Li R et. al. Integrating Airborne LiDAR and Optical Data to Estimate Forest Aboveground Biomass in Arid and Semi - Arid Regions of China [J]. Remote Sensing, 2018, 10 (4): 532 - 540.

[96] 沈文娟，徐婷，李明诗．中国三大林区森林破碎化及干扰模式变动分析 [J]. 南京林业大学学报（自然科学版），2013，37 (4)：75 - 79.

[97] 方精云，刘国华，徐崇龄．我国森林植被的生物量和净生产量 [J]. 生态学报，1996，16 (5)：497 - 508.

[98] Dash J, Curran P J. Evaluation of the MERIS terrestrial chlorophyll index (MTCI) [J]. Advances in Space Research, 2007, 39 (1): 100 - 104.

[99] 王雪军，韩爱惠，黄国胜，等．国家级森林资源遥感监测业务运行系统的设计 [J]. 林业资源管理，2005，4 (02)：70 - 74.

[100] 李世明，王志慧，韩学文，等．森林资源变化遥感监测技术研究进展 [J]. 北京林业大学学报，2011，33 (03)：132 - 138.

[101] 张一鸣，高士增．卫星遥感技术在北京市森林资源监测中的应用 [J]. 林业资源管理，2015，4 (01)：139 - 145.

[102] 郭仲伟，吴朝阳，汪箫悦．基于卫星遥感数据的森林病虫害监测与评价 [J]. 地理研究，2019，38 (04)：831 - 843.

[103] 杨辰，沈润平．森林扰动遥感监测研究进展 [J]. 国土资源遥感，2015，27 (01)：1 - 8.

[104] 谭耀华，王长委．国产高分辨率遥感数据在城市森林资源监测中的应用 [J]. 测绘通报，2019，4 (05)：113 - 115＋154.

[105] 张煜星，王雪军，黄国胜，等．森林面积多阶遥感监测方法 [J]. 林业科学，2017，7：94 - 104.

[106] 周小成，庄海东，陈铭潮，等．面向小班对象的森林资源变化遥感监测方法——以福建省厦门市为例 [J]. 资源科学，2013，35 (08)：1710 - 1718.

[107] 曾凡银．以林长制改革推进林业生态优先绿色发展 [N]. 江淮时报，2019-11-15 (007).
[108] 吕缀．基于 WebGIS 的森林资源三类调查系统设计与实现 [D]. 西安科技大学，2019.
[109] 李生冲．基于 3S 技术的生态森林资源管理模式研究 [J]. 环境科学与管理，2018，43 (10)：9-12.
[110] 王铠．关于森林资源档案管理和更新的探讨 [J]. 陕西林业科技，2019，47 (02)：88-91+98.
[111] 董乃钧，陈谋询．"森林资源管理信息系统"研建 [J]. 林业资源管理，1988 (S1)：1-10.
[112] 肖淞月．森林资源管理信息系统的研究和软件实现 [D]. 北京林业大学，2013.
[113] 于丽珠，范文义，金森，等．基于 SuperMap IS. NET 的分布式森林资源管理系统的设计与实现 [J]. 东北林业大学学报，2011，39 (06)：119-124.
[114] 张茂震，唐小明，张旸．省级森林资源数据共享平台构架及资源整合的研究 [J]. 福建林学院学报，2008 (02)：169-174.
[115] 江淮地区保存最完整、面积最大的原始次生林景观带——皇甫山国有林场改革后迎来新机遇 [J]. 安徽林业科技，2018，44 (04)：65.
[116] 王重阳．基于 Openlayers 和 ECharts 的网络空间数据获取及可视化——以沈阳市主城区为例 [J]. 北京测绘，2020，34 (01)：69-72.
[117] 肖祥红．基于 PostgreSQL 的省级像控点数据库设计与建设 [J]. 地理空间信息，2019，17 (11)：63-66+11.
[118] 曹学诚，刘周周．基于 PostGIS 的高分一号卫星影像管理与 Web 应用研究 [J]. 遥感技术与应用，2016，31 (02)：285-289.
[119] 伍锦程，韩媛，张涛．浅谈 Hadoop 和 PostgreSQL 在地质资料集群化中的适用性 [J]. 图书情报导刊，2016，1 (04)：131-134.
[120] 汪鹏，李爱光．基于 Geoserver 和 Leaflet 的地理信息服务构建与调用 [J]. 测绘与空间地理信息，2017，40 (03)：122-124+127.
[121] 朱立巍．基于 GIS 的中国入境旅游流信息系统研究 [D]. 陕西师范大学，2004.
[122] 糜新宇．基于开源 WebGIS 的时态森林资源管理系统研建 [D]. 中南林业科技大学，2017.